国家社会科学基金重点项目"IPO信息披露与投资者权益保护研究"
（项目编号：15AJY019）资助

泰山金融论丛

IPO INFORMATION DISCLOSURE AND
INVESTOR PROTECTION

IPO信息披露
与投资者权益保护研究

黄方亮 等 ◎ 著

中国财经出版传媒集团

经济科学出版社
Economic Science Press

图书在版编目（CIP）数据

IPO 信息披露与投资者权益保护研究/黄方亮等著
. －－北京：经济科学出版社，2023. 2
（泰山金融论丛）
ISBN 978 － 7 － 5218 － 4541 － 9

Ⅰ. ①I… Ⅱ. ①黄… Ⅲ. ①上市公司 － 企业管理 －
研究 － 中国 Ⅳ. ①F279. 246

中国国家版本馆 CIP 数据核字（2023）第 032502 号

责任编辑：刘　悦
责任校对：郑淑艳
责任印制：范　艳

IPO 信息披露与投资者权益保护研究

黄方亮　等著

经济科学出版社出版、发行　新华书店经销
社址：北京市海淀区阜成路甲 28 号　邮编：100142
总编部电话：010 － 88191217　发行部电话：010 － 88191522
网址：www. esp. com. cn
电子邮箱：esp@ esp. com. cn
天猫网店：经济科学出版社旗舰店
网址：http：//jjkxcbs. tmall. com
北京季蜂印刷有限公司印装
710 × 1000　16 开　16. 75 印张　290000 字
2023 年 4 月第 1 版　2023 年 4 月第 1 次印刷
ISBN 978 － 7 － 5218 － 4541 － 9　定价：70. 00 元

前　言

　　我国证券市场发展迅速，成绩卓著，但在发展过程中不免存在一些问题。其中，对于较长时间实施核准制的股票首次公开发行（initial public offering，IPO）市场来说，时而出现的"欺诈发行""造假上市"等情形，侵害了投资者的权益。而这些问题的出现也成为 IPO 制度改革不断得到推进的动力。2018 年 11 月，习近平总书记提出设立科创板并试点注册制。由此，改革的深化取得了突破性进展。2020 年 6 月，证监会推出了创业板 IPO 注册管理办法、上市保荐业务管理办法等多项政策措施，创业板的证券发行也正式开始了注册制试点。2021 年 9 月，北京证券交易所设立并同时试点注册制。

　　旨在提高 IPO 市场化程度的注册制改革，对于发行人，强调充分、完整的信息披露；对于投资者，则强调"买者风险自担"（caveat emptor）。因此，改革的核心涉及 IPO 信息披露与投资者权益保护两个侧面的问题。对这两个侧面的核心问题进行综合研究，有助于从整体上考察 IPO 市场的具体状况，系统地把握制度变迁进程中的关键环节，全面地提出推进改革的政策措施，极具现实意义。

　　围绕 IPO 市场中的信息披露和投资者保护问题，我们先应用演化博弈论的方法，对发行人、投资者、中介机构和监管者等各市场主体在 IPO 制度变迁过程中行为的变化进行较为全面的分析。在此理论分析的基础上，分别从信息供给方与需求方角度，对我国证券市场上信息披露状况进行考察、检验。应用内容分析法对信息供给方——发行人所披露的招股说明书是否"通俗易懂"即其可读性和是否"辞"真意切，即其语调进行剖析，考察 IPO 信息供给是否简洁、高效，是否准确、无偏；通过问卷调查、访谈与实地调研的方式，考察信息需求方——投资者的 IPO 信息获取和利用情况，及投资者对权益维护渠道的了解、利用程度、维权意向和维权行为，并检验投资者知情权和求偿权之间的关联性，为进行 IPO 市场的机制完善、深化改革提供决策依据。

　　本书共包括八章：第一章是导论，主要介绍研究背景、提出研究问题、进行文献梳理、构建研究框架等；第二章对 IPO 市场上各主体在制度变迁进程中的行为及其变化进行博弈演化剖析；第三章和第四章均从信息披露的供给方即发行人所披露的招股说明书文本进行内容分析，考察、检验 IPO 信息的可读性与语调问题；第五章和第六章均从信息需求方即投资者的角度出发，通过问卷调查、实地调研和访谈，剖析投资者对 IPO 信息的获取与利用行为，以及投资者对不同权益维护方式、途径的选择；在第五章和第六章的基础上，第七章检验了投资者"事前"的 IPO 信息获取和利用与其"事后"权益保护之间的关联性；第八章归纳前面的研究发现，提出提升信息披露质量和投资者保护水平的对策措施以及进一步深化改革的政策建议。

　　本书在多方面作出了较具创新性的贡献，其中主要包括：（1）应用演化博弈论的方法，研究对象覆盖所有的主要市场主体，构建由核准制向注册制过渡过程中各主体行为及其演变的理论研究框架，为实证检验 IPO 信息的供给和需求、投资者保护状况以及探寻注册制改革路径提供理论分析基础；（2）针对我国招股说明书中重要章节内容的语言表述特征，分别构建较为全面的可读性和语调指标，设计多种检验模型，较为系统地剖析 IPO 信息供给中的可读性与语调问题，丰富了这个领域的研究内容；（3）通过较大规模的问卷调查、实地调研和访谈，获取投资者 IPO 信息需求和权益保护需求的大量一手资料，从投资者的微观层面对相关问题进行了分析与检验，弥补了这个领域研究的不足，并为 IPO 机制完善和注册制改革深化提供了理论和现实依据。

　　通过对 IPO 信息披露与投资者保护状况的考察与分析，我们获得了一系列的研究发现，挖掘了现实中存在的一些问题，主要包括：（1）在信息供给方面，从发行人招股说明书内容的可读性与语调倾向来看，存在着表述不够通俗易懂、有"美化"倾向等"措辞操纵"的现象；在可读性与语调的信息传递效果上，对投资者的投资决策参考价值有限，存在着改进空间。（2）在信息需求方面，尽管投资者认为招股说明书的内容很重要，但对其关注度不高，核准制下 IPO 市场供求不均衡导致的高抑价率成为投资者搜阅 IPO 信息的一种负激励；异质投资者的新股申购行为未呈现出显著差异，此情况下"赢者诅咒"理论不成立；个人投资者对 IPO 信息的获取与利用程度均明显低于机构投资者。（3）在遭受信息欺诈时，仅约 1/3 的投资者有意愿寻求司法救济；与机构投资者相比，个人投资者明显更少。（4）投资者寻求司法救济与行政诉求渠道的意愿受制于求偿困难、成本较高等因素。（5）投资者（尤其是个人投资者）对"12386"热线等各种行政诉求提起渠道的了解与利用均有限。（6）投资者"事前"阅读招股说明书的程度与"事后"寻求司法救济的程度正相关；与不知道行政诉求渠道的投资者相比，知道行政诉求渠道的投资者对"不寻求司法救济"的选择概率降低。换言之，除投资者信息获取程度能够对其寻求司法救济的行为产生影响之外，投资者对行政渠道的了解程度也对其寻求司法救济的行为产生了影响。

根据研究发现，本书就相关问题提出了对策措施，并就如何深化注册制改革提出了政策建议，主要包括：（1）在信息供给方面，监管层可制定有关可读性的指引性文件，提高 IPO 信息的易读程度；规范招股说明书的语调倾向表述，使其能够更加清晰、准确地传递信息；发挥专业信息媒介的信息传递、解读作用，弥补低成熟度投资者的信息需求缺口。（2）在信息需求方面，以投资者信息需求为导向，拓宽投资者的信息获取渠道，提高投资者信息获取的便利性，适应不同成熟度的投资者获取信息的需要。（3）通过强化投资者教育提高中小投资者的成熟度；在加强行政监督处罚手段力度的同时，鼓励司法救济渠道在投资者保护中发挥更大的作用。（4）对信息披露违法违规行为的处罚力度需足够大；提高对投资者的赔偿金额，激励投资者积极维护权益，对有关违法违规行为构成较强的约束。（5）通过加深市场化改革平衡新股发行的供给和需求，形成投资者搜寻信息的正激励；同时，需及时注意引导投资者投资行为的调整，避免处于信息劣势的低成熟度投资者陷入"赢者诅咒"困境。（6）在现阶段，鉴于低成熟度投资者仍然为数众多，可多发挥投资者权益的行政保护渠道具有便利性强的优势；从长期来看，随着投资者成熟度的提高，需不断加强司法救济渠道的作用。（7）在现阶段，需放宽证券市场的"出门"通道即加大退市力度，促进市场及时"换血"；从长期来看，也需放宽证券市场的"入门"通道即降低 IPO 门槛，重视能够反映出投资者认可度的市值因素等适合于各类有发展潜力的企业的多种可选择的上市条件的设置，促进市场及时"注血"。（8）加强对投资者知情权和求偿权的协同维护，完善信息披露追责体系、加强市场信誉体系建设、提高对中介机构事后监管的严格程度等注册制改革配套措施。

在研究过程中，本书课题组成员持续投入了极大的精力。在对招股说明书资料的收集以及应用内容分析法对文本内容的处理中，做了大量的手工工作；进行了耗时较长的问卷设计、发放和回收活动，经过了草拟问卷、专家论证、试发放等多个调试环节，定稿后为尽可能使问卷覆盖更多类型的投资者，我们通过多种渠道建立与投资者的联系，最终使问卷的发放面覆盖全国各地；坚持定期召开交流会、邀请相关专家出席的讨论会，形成了一系列的阶段性研究成果；有些成果已经被国内和国际的高端学术研讨会和权威期刊采纳、录用，有的成果被相关实务部门采纳，产生了一定的社会反响。

本书研究是在我国推进 IPO 注册制改革的大背景下进行的，目标是通过考察 IPO 信息披露与投资者保护问题，探寻制度改革的措施与路径，而这涉及的方面比较多，所以我们力求能够全面地剖析相关问题，系统地提出政策建议，但仍然存在一些局限性，在将来还有进一步展开研究的空间，主要体现在：（1）通过文本挖掘、机器学习、大数据分析等技术方法，针对包括媒体报道等更多渠道的证券信息内容，更加全面地分析 IPO 信息披露问题。（2）在设计问卷时，为深入考察在实施注册制背景下的 IPO 信息披露和投资者权益保护问题，所设计的问卷题目的专业性较高，进行调查的对象主要是成熟度较高的投资者，这是本书研究的需要，但也导致所调研投资者群体的覆盖面变窄；在未来进一步的调研中，拟将问卷相关问题的表述进行简化处理，尽可能使较低成熟度的投资者能够完成全部问题的回答，提高问卷回收的有效率。（3）我国证券市场的改革正在逐步深化，随着注册制改革的推进，需持续关注有关 IPO 信息披露与投资者保护状况，及时跟进研究，为未来的改革献计献策。

本书是国家社会科学基金重点项目"IPO 信息披露与投资者权益保护研究"（15AJY019）研究报告的修订稿。非常感谢项目阶段性成果评审专家和项目结项评审专家对项目研究报告提出的宝贵意见。本书的补充、完善得到了项目组成员孙莉、张晶、张赟、赵国庆、宿淑玲、宋晓蕾、张雪莹、聂左玲、刘冬雨、翟坤、崔红燕的鼎力支持；从项目的立项到项目研究的开展以及本书的部分完善和校对等工作还受益于以下诸多同事、同仁等的指导和合作：毕泗峰、步晓宁、曹倩、曹廷求、陈静、陈萌、陈雅如、褚俏丽、董瑞琪、费淑静、冯天昊、冯玉梅、葛永波、郭健、韩旭、何茹茹、黄京秋、黄磊、金芳、李行、李静莹、李磊、李彤彤、李文峰、李霞、刘佳星、刘心义、刘砚平、刘子华、马一川、米广臣、倪秋云、彭红枫、邱浩、任晓云、宿庆志、孙汇沣、王高山、王建伟、王静娴、王丽洁、王倩、王秋璇、王彤彤、王营、王政、汪崇金、吴琼、武辉、武俊星、肖祖沔、向丽锦、邢梅、徐超、杨冠、杨永正、叶青、殷浩文、于梅、袁怀中、原雪梅、赵轩、赵勇杰、张百刚、张晓波、朱欣然、张玉明、郑萌萌、邹雪（排名不分先后，按姓氏拼音排序），以及山东财经大学金融学院、山东财经大学数字经济研究院和复旦大学、山东大学等其他校院和研究机构等。借此机会向那些在项目研究过程中以及本书撰写过程中提供支持、帮助和资助的人士表示由衷的感谢。同时感谢为本书课题组进行实地调研、访谈、问卷调查和数据收集等研究活动提供支持的中国证监会山东证监局、上海证券交易所、深圳证券交易所、山东省地方金融监督管理局、山东省金融学会、山东省证券业协会、山东上市公司协会等机构和全国各地的基金公司、证券公司、投资公司、上市公司以及高校和其他研究机构等单位和相关个人。因为数量众多，恕不在此逐一列出，但感谢之意均铭记在心。受益于这些机构和个人的大力帮助，本书获得了来自实践中覆盖面极其广泛的大量一手资料。此外，本书在写作过程中参考了许多国际和国内学者、专家的研究成果，也得到了一些学者、专家提出的宝贵意见，从中获取了一些非常有益的启示，引用成果已尽可能地在书中注明，在此一并表示诚挚的谢意。

　　另外，特别感谢中国财经出版传媒集团经济科学出版社的领导、编辑和其他工作人员。他们对本书的出版给予了很大帮助。刘悦编辑在出版过程中更是付出了大量辛勤的劳动。只是由于笔者水平有限，书中难免有粗疏、不妥之处，敬请学术界和实务界的各位前辈、同仁、读者批评和指正。您的宝贵意见将会激励我们在今后的研究和探索中勇于前行。

黄方亮

2022 年 12 月

目　　录

第1章 导　　论

1.1　研究背景、问题提出与研究价值

1.1.1　研究背景

自我国证券市场设立以来，曾多次进行股票首次公开发行（initial public offering，IPO）制度改革。自 1999 年起实施的《中华人民共和国证券法》中规定，IPO 申请须报监管机构核准。[①] 由此，具有一定市场化程度的核准制取代了之前的行政审批制。但是，核准制的实施过程中暴露出许多问题，其中包括 IPO 信息披露失实、欺诈上市等，所以，对 IPO 市场研究的一个焦点是注册制改革问题。

2013 年，我国提出要推行 IPO 注册制改革。在 2014 年和 2015 年，有关政府文件里均提到推进注册制改革，具体内容包括：建立以信息披露为中心的发行制度；强调投资者须自担投资风险，自行判断发行人的盈利能力、投资价值；证券监管机构须严厉查处违法违规行为。之后，由于受证券市场波动的影响，注册制改革暂缓。2018 年 11 月，在第一届中国国际进口博览会开幕式上国家主席习近平宣布将在上海证券交易所设立科创板并进行注册制试点。由此，IPO 机制改革取得突破性进展。2019 年上半年，中国证券监督

[①]　第九届全国人民代表大会常务委员会第六次会议于 1998 年 12 月 29 日审议通过了《中华人民共和国证券法》。此次颁布的《证券法》自 1999 年 7 月 1 日起实施，其中第十条规定："公开发行证券，必须符合法律、行政法规规定的条件，并依法报经国务院证券监督管理机构或国务院授权的部门核准或审批，未经依法核准或审批，任何单位和个人不得向社会公开发行证券"；第十一条规定"公开发行股票，必须依照公司法规定的条件，报经国务院证券监督管理机构核准，发行人必须向国务院证券监督管理机构提交公司法规定的申请文件和国务院证券监督管理机构规定的有关文件"。

管理委员会（简称"证监会"）、上海证券交易所（简称"上交所"）等部门出台了《关于在上海证券交易所设立科创板并试点注册制的实施意见》《科创板首次公开发行股票注册管理办法（试行）》等一系列的相关政策、措施；2019 年 7 月首批 25 家企业在科创板上市，科创板开始正式运行。2020 年 6 月，证监会推出了创业板 IPO 注册管理办法、上市保荐业务管理办法等多项政策措施，创业板的证券发行也开始了注册制试点。2021 年 9 月，北京证券交易所设立并同时试点注册制。

旨在提高 IPO 市场化程度的注册制改革，越来越强调"买者风险自担"，因而具有相对信息劣势的投资者的权益保护问题变得日益突出。发行人的信息披露作为消除投资者信息劣势的一种措施，其有效性如何，事关投资者的权益保护。从这个角度来看，IPO 信息披露与投资者权益保护问题，其实是一个硬币的两面。

1.1.2 问题提出

可靠的信息供给与投资者权益保护（尤其是中小投资者的权益保护）影响着证券市场的规模和活跃程度，是证券市场稳定发展的必要前提（Black，2001；Frost，Gordon and Hayes，2006；La Porta，Lopez-de – Silanes and Shleifer，2006；潘爱玲，2002；孙燕东和苗永菁，2007；孙莉，2009；邢会强，2010）。资本市场的改革十分依赖于投资者保护的法律体系与信息披露的强制性措施（Allen，Gu and Kowalewski，2012；Gu and Kowalewski，2016；Ang，2021；高西庆，1996；潘越、吴超鹏和史晓康，2010；谭美玲，2018）。而在我国的新股发行过程中，存在发行人信息"美化"和"欺诈"以及投资者被"误导"和"圈钱"等问题。[①]

1.1.2.1 发行人的信息披露欺诈问题

有些公司在 IPO 申请过程中即"事中"被证监会发现存在信息披露问题；有些公司在通过证监会的审核、成功上市后即"事后"被发现有造假情形。有更多的公司在招股说明书中披露的上市前的业绩表现较好，赢得了成

---

① 宋顺林和唐斯圆（2017）考察了我国 2006 年 6 月至 2012 年 2 月的 IPO 公司，发现定价管制导致 IPO 溢价升高，由此导致投资者的"炒新"行为增多。

功上市的机会，但上市后业绩"变脸"。这些"变脸"公司是否已经在其招股说明书里充分披露了其业绩走势的信息，或者投资者是否能够从其招股说明书中获取足够的能够预测公司有"变脸"可能的信息，从而在申购新股时予以风险规避呢？

2014～2016 年 477 家 A 股 IPO 公司（不包括金融及房地产类公司）中的"变脸"情况来看①，上市次年较当年营业收入增长小于 - 10%、- 20% 和 - 30% 的公司数量分别为 48 家、22 家和 6 家；上市次年较当年营业利润增长小于 - 10%、- 20% 和 - 30% 的公司数量分别为 137 家、110 家和 81 家。② 可见，"变脸"公司的占比比较高。

业绩"变脸"表明这些 IPO 公司很可能未在其招股说明书中充分披露相关信息，甚至未充分、真实披露相关信息，否则，就难以通过证监会核准并成功上市。另外，暴露出一定数量的欺诈发行并上市的案例。比较典型的案例是欣泰电气，因财务造假、欺诈发行并上市而受证监会行政处罚，且被强制退市。此外，北京无线天利移动信息技术股份有限公司（简称"京天利"）于上市次年较当年营业收入呈正增长，但营业利润呈负增长；后被发现在其招股说明书及其后年报中存在未披露关联关系、同业竞争等问题，受到证监会行政处罚。

1.1.2.2 IPO 市场中投资者的权益保护问题

核准制的实施容易使有些投资者认为监管层对 IPO 公司的审核是一种隐形的担保。加上监管层对发行价格、发行数量有较多的行政控制会导致 IPO "供给"相对不足，投资者会依赖发行审核部门的审核结果，不积极自行甄别信息真伪。那么一旦公司的信息欺诈问题暴露，投资者被"误导"和"圈钱"了，其权益是否能够得到有效保障呢？

根据现有的投资者权益维护渠道，以及现实中出现的 IPO 投资者维权案

---

① 2014～2016 年我国 A 股 IPO 公司（不包括金融及房地产类公司）共有 557 家。因相关数据涉及公司上市次年财务指标，对于截至做此项研究时的 2018 年 3 月 1 日尚未发布 2017 年度报告的公司，以公司业绩快报中披露的数据替代；有 80 家业绩快报还未披露，因此，以其余 477 家公司为研究样本。

② 有别于逯东、万丽梅、杨丹（2015）使用营业收入增长率和净利润增长率指标衡量业绩变动，本书使用营业收入和营业利润。之所以使用营业利润，是因为营业利润比净利润受税收等因素影响少，更能够反映企业自身的经营能力和所取得的经营成果。营业收入、营业利润等数据来源于 Wind 金融终端数据库。

例，我们对投资者的有关维权状况进行考察。

（1）对证监会有关行政处罚案例的考察。我们根据证监会官网公布的行政处罚决定书，选取被证监会认定为 IPO 信息虚假并予以处罚的典型案例进行分析，发现在投资者权益保护方面有如下较为积极的做法：媒体报道等社会力量在有些案例中发挥了很重要的作用；IPO 申请预披露制度的实施有助于增强社会监督；有律师在相关投资者诉讼案件中向利益受损的投资者征集诉讼委托，代理投资者索赔（IPO 造假公司典型案例的违法违规和投资者赔付等详细情况见附录1）。但仍然能够发现一些不足，主要包括：投资者主动维权的空间有限，尤其是曾经推行的证券民事赔偿前置程序影响了投资者的索赔①；行政处罚的罚金均上缴国库，投资者获得赔付的渠道很有限，"先偿后追"模式的案例仍然很少，通过诉讼获得民事索赔的案例更少。

（2）对投资者起诉证监会或其派出机构行政诉讼案例的考察。从中国裁判文书网发布的个人或机构对证监会或其派出机构的行政诉讼情况来看②，在 IPO 公司存在欺诈发行等问题的典型案例中，有欣泰电气、万福生科等 IPO 公司，还有相关中介机构责任人等不认可证监会的处罚及复议决定而向法院提起状告证监会的行政诉讼。由于证监会的处罚决定书所陈述的有关方的违法违规事实清楚、法规依据妥当，因此诉讼结果均为驳回申请人诉讼请求。尚未发现有投资者因在 IPO 申购中利益受损等原因而起诉证监会的行政诉讼案件。

（3）对投资者通过法院维权的司法救济案例的考察。在绿大地欺诈发行案例中，有投资者及由律师代理的投资者向法院提起的民事索赔诉讼，获得了有关投资损失的等额赔偿。在京天利隐瞒关联关系的案例中，投资者索赔诉讼于 2016 年 11 月陆续开庭。此外，可在中国裁判文书网上搜到有关 IPO 投资者司法救济的部分案例。据福建省福州市中院于 2017 年 11 月 18 日出具的《民事判决书》，有投资者不同意欣泰电气案中由兴业证券先行赔付的有关条件，向法院提起诉讼，法院驳回了不满足赔付范围等条件的投资赔偿的诉讼请求，只判决被告兴业证券向投资者支付符合先行赔付条件的

---

① 最高人民法院于 2002 年发布了《关于审理证券市场因虚假陈述引发的民事赔偿案件的若干规定》，规定只有证监会作出行政处罚后，投资者才可以向法院提起诉讼；最高人民法院于 2015 年发布了《关于当前商事审判工作中的若干具体问题》，取消了证券民事赔偿的前置条件。

② 中国裁判文书网（http：//wenshu.court.gov.cn/）由最高法院设立，公布各级法院的裁判文书。

赔偿款。①

上述情况表明，投资者通过司法救济渠道维权能够获取一定的赔偿，但相关案例还很少，说明现有权益维护渠道的利用还很不充分。

1.1.2.3　信息披露制度与投资者权益保护制度的衔接问题

在 IPO 市场中，投资者在"事前"获取信息方面的行为选择与其"事后"的权益维护之间是否存在关联？可能存在什么样的关联？提升投资者权益保护的有效性，应该如何向前延伸到信息披露环节，即如何通过提高 IPO 信息披露环节的信息传递质量，改善投资者的知情权？反过来看，如何通过维护投资者的求偿权，来迫使发行人提高 IPO 信息披露的质量？将 IPO 信息披露与投资者权益保护二者联系起来考察，综合考虑制度安排的有效衔接，有利于兼顾 IPO 过程中"事前""事中"与"事后"的情况，系统地提出推进新股发行机制改革的措施。

1.1.3　学术价值和应用价值

1.1.3.1　学术价值

（1）IPO 信息披露的载体主要是语言文字，采用内容分析法可对其进行是否"通俗易懂"、是否"辞"真意切的分析，即进行可读性与语调分析，考察 IPO 信息传递是否简洁、高效，是否准确、无偏。针对我国 IPO 信息披露的语言特点，探讨与设计适合本书的内容分析技术方法，极具学术价值。

（2）以 IPO 信息的文本内容为研究标的，依据演化博弈理论的原理与方法，分析在核准制和注册制下 IPO 信息供求双方、中介机构以及监管者的效用函数和博弈行为的演变，构建 IPO 信息传递以及投资者权益保护的理论分析基础。

---

① 参见中国裁判文书网于 2018 年 2 月 1 日分别发布的刘玉华、闫玉生、石雪峰、廉江、庄妍、李霞、黄晓嵩等与兴业证券股份有限公司证券虚假陈述责任纠纷一审民事判决书，详见：http://wenshu.court.gov.cn/list/list/? sorttype = 1&number = Q3TNPNZ2&guid = 412af4f7 − 76aa − 5991420c − 6176d90a2849&conditions = searchWord + QWJS + + + % E5% 85% A8% E6% 96% 87% E6% A3% 80% E7% B4% A2；% E6% AC% A3% E6% B3% B0% E7% 94% B5% E6% B0% 94% 20IPO% 20% E8% B5% 94% E5% 81% BF。

1.1.3.2　应用价值

（1）IPO 市场存在内部人信息"欺诈"和利益"掠夺"等现象，投资者权益时常受损。在我国推行注册制改革的背景下，政府对 IPO 市场的干预程度会大幅降低，发行人所披露信息的真实性如何保障、投资者权益如何维护等问题显得更为重要，对这些问题的探讨极具应用价值。

（2）通过对投资者进行大量问卷调查，以及对证券监管部门、中介机构、IPO 公司进行实地访谈，依据不同市场主体的特征及其表达的观点、意愿，对 IPO 信息披露和投资者权益保护中存在的现实问题进行挖掘、剖析，可提供来自市场第一线的现实依据，对于我国 IPO 信息披露和投资者权益保护制度的完善具有指导意义。

1.2　国内外文献综述[*]

在我国推进、推行注册制改革的大背景下，我们综合考察 IPO 信息披露及投资者权益保护这两个方面的问题。这两个方面实质上是注册制所涉及的同一核心问题的两个侧面：IPO 市场如何向投资者提供尽可能完备的信息？如何保障投资者，尤其是处于信息劣势的中小投资者的权益？针对这两个侧面分别进行的研究已经很多，但将这两个侧面作为一个整体进行综合研究的成果尚少。我们主要采用内容分析法（content analysis）对 IPO 信息披露进行剖析，并通过调查问卷、实地访谈的方式考察投资者权益保护状况，因此，在此着重对与此相关的国内外研究进行梳理与评价。①

---

  * 本部分的主要内容已发表，参见：黄方亮，熊德浩，杨敏，侯巧平. IPO 信息披露与投资者保护研究进展//公司金融研究［M］. 北京：中国金融出版社，2015.

  ① 本书课题组负责人一直跟踪本领域国内外研究进展，与本节相关的前期研究成果可参见：黄方亮. 价格发现与股票 IPO 机制研究［M］. 上海：上海三联书店，2008；尹伯成，黄方亮. 新股发行效率、价格异象及相关理论阐释［J］. 河南社会科学，2008（4）：56 - 61；黄方亮，武锐. 证券市场信息披露质量：基于内容分析法的研究框架［J］. 江苏社会科学，2011（12）：67 - 71；以及黄方亮等. 新股发行风险信息披露的多维分析［M］. 北京：经济科学出版社，2015.

1.2.1 对证券信息披露的语言文本进行的内容分析

内容分析是对研究对象的语言等内容进行分析。其研究步骤主要包括抽样、设定类别、定义语境单位、确定量化方法等（Tetlock，2007；Krippen-dorff，2012；Kearney and Liu，2014；潘越、林淑萍和张鹏东，2021）。研究对象可以是文本、图片、音频或视频等。其中，针对语言文本内容的研究有时又被称为文本分析（textual analysis）。国外应用内容分析法对证券信息披露进行的研究起步较早。国内也有学者开始对此予以关注，相关的研究成果尚少，但有逐渐增多的趋势。

1.2.1.1 对信息表述是否简洁易懂的研究

语言表述得简洁易懂，能够使信息传递的效率更高。这个方面的研究又被称为可读性（readability）分析。在证券信息研究领域，对信息可读性方面的内容分析出现较早，在20世纪60年代就开始有学者陆续进行研究（Soper and Dolphin，1964）。

证券信息可读性分析的研究对象大多是上市公司的年报。有些学者较早地对上市公司年报的可读性进行了内容分析，利用"弗莱士易阅公式"（Flesch reading ease formula）等计算方法对年报进行了检验（Bamett and Leoffler，1979；Means，1981；Courtis，1986）。

20世纪90年代以来有关可读性的研究有所增加，多数仍然是考察上市公司年报中有关部分的可读性（Schroeder and Gibson，1990；Li，2008；Price，Doran，Peterson et al.，2012；Baxamusa，Jalal and Jha，2018；Luo，Li and Chen，2018；王泽霞、潘梦雪和郜鼎，2019）。证券信息可读性研究的范围也在不断拓展，包括对上市公司董事长致辞、共同基金招股说明书和投资分析文件等进行的可读性检验（Subramanian，Insley and Blackwell，1993；Courtis，1995；Philpot and Johnson，2007；Lehavy，Li and Merkley，2011）。有学者对信息披露所使用的不同语言的可读性进行了比较研究（Courtis，2002）。

我国有学者也多采用弗莱士方法进行年报的可读性分析。阎达五和孙蔓莉（2002）、孙蔓莉（2004）、葛伟琪（2007）对我国B股公司中英文版年报的可读性进行了研究，发现可读性较低、盈利差的公司的年报反而更易读。

还有学者对 2008 年国际金融危机爆发后我国上市公司年报的可读性进行了研究，未发现公司业绩等因素能够对公司年报的可读性产生显著影响（张星星，2010；徐述国，2010）。孟庆斌、杨俊和华鲁冰（2017）对我国上市公司年报的信息含量进行分析，发现年报中"管理层讨论和分析"（management discussion and analysis，MD&A）部分的可读性越高，信息不对称程度则越高。还有学者将可读性分析方法的应用延伸至研究 P 2P 网络借贷，分析利率形成机制变更前后借款文本的表达方式对借款成功与否及实际借款利率波动的影响（彭红枫、赵海燕和周洋，2016）。对于我国 IPO 信息披露，还有待于进行可读性检验。

1.2.1.2　对信息表述显性和隐性含义的研究

尽管在信息披露时应该追求简洁易懂，但语言的表述总是复杂的，经常是既有直表于字面的显性含义（manifest content），又有含蓄在内的隐性内容（latent content）。

（1）对证券信息显性内容的研究。有些学者分析了 IPO 招股说明书文本内容的特征，并研究这些特征和相关变量之间的关系，进而挖掘出文本信息更深层次的意义。翰利和郝伯格（Hanley and Hoberg，2007）对招股说明书及其补充文件进行了内容分析，发现其中四个主要部分的篇幅与 IPO 首日收益和长期后市表现均正相关；在"管理层讨论与分析"部分的撰写上，企业经理层起的作用比较大，"总结"（summary）部分的撰写主要受主承销商的影响。荻佑蒙斯（Deumes，2008）以及阿诺德、费舍尔和诺斯（Arnold，Fishe and North，2010）对招股说明书中披露的有关风险部分进行了考察，发现不同企业招股说明书中所披露的风险信息有很大差异；"软信息"与 IPO 初始收益和后期收益均存在显著的相关性。翰利和郝伯格（Hanley and Hoberg，2012）通过对 IPO 招股说明书的内容分析表明，发行人通过充分披露信息能够有效防止上市后可能发生的诉讼案件。唐（Tong，2013）运用内容分析法对有关香港 IPO 的媒体报道内容进行研究，发现实质性媒体信誉（substantive media reputation）对发行价格有显著的正向影响。柏劳拉和谷恩撒（Bellora and Guenther，2013）对欧洲公司智力资本信息披露进行了内容分析，发现此类信息具有定性、历史性和非财务的特征，公司规模、所处行业和区域及披露规则等因素能够影响此类信息的披露。

我国 IPO 公司所披露的信息状况如何，会产生什么影响？在对我国 IPO

信息披露的研究中，张丹、王宏和戴昌钧（2008），黄方亮、杜建和王骁等（2012）及黄方亮、顾婧瑾和齐鲁等（2013）分别对招股说明书中智力资本信息和风险因素信息进行了内容分析，发现智力资本信息要素的披露频率对股票发行价格有显著影响；风险信息披露的内容不够充分、具体。薛爽、肖泽忠和潘妙丽（2010）研究了亏损的上市公司年度报告中"管理层分析与讨论"中披露的信息是否有助于投资者对公司扭亏的预测，发现如果公司披露的亏损原因越多，则之后扭亏的概率越低，但如果公司披露的扭亏措施具有针对性，即针对具体的亏损原因提出有效的扭亏措施，则次年的扭亏概率将会提高。杜莉和戴倩倩（2010）运用内容分析法检验了上市公司年报中的风险信息披露状况，发现企业规模与信息详尽度正相关。郝项超和苏之翔（2014）利用 HH 文本分析法，研究重大风险提示对 IPO 抑价的影响，发现在我国主板市场上标准风险提示信息与抑价不相关，特有风险提示信息与抑价负相关。沪森恩、周和邓（Hussein, Zhou and Deng, 2019）对我国创业板市场 IPO 公司招股说明书中的风险因素信息披露进行了分析，发现清算风险、政府税收和补贴政策改变风险等能够影响上市首日的开盘价与收盘价，IPO抑价是一种风险补偿。我国科创板试点 IPO 注册制，俞红海、范思妤、吴良钰等（2022）对在此背景下的交易所审核问询对 IPO 信息披露内容的影响进行了检验，发现问询能够改善信息披露文本的充分程度。

（2）对证券信息隐性内容的研究。文本叙述的语言风格往往能够传递某些隐性信息（Krippendorf, 2012）。IPO 信息披露中的某些关键词汇也能够传达一定的内在含义（Ang and Price, 2008；Jegadeesh and Wu, 2013；陈运森、邓祎璐和李哲，2018）。对 IPO 信息文本语调（tone）的研究近年来得到重视，这是内容分析在证券信息研究中走向深入的一个标志。

对信息披露进行语调分析的方法，一般是将研究对象中的词汇分为肯定和否定、乐观和悲观等类别，通过考察不同类别词汇出现的频数，来判断信息中透露出的意向（Schleicher and Walker, 2010；Arnold, Fishe and North, 2010；Aerts and Cheng, 2011；Davis, Piger and Sedor, 2011；Loughran and McDonald, 2011；Doran, Peterson and Price, 2012；Ferris, Hao and Liao, 2013；Loughran and McDonald, 2013；Kearney and Liu, 2014）。卡迪、玛邹利和赛瀚利尼（Cardi, Mazzoli and Severini, 2019）采取对有关 IPO 信息赋值的方法对 2004～2014 年 72 家意大利 IPO 公司的招股说明书进行内容分析，发现人力资源和技术信息对新股发行后 12 个月、36 个月的二级市场表现有

正向影响。

国际上大多数的相关研究是以英文撰写的，研究标的也是英文的语言陈述内容。为了将内容分析法的应用扩展到德语语言，巴尼尔、保尔斯和瓦尔特（Bannier, Pauls and Walter, 2019）在洛克伦和麦克唐纳（Loughran and McDonald, 2011）构建的英文关键词辞典的基础上，构建了用于分析金融和会计信息情感的德语关键词辞典。

我国学者对证券信息的语调分析尚少，近年来有所增多（李常青和王毅辉，2007；曹志来，2010）。我国学者进行的语调研究多是在新闻学、情报学、图书馆学等领域。有学者分析了我国上市公司年报中非财务信息与盈余操纵行为的关系、管理层的语调与盈余管理行为之间的关系、年报语调与内部人交易之间的关系等，发现公司管理层的语言表述形式能够向市场传递公司价值的信号，非财务信息的披露具有隐藏盈余操纵的动机，乐观语调与正向的应计项目盈余管理正相关，年报语调与公司高管的交易行为存在反向关系（蒋艳辉和冯楚建，2014；程新生、刘建梅和程悦，2015；朱朝晖和许文瀚，2018b；曾庆生、周波和张程等，2018）。

还有学者开始对我国上市公司年度业绩说明会的管理层回复内容进行分析，发现管理层的陈述文本内容包含了信息含量，有一定的可信度；正面语调对证券分析师的股票推荐行为能够产生正向影响，负面语调的影响则不显著；正面语意对投资者有滞后的正向影响，负面语意有较及时的负向影响（谢德仁和林乐，2015；林乐和谢德仁，2016；林乐和谢德仁，2017；陈艺云，2019；杨七中和马蓓丽，2019）。对我国分析师研究报告的内容分析显示，报告中公司特质信息含量与所分析的公司的股价同步性呈负相关关系；报告里前瞻性表述与报告公开之后的累积超额收益存在正相关关系，这种关系在信息不对称程度较高、报告质量较好以及投资者的信息处理能力较强时更为显著；有关报告的负面语气与未来股价崩盘风险负相关（伊志宏、杨圣之和陈钦源，2019；马黎珺、伊志宏和张澈，2019；黄清华和刘岚溪，2019）。

对我国 IPO 风险因素进行的语调分析，发现风险信息披露具有过于"乐观"的披露倾向（黄方亮等，2015）。对媒体报道的内容分析表明，负面语气能够更好地解释 IPO 抑价率等指标（汪昌云和武佳薇，2015）。对创业板上市公司的研究显示，IPO 的抑价率受招股说明书文本中的不确定语气和负面语气影响较为显著（何智、张飞和周孝华，2019）。对我国 IPO

招股说明书文本语调进行剖析的研究相对较少，是一个十分值得深入探讨的研究领域。

1.2.2　对证券信息披露与投资者保护关系的检验

证券信息披露与投资者权益保护之间存在交互影响的关系：高质量的证券信息披露有助于保护投资者权益；严格的投资者保护法律环境能够迫使IPO 企业降低其与外部投资者之间的信息不对称程度。有学者发现，投资者权益保护较好的国家在采纳国际财务报告准则（IFRS）进行信息披露后，信息质量有所改善（Daske，Hail and Leuz et al.，2008；Jiao，Koning and Mertens et al.，2012；Horton，Serafeim and Serafeim，2013）；另有学者的研究发现，投资者保护水平较低的国家在采纳 IFRS 后信息质量改善程度更加明显（Houqe，Easton and Zijl，2014）。还有学者认为，当发行人对定价或信息不对称具有垄断权时，信息披露标准的提高有助于投资者福利的改善，但强制性信息披露并非总能提高投资者的总体福利水平（Peress，2010；Kurlat and Veldkamp，2015）。

对我国证券市场的许多研究发现，信息披露质量与投资者保护水平呈正相关关系；不完善的投资者保护环境加剧了交易中的信息不对称程度（Gong and Marsden，2014；Ang，Jiang and Wu，2016；Nefedova and Pratobever，2020；汪宜霞，2004；向凯和陈胜蓝，2008；张程睿和蓝锦莹，2011；北京大学课题组和吴志攀，2014；张微微和姚海鑫，2019）。对会计信息可比性的公司治理功能的考察发现，会计信息可比性能够影响市场效率，会计信息可比性与投资者保护之间具有替代关系（袁媛、田高良和廖明情，2019）。对于上市公司，尤其是民营上市公司，投资者外部保护程度的提高，能够促进会计信息质量的改善（李树根，2016；袁知柱和侯乃堃，2017）。

1.2.3　有关 IPO 信息披露和投资者保护监管机制改革的讨论

我国资本市场的制度特征比较独特，法律法规更新比较频繁，改革一直在推进（Han，He and Pan et al.，2018；黄方亮等，2022）。其中，随着对IPO 申请实施的核准制在实践中暴露出一些问题，其中包括对市场的行政干预较多、IPO 信息披露失实和欺诈上市等，深度市场化的注册制改革问题就成为备受关注的一个焦点。2013 年召开的党的十八届三中全会审议通过的《中共中央关于全面深化改革若干重大问题的决定》、2014 年国务院发布的《关于进一步促进资本市场健康发展的若干意见》以及 2015 年的国务院政府工作报告中，均提及要推进注册制改革。2018 年 11 月，科创板设立并试点注册制。2020 年 6 月，创业板的证券发行也正式开始了注册制试点。2021 年 9 月，北京证券交易所设立并同时试点注册制。

我国不断推进改革的举措引发了各界对注册制的极大关注，相关的研究成果也不断涌现。

1.2.3.1　IPO 信息披露与注册制改革研究

注册制强调市场机制在监管中发挥更大的作用。在这种机制下，不同市场主体之间高效率的信息传递非常关键，信息披露是一项核心工作。发行人进行证券发行权利的行使涉及投资者的权益，所以，必须在监管机构登记注册，并向社会公开进行信息披露。我国实施注册制改革的一项重要工作就是进一步完善信息披露制度（李文莉，2014；金幼芳和李有星，2014；吴国舫和袁康，2014）。

从投资决策的角度来看，投资者最为关心的是企业的未来状况。投资者的投资决策主要取决于其对企业发展前景的判断。所以，我国推行注册制，需要加强发行人预测性信息和自愿信息的披露（陆正飞和刘桂进，2002；王炜和蒋高峰，2004；曾颖和陆正飞，2006；王从容和李宁，2009）。马连福、张琦和王丽丽（2014）提出，实施注册制，需要将财务信息披露由强制性单方向披露转至自愿性双向互动式披露。

美国 IPO 注册制的做法强调监管机构在对 IPO 申请文件进行审阅时重点关注信息披露质量，不做股票价值判断；中国香港地区的 IPO 机制具有公开透明、可预期性强的特征，审核方式市场化程度极高，值得借鉴（Lowry，Michaely and Volkova，2020；汤欣和魏俊，2016；黄方亮等，2022）。

市场的声誉机制能够促进会计师事务所和承销商等中介机构服务质量的提高。在由核准制向注册制过渡的过程中，在市场中的信息不对称现象比较严重、市场主体投机活动比较多的情况下，容易出现市场失灵的问题。在市场声誉体系还不完善、不能充分提供市场信号的阶段，通过政府的有限监管能够起到价值认证的作用（韩雪，2016；陈洪杰，2018）。

1.2.3.2　投资者权益保护与 IPO 注册制改革研究

一个国家或地区投资者保护程度的高低与其证券市场发达程度有关联。有学者考察了 49 个国家的有关法律法规及其执行情况，发现在防止内部人侵害方面普通法系国家对股东和债权人权益的保护更好。对股东和债权人的权益保护程度较低的国家，资本市场的发达程度较低。与普通法系国家相比，法国等大陆法系国家的投资者保护程度最低，企业外源融资的机会最少，资本市场最不发达（La Porta, Lopez-de‑Silanes, Shleifer and Vishny，1997）。相反，投资者保护程度的提高则有助于促进资本市场的发展（汪毅慧、廖理和邓小铁，2003；李明和赵梅，2014）。另外对 27 个富裕国家中 539 家大型公司的考察发现，对中小投资者权益保护水平较高国家的公司的估值水平更高（La Porta, Lopez-de‑Silanes, Shleifer and Vishny，2002）。这些研究表明，投资者保护无论是对于微观层面的上市公司，还是对于宏观层面的资本市场，均具有重要影响。

除法律法规之外，不同国家之间的有关正式制度与非正式制度因素差异，会对投资者保护和 IPO 活动产生不同影响（Lewellyn and Bao，2014；Piotroski，2014；Gunny and Hermis，2020）。我国与成熟市场经济体在许多方面的差异仍然比较大，在实施注册制改革时，有些政策的推出要谨慎，例如，小额发行豁免机制的引入；监管体制机制不但要进行改革，而且要根据本国现状，推动立法理念、监管理念和监管职能的转变（沈朝晖，2011；陈准和顾连书，2012；钱康宁和蒋健蓉，2012；曹凤岐，2014；吴国舫和袁康，2014；李燕和杨淦，2014；王啸，2015）。

注册制作为投资者在市场中"交易自慎"的一种机制，对投资者的保护主要体现在"事前"的充分信息披露和"事后"的严格监管上，而我国对中小投资者权益保护还不足，集体诉讼机制、补偿机制等尚需完善（李文华，2014；李文莉，2014；王晓亮和任耀红，2017）。在注册制下，监管机构需为投融资契约自由提供保护，为资本形成和投资者权益提供保护（吴国舫和袁康，2014）；目前比较薄弱的投资者关系管理（IRM）需从"大股东投资者关系管理"转向"公司投资者关系管理"（马连福、张琦和王丽丽，2014）。

1.2.4　国内外研究现状述评

在 IPO 信息披露与投资者权益保护方面，国内外学者取得了众多研究成果。尽管如此，应用内容分析的研究方法对证券信息披露的文本进行的分析仍然较少。尤其是在国内，尽管在某些方面取得了一定的成果，但在对 IPO 信息披露文本的具体内容的分析等许多方面，仍有待于进一步研究。

注册制的制度安排遵循投资者"买者风险自担"的市场化原则，强调充分、及时、完整的信息披露，因此，要探讨 IPO 市场化改革的路径，就需要综合考虑 IPO 市场如何为投资者提供尽可能完备的信息，以及如何充分保障投资者的权益。尽管有关研究的观点存在差异、争论，但是，比较共同的认识是，我国推行注册制改革的一项重要工作就是进一步完善信息披露制度。信息披露质量低，投资者保护就无从谈起。反之，投资者保护水平不高，对信息披露也会有不利影响。

对 IPO 信息披露的研究大多未涉及考察发行人披露了哪些内容、什么样的内容，以及这些内容是怎么表述的。因此，十分有必要运用内容分析法对我国 IPO 的信息供给即招股说明书的文本内容进行系统、深入的分析，考察投资者的信息需求和权益保护问题，并由此延伸到对相关监管机制改革的探讨。

1.3 研究的基本思路、框架结构和主要观点

本书从作为信息供给方即发行人的信息披露与作为信息需求方即投资者的权益保护两个侧面展开研究，目标是通过剖析 IPO 信息供求、投资者权益保护以及二者之间的关联问题，探讨 IPO 机制改善与改革深化的路径。

1.3.1 基本思路

本书以考察微观层面的 IPO 信息披露文本为出发点，以优化投资者权益保护机制为落脚点；通过构建演化博弈模型分析各市场主体在核准制和注册制下的行为及其演变；以内容分析法的研究思路为主线，选取招股说明书中能够体现公司管理层对企业过去和未来状况的分析和判断的两个重要章节："管理层讨论与分析"（简称"MD&A"）及"业务发展目标"或"公司发展规划"（为简便起见，后面将"业务发展目标"或"公司发展规划"均统称

为"业务发展目标")①，对信息文本内容进行可读性和语调分析，考察发行人的IPO信息供给；进行问卷调查，辅助进行实地调研与访谈，考察投资者的IPO信息需求，以及相关的投资者权益保护状况；对IPO机制优化、制度改革问题进行探讨。

　　本书研究的具体思路如图1-1所示。

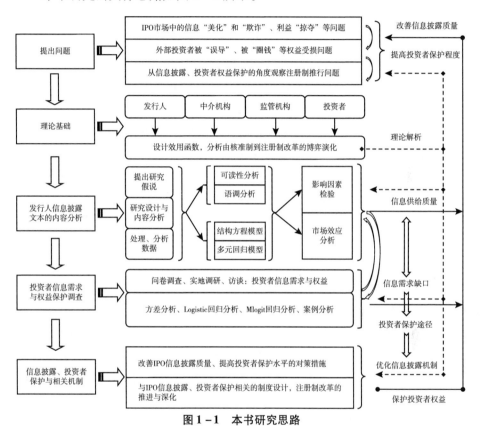

图1-1　本书研究思路

---

① 根据中国证监会发布的《公开发行证券的公司信息披露内容与格式准则第1号——招股说明书（2006年修订）》和《公开发行证券的公司信息披露内容与格式准则第1号——招股说明书（2015年修订）》，在主板和中小企业板市场上市的企业的IPO招股说明书，其第十一节的标题为"管理层讨论与分析"，其第十二节的标题为"业务发展目标"。根据创业板IPO招股说明书的有关格式规定，与管理层讨论与分析内容相关的章节是"财务会计信息与管理层分析"，是由"财务会计信息"和"管理层讨论与分析"合并而成。根据《公开发行证券的公司信息披露内容与格式准则第28号——创业板公司招股说明书》，与业务发展目标相关的章节的名称为"未来发展与规划"。根据《公开发行证券的公司信息披露内容与格式准则第28号——创业板公司招股说明书（2014年修订）》，"未来发展与规划"的内容并入"业务与技术"章节中。证监会对此次修订的说明中指出两个章节合并的原因是公司未来发展与公司业务关系紧密，两者合并能够促进信息披露可读性和有效性的提高。

1.3.2　研究框架

本书的核心内容是在推行 IPO 注册制背景下，从作为信息供给方即发行人的信息披露与作为信息需求方即投资者的权益保护两个侧面展开研究，探寻信息披露及投资者保护的机制优化路径，提出 IPO 机制改革的政策建议。

本书研究内容分为 8 章。各章的主要内容安排如下。

第 1 章：导论。主要包括 IPO 信息披露、投资者保护的现状及问题剖析；对已有的相关研究成果进行梳理和分析，并对相关文献进行述评；简述研究思路、主要观点、研究方法、创新之处等。

第 2 章：IPO 信息披露与投资者保护：市场主体间的演化博弈。以信息披露与投资者保护为出发点，应用演化博弈论的方法，分析我国由实施核准制向推行注册制的改革背景下发行人、投资者、中介机构、监管者等各方效用函数和博弈行为的演变，从理论上探寻 IPO 信息披露及投资者权益保护的措施及改革的路径。

第 3 章：IPO 信息供给：是否简洁易懂。

第 4 章：IPO 信息供给：是否"辞"真意切。这两章均以招股说明书文本为研究标的，进行可读性和语调两个方面的内容分析。第 3 章根据发行人所披露的信息文本的具体内容，借鉴"弗莱士易阅公式"等方法，设计适合中文语言的可读性检验方法，考察信息文本是否符合监管层所要求的"使用浅白语言"，并通过统计和计量方法检验对信息文本的可读性产生影响的因素，以及可读性对市场产生的影响。第 4 章对招股说明书中的"正面"和"负面"；"高估"和"低估"；"乐观"和"悲观"等多个维度的信息内容进行显性和隐性语调分析，判断信息披露向投资者传递的意向是否"辞"真意切，检验影响语调的因素，并分析语调对市场的影响。

第 5 章：IPO 信息需求：对异质投资者的差异分析。

第 6 章：投资者权益保护：对异质投资者的比较研究。这两章的研究均是着重从投资者需求的角度展开，研究方式是问卷调查、实地调研和访谈。具体方式包括：（1）依据 IPO 招股说明书信息披露的具体内容设计封闭式和开放式题目相结合的调查问卷，向各类投资者就 IPO 信息内容以及投资者权益保护程度进行调查；（2）选择不同类型的投资者以及发行人、监管机构、中介机构等其他市场主体，就 IPO 信息需求与信息供给的缺口以及投资者权益保护程度进行实地调研、访谈。其中，第 5 章是对问卷与调研结果中有关投资者信息需求的内容进行统计与分析，着重考察异质投资者的信息需求偏好和信息需求缺口；第 6 章是根据投资者对问卷调查反馈的权益受损和寻求保护情况，着重对异质投资者的不同权益维护方式进行分析。

第 7 章：投资者 IPO 信息获取与权益保护：关联性分析。在前两章分别探讨投资者"事前"信息获取（即知情权）和"事后"权益维护（即求偿权）问题的基础上，本章分析两者之间存在什么样的联系；针对两者之间的联系，应该构建何种与之相匹配的市场机制。

第 8 章：IPO 信息披露与投资者保护：机制完善与改革深化。全面总结研究结论，并从不同层面提出发行人信息披露、投资者权益保护以及相关机制改革和制度完善的对策措施。

1.3.3　主要观点

（1）IPO 体制改革是个制度变迁的过程，会导致相关主体博弈行为出现演变。由行政干预较多的核准制过渡到市场化程度较高的注册制，需考虑市场各方的收益与成本及其行为的变化。监管层降低 IPO 申请的门槛，但重视设置体现投资者关注度的市值等多种可选择的上市条件，加大对发行人、中介机构事后监管的力度，加强对投资者利益受损后的补偿，会提高市场中高质量发行人的占比。

（2）发行人是怎么撰写的 IPO 信息，应该能够对投资者的信息获取与解读产生影响。如果招股说明书的文本内容能够简洁易懂，则有助于提高投资者信息获取的效率；如果招股说明书能够"辞"真意切，所传递的信息能够准确、无偏，则有助于提高投资者信息解读的效率。我们的实证检验证明，招股说明书在可读性和语调方面，都存在改进的空间。

（3）我国投资者数量众多，尤其是有大量的个人投资者。对 IPO 市场的改革需要考虑各类投资者的需求与利益。通过向投资者以及其他市场主体进行较大规模、较专业化的问卷调查、实地调研和访谈，能够最直接地得到来自市场的一手资料，为探索 IPO 机制完善和改革深化的对策措施提供翔实的资料支撑。

（4）在发行价格、发行数量受到行政控制的 IPO 市场供求失衡状况下，IPO 抑价率极高，投资者只要"中签"新股就能够获得超额收益，导致投资者缺乏搜阅 IPO 公司信息的动力，此时"赢者诅咒"理论不再成立。而进行深度市场化的注册制改革之后，市场供求趋于平衡，IPO 抑价率降低，低成熟度投资者则很可能会面临"赢者诅咒"问题，所以，改革深化需要多措并举，协同进行。

（5）对投资者的"事前"IPO 信息获取与其"事后"权益维护之间的检验表明，二者之间存在一定程度的关联。投资者阅读招股说明书的程度与其寻求司法救济的概率正相关；进行实地调研以获取信息的投资者更倾向于不寻求司法救济。因此，在优化 IPO 机制设计时，需注意信息披露制度与投资者保护制度之间的协调与匹配。

（6）针对 IPO 信息披露及投资者权益保护中出现的问题，应该主要从以下六个方面完善相关制度。

①在 IPO 信息披露中，可读性和语调问题需得到足够的重视，甚至需制定相关的指引来予以规范，避免措辞操纵，向投资者传递准确、充分、有利于作出投资判断的有价值的"实"信息。

②完善 IPO 信息披露的持续监督和约束机制，包括采取针对招股说明书中披露的相关信息，公司在上市后及时披露与招股说明书信息出现差异的情况、投资者因信息欺诈而权益受损时需得到足够的赔偿、降低投资者的求偿成本等措施。

③从投资者需求的角度优化投资者的信息获取渠道，提高投资者信息获取的便利性。

④按市场化原则推进注册制改革，包括放宽证券市场的"入门"和"出门"通道，促进一级市场和二级市场的良性互动。

⑤在深化注册制改革的过程中注意采取适当措施保护投资者，尤其是处于信息劣势的低成熟度投资者的权益。

⑥IPO 信息披露与投资者权益保护二者具有一定的关联性，需注意相关政策措施之间的协调与匹配。

1.4　研究方法、研究重点、研究难点及创新之处

1.4.1　研究方法

（1）演化博弈论的方法。在由 IPO 核准制向注册制转变的进程中，制度

的变迁会导致监管机构、中介机构、发行人和投资者等各主体行为的变化。运用演化博弈论的方法考察各主体在不同制度下的行为及其演化，从理论上剖析有关发行人的信息披露和投资者的权益保护的相关问题，探寻深化注册制改革的理论依据。

（2）内容分析法：包括可读性分析和语调分析。针对 IPO 进行信息披露的招股说明书文本，依据跨学科的内容分析法的原则和思路，设计相关内容分析的具体技术方案，对 IPO 信息进行多维度定性和定量相结合的系统分析；对不同维度内容分析得到的指标进行实证研究，检验发行人的信息供给状况。

（3）问卷调查、访谈与实地调研法。以招股说明书的文本内容为主要调查标的，就投资者对招股说明书所披露的具体内容以及投资者权益受损或受保护状况设计问卷和调研提纲，选择各种类型的投资者以及发行人、监管者、中介机构等其他市场主体进行调研、访谈。

（4）结构方程模型、方差分析、Logistic 回归分析、Mlogit 回归分析等统计和计量方法。对由 IPO 信息文本内容量化处理得到的数据以及由问卷和调研结果得到的数据进行统计、计量分析，检验 IPO 信息供给及其满足投资者信息需求的程度，以及投资者权益得到保护的状况。

1.4.2　研究重点

（1）对 IPO 信息供给方即发行人所披露的招股说明书文本进行系统的内容分析，设计相关的指标体系，既考察文本的可读性如何，是"通俗易懂"还是"晦涩难懂"，又考察文本的语调特征，是否"辞"真意切，即是"恰如其分"，还是"避重就轻""夸大其词"等，并就可读性和语调的影响因素及其对 IPO 后市表现的影响分别做实证检验。

（2）对投资者以及其他市场主体进行问卷调查和实地调研，从投资者知情权和求偿权的角度考察、剖析不同类别的投资者对 IPO 信息的需求状况及投资者的权益维护状况。

（3）通过对 IPO 信息披露和投资者权益保护及二者之间联系问题的探讨，探索我国新股发行机制完善的措施，探寻推进注册制改革的路径。

1.4.3 研究难点

（1）内容分析法作为一种研究方法在国际前沿领域的应用不断得到创新。根据我国 IPO 招股说明书信息披露的特点以及中文语言的特点，依据内容分析法的一般思路，设计适合本书研究的技术方案。

（2）在问卷调查、访谈与实地调研中，由于投资者及发行人、中介机构、监管机构等主体为数众多，难以保证调查结果完全有代表性。只能尽可能设计完善的调研方案，尽可能多地选择不同特征的主体，提高调研结果的信度和效度。

（3）基于对我国 IPO 信息披露和投资者保护状况的剖析，探寻有关 IPO 制度完善和改革深化的路径，会涉及发行监管、行政监督和司法救济等许多方面的问题，需避免"盲人摸象"，既要针对单项问题提出对策措施，又要全面考虑其他方面的情况，提出系统性、协同性的综合解决方案。

1.4.4 创新之处

（1）以 IPO 信息披露和投资者保护问题为研究主线，以如何进行 IPO 机制优化为研究目标，应用演化博弈分析的方法，研究对象覆盖所有的主要市场主体：监管机构、发行人、中介机构和投资者，针对由核准制向注册制过渡过程中不同主体的行为选择，探讨有关 IPO 机制改革的对策措施。

（2）应用内容分析法对证券信息可读性和语调的分析的文献大多是以二级市场的上市公司为研究标的，对 IPO 信息进行的相关研究尚少，本书的贡献主要包括以下三点。

①不但选取了包含文字信息较多的招股说明书中 MD&A 章节的内容作为研究标的，还考察投资者十分看重的"业务发展目标"的内容表述，对 IPO 信息的考察更加全面。

②针对我国 IPO 招股说明书语言叙述的特点，从多种角度设计了衡量 IPO 信息可读性和语调的指标，形成了比较全面的指标体系，考察了 IPO 信息的可读性和语调状况。

③构建了可读性和语调的影响因素及市场效应的实证检验模型，分别进行了多项相关检验，填补了这个领域研究的不足。

（3）针对我国一级市场中的信息传递和投资者权益维护问题，进行了较大规模、较为广泛的问卷调查，并辅以实地调研与访谈，主要贡献在于以下五个方面。

①与有关通过档案式研究方法获取相关资料的方式不同，我们更加直接地获取了来自投资者的一手信息。

②考察了投资者的自身特征及其 IPO 信息获取、利用行为，以及投资者对权益维护渠道的了解和利用程度及维权意向和维权行为。

③验证了异质投资者的有关行为选择差异假设，丰富、细化了有关投资者行为选择理论的研究。

④验证了有关文献所发现的普遍存在于证券二级市场的投资者信息获取与权益保护之间的关联性在一级市场中的存在状况。

⑤为 IPO 机制完善和注册制改革深化提供了理论和现实依据。

第 2 章　IPO 信息披露与投资者保护：
市场主体间的演化博弈

目前我国对 IPO 市场的监管实行的是"事前"监管起重要作用、偏重政府行政管理的核准制，改革的方向是强化"事后"约束，推行市场化导向的注册制。随着改革的不断推进，监管措施中的"事后"约束力量得以加强，投资者自担风险的市场化约束将更加充分地得以体现。在新设立的科创板进行注册制试点，形成了改革的突破口；然后在创业板引入注册制试点，并在北京证券交易所设立的同时试点注册制。我国的改革具有渐进式的特点，注册制的实施仍然有一个制度变迁的过程。运用演化博弈论（evolutionary game theory）的分析方法考察 IPO 过程中监管机构、中介机构、发行人和投资者等主体在核准制和注册制下的行为及其随制度变迁的演化，有助于为展开对发行人信息披露及投资者权益保护问题的分析提供研究基础，并有助于为探寻深化注册制改革路径提供理论支撑。

2.1　IPO 市场主体博弈模型研究假设

改革的过程是一个变化的过程，会导致市场主体之间的博弈行为出现变化。核准制具有一定的行政监管特点。为进行更加彻底的市场化监管改革，我国的注册制试点工作已经在新设的科创板启动，我们可以把这看作由核准制向注册制的一个过渡。在完全市场化的监管体制下，监管者的行政手段不再存在或降至最低，不对发行人做价值判断，发行人需充分披露信息，中介机构需承担更多的责任，投资者需"买者风险自担"。改革将引起这些市场主体的行为变化。反过来看，如果能够充分分析市场主体的行为变化，则有利于把握改革进程，有利于为政策制定提供决策参考。

对 IPO 过程中各个主体行为进行博弈研究，有助于分析市场机制中的不足，有助于探索如何推行注册制（胡志强、万朝辉和王一竹，2015；鲁桂华、韩慧云和陈运森，2020）。我国现有对 IPO 市场的博弈分析，多是针对 IPO 定价机制，分析机制变化对抑价率的影响，探讨如何提高询价效率。例如，在我国采用询价制之后，有研究构建单群体模仿者动态模型，针对承销商和投资者之间的博弈，分析接受询价的一方的报价行为（姜婷，2014；姜婷和周孝华，2015；胡志强、程丽媛和胡渊，2017）。还有学者针对监管机构和保荐机构之间的博弈，探索如何优化监管，如何约束保荐机构的行为（宁文昕，2012）；也有学者以发行人和保荐人为研究对象，考察二者是否合谋进行财务数据造假（吴云端，2015）。另有学者将研究对象扩展到询价过程中的三个主体：发行人、投资者和承销商，通过构建定价博弈模型分析三者在报价与定价上的演化稳定策略（俞凯和贾捷，2018）。

借鉴上述研究中的演化博弈分析思路，我们对 IPO 过程中市场主体的行为进行分析。与上述研究不同的是，我们以如何进行 IPO 机制优化为研究目标，将研究对象拓展到覆盖所有的主要主体，即监管机构、发行人、中介机构和投资者，针对由核准制向注册制过渡过程中不同主体的行为选择，探讨 IPO 机制改革的对策措施。由于推进注册制改革所涉及的一个核心问题是监管层如何对 IPO 申请文件进行审核，需要解决的一个关键问题是如何保护投资者权益，所以，我们着重对各个主体在信息披露和投资者保护问题上的行为选择进行剖析。

为构建各市场主体的效用函数，对各主体进行演化博弈分析，我们结合核准制和注册制的不同制度特征，并结合现实中出现的信息披露不完整、信息欺诈等问题，作出研究假设。

假设 2 - 1：假设由核准制到注册制的改革进程为 λ，$\lambda \in [0, 1]$。当 $\lambda = 0$ 为完全核准制状况，即存在深度的行政监管；当 $\lambda = 1$ 为完全注册制状况，即进入深度市场化的监管模式；当 $0 < \lambda < 1$，则意味着核准制向注册制过渡状态。

在核准制下，监管机构规定了包括较高的盈利水平等较为严格的企业公开发行和上市条件。为达到上市的目的，有的企业进行包括盈利数据造假在内的虚假陈述。如果造假等违法违规信息披露情形被发现，IPO 公司将会受到监管机构的处罚。

假设 2 - 2：我们设发行人信息披露"造假度"为 ω，$\omega \in [0, 1]$。当

$\omega = 0$ 时，表示发行人将所有对公司股价、投资者判断有影响的因素披露完整、准确；当 $\omega = 1$ 时，发行人所披露的信息全为虚话、套话或假话，对投资者作出判断无任何价值。

监管机构对发行人进行核查，设监管机构对股票公开发行并上市条件设定的标准为 S[①]。监管过程从时间先后上可分为三段："事前"监管、"事中"监管以及"事后"监管。为简化分析，现只考虑"事前"监管和"事后"监管两种情况。假设当 $\lambda = 0$，即完全核准制状况时，监管机构设定的"事前"监管的标准或最低要求为 S_0，"监管度" $S_0 \in [0, 1]$；当 $\lambda = 1$，即完全过渡到注册制时，监管机构设定的"事前"监管的标准为 0。发行人需满足法定的强制性信息披露的要求，同时可进行自愿性信息披露。为满足发行和上市的条件，发行人所披露的信息至少在形式上须达到监管机构的最低标准，假设其完整性为 $1 - \omega$，

$$1 - \omega \in \begin{cases} [S_0, 1] & \lambda = 0 \\ [0, 1] & \lambda = 1 \end{cases}$$ [②]

另外，假设在核准制下，监管机构设定的"事后"监管的标准与"事前"监管的标准一样，即为 S_0；在注册制下，监管机构设定的"事后"监管的标准或最低要求为 S_1，"监管度" $S_1 \in [0, 1]$。在注册制下，因为监管机构对"事前"监管放松，所以更加注重"事后"监管，并且"事后"监管的政策要求会更加严格，所以假设 $S_1 > S_0$。由此，假设发行人所披露信息的完整性为 $1 - \omega$，

$$1 - \omega \in \begin{cases} [S_0, 1] & \lambda = 0 \\ [S_1, 1] & \lambda = 1 \end{cases}$$

假设 2-3：假设当低质量发行人为达到上市标准进行造假时[③]，造假成本为 C_1。随着注册制改革进程的推进，监管机构对虚假信息披露进行"事后"处罚的力度变得更加严厉。因处罚力度与发行人信息披露"造假度" ω 有关，因此设处罚力度为 ωC_2，其中，C_2 为监管机构根据有关规定对发行人

---

① 我国公司申请 IPO 需符合《证券法》《公司法》及《首次公开发行股票并上市管理办法》等诸多法律法规的规定，发行人需在许多方面达到较高的标准才有成功申请上市的可能。

② 在核准制下，发行人为达到监管者事前监管的最低要求而披露信息至 S_0 的完整程度。此类信息属于强制性信息披露所要求的，发行人不得不披露，但可能是完全真实的，也可能不完全真实；超出此强制性信息披露的信息为发行人所做的自愿性信息披露，其中也可能存在虚假陈述。所以，发行人披露信息的完整程度为 $1 - \omega$，此信息中也可能存在虚假成分。

③ 低质量发行人是指信息披露不完整、不真实的公司，高质量发行人是指不用造假就可成功上市的企业，低质量发行人不造假则无法上市。为能成功申请上市，低质量发行人会粉饰自己，进行虚假信息披露。

披露虚假信息的最高惩罚。

在信息造假上，发行人和中介机构之间的关系包括：（1）发行人自行造假，中介机构对此未能做出准确判断或假装不知；（2）发行人为达到上市目的而邀请中介机构帮助造假；（3）中介机构为盈利目的而主动帮助发行人造假。

为简化起见，假设当中介机构进行尽职调查等工作时，以其专业能力和敬业精神，一定能够发现发行人是否存在造假行为。换言之，如果存在信息造假情形，那就是中介机构与发行人之间进行了串谋。

在核准制下，监管机构可根据发行人提供的申请文件的真实程度等情况作出核准或不予核准的决定。但监管人员并不是"万能"的，这种带有浓厚主观判断的行政制度模式存在判断出错的可能性，并且容易引致寻租行为的产生（Glaeser and Shleifer，2003；胡志强、詹承启和陈潇潇，2014；李曙光，2015；陈洪杰，2018）。这两个方面的因素，都会导致信息造假情形的出现，导致投资者对 IPO 公司所披露信息的真实性、完整性存疑。

假设 2 - 4： 假设投资者推断发行人信息披露真实度的概率为 θ_{inv}，$\theta_{inv} \in [0, 1]$ 且这个概率与发行人信息披露完整度 ω 呈正相关关系。另外，可将投资者分为专业投资者和非专业投资者。假设机构投资者均为专业投资者，其推断发行人信息披露真实性的概率为 θ_{inv_pro} 且 $\theta_{inv\_pro} = 1$，即能准确识别发行人信息的真伪。假设个人投资者均为非专业投资者，其推断发行人信息披露真实性的概率为 θ_{inv_npro} 且 $\theta_{inv\_npro} \in (0, 1)$，即不能够完全识别发行人信息的真伪。新股发行价格 P_1 与信息披露的真实性、股票的内在价值 V 等因素有关。假设新股发行价格为：$P_1 = E[\alpha \times 1 + (1 - \alpha) \times \theta_{inv\_npro}]$，其中，设 α 为机构投资者比例，$1 - \alpha$ 为个人投资者比例，$E[\cdot]$ 表示价格函数，该函数与信息披露真实性有关。

2.2　各市场主体的收益及行为选择

在 IPO 申请过程中，存在发行人、中介机构、投资者和监管机构这四个主体之间的相互博弈。在存在 IPO 信息披露造假的情形中，各主体有不完全相同的利益目标，有各自的行为选择。不同主体间的博弈行为大致如图 2 - 1 所示。

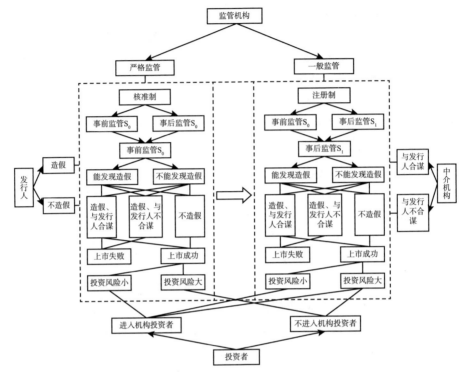

图 2 - 1　IPO 过程中各主体的行为选择与各主体间的博弈关系

2.2.1　不同 IPO 机制下监管者的收益及行为选择

现有研究所设计的监管者决策空间多种多样，有些学者将监管者决策空间设为监管和不监管（黄晓磊，2009；梁海林，2010；乔飞鸽，2010；黄方亮等，2015）；有些学者将监管者决策空间设为一般监管和严格监管（林珊，2010；郝旭光、贺小刚和张嘉祺，2013）；还有的学者将监管者决策空间设为放松"事前"监管和勤于"事前"监管（李玫和芦杨，2014）。相关文献中构造的监管者效用函数的有一个共同特点，即在一定的概率下，是以监管者的收益减成本。不同之处体现在监管者的收益和损失的假设上。黄晓磊（2009）、梁海林（2010）、林珊（2010）、郝旭光、贺小刚和张嘉祺（2013）以及李玫和芦杨（2014）都将监管者的收益设为监管部门对违法违规机构的处罚，成本为监管成本。而王遥和高宇（2008）将监管者的收益设为两个部分：一部分是监管部门对违法违规机构的处罚；另一部分是违法违规机构对监管者的贿赂。

上述研究多是采纳在一定的概率下监管者收益减去成本的做法，我们借鉴此种方法构造监管者的效用函数，将监管决策空间设为在核准制和注册制两种不同制度下的"事前"监管和"事后"监管。

对于监管部门来说，对发行和上市进行核准、监管，是需要一定成本的，假设其监管成本为 C_3。如果发现信息披露造假等违法违规行为，监管部门进行处罚，由假设 2 – 3 可知，处罚力度为 ωC_2。监管者发现公司信息披露违法违规，对其进行处罚，并为保护投资者利益而对受损的投资者进行补偿，假设会获得收益 SR。另外，监管者在当时没有发现公司信息披露违法违规，后期被发现时，监管者的损失为 L，以概率 ∂ 能够发现中介机构或发行人的造假行为。

监管机构履行监管职责时所获得的期望收益为：

$$U_{sup} = \partial(SR + \omega C_2 - C_3) + (1 - \partial)(-L) = \partial(SR + \omega C_2 - C_3 + L) - L$$

$$(2 - 1)$$

发行人信息披露的方式有两种：一种是完全信息披露；另一种是只达到监管者规定的信息披露标准。出于对自身利益的考虑，发行人会选择第二种信息披露方式，即只达到监管者规定的信息披露标准。因为完全信息披露，不仅披露成本高，而且容易被监管者发现其造假行为。在"事前"监管情况下，当 $\lambda = 0$ 时，即在核准制下，发行人信息披露的完整性为 $\omega \in [S_0, 1]$；当 $\lambda = 1$ 时，即在注册制下，发行人信息披露的完整性为 $\omega \in [0, 1]$。因此，

在核准制下，监管者采取"事前"监管策略的期望收益为：

$$U_{be\ sup\ gov} = \partial(SR + S_0 C_2 - C_3 + L) - L \qquad (2 - 2)$$

在注册制下，监管者采取"事前"监管策略的期望收益为：

$$U_{be\ sup\ reg} = \partial(SR - C_3 + L) - L \qquad (2 - 3)$$

由 $U_{be\ sup\ gov} - U_{be\ sup\ reg} = \partial S_0 C_2 \geq 0$ 可知，在注册制下监管者进行"事前"监管所得到的收益小于在核准制下监管者进行"事前"监管所得到的收益，这说明，"事前"监管是核准制下监管者更倾向于采纳的一种监管方式。

同理，在"事后"监管情况下，当 $\lambda = 0$ 时，即在核准制下，发行人信息披露的完整性为 $\omega \in [S_0, 1]$；当 $\lambda = 1$ 时，即在注册制下，发行人信息披露的完整性为 $\omega \in [S_1, 1]$。

在核准制下，监管者采取"事后"监管策略的期望收益为：

$$U_{af\ sup\ gov} = \partial(SR + S_0 C_2 - C_3 + L) - L \qquad (2 - 4)$$

在注册制下，监管者采取"事后"监管策略的期望收益为：

$$U_{af\,sup\,reg} = \partial(SR + S_1 C_2 - C_3 + L) - L \qquad (2-5)$$

因为 $U_{af\,sup\,reg} - U_{af\,sup\,gov} = \partial C_2(S_1 - S_0)$，且 $S_1 > S_0$，所以 $U_{af\,sup\,reg} - U_{af\,sup\,gov} >$ 0，即在注册制下监管者进行"事后"监管所得到的收益大于在核准制下监管者进行"事后"监管所得到的收益，"事后"监管是注册制下监管者进行监管的主要方式。模型的形式如图 2-2 所示。

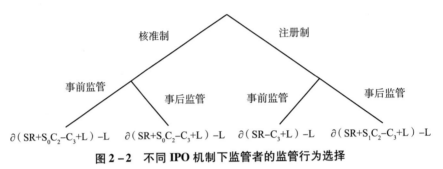

图 2-2 不同 IPO 机制下监管者的监管行为选择

2.2.2 发行人信息披露完整与否的收益及行为选择

有学者在对发行人的效用函数进行设定时，将发行人分为高风险企业与低风险企业，并分别构造了其效用函数（黄方亮等，2015）。借鉴该思路，我们区分高质量和低质量企业，并添加变量：低质量企业上市所得额外收益 h 和低质量企业上市所产生的道德成本 g。由此构造低质量发行人选择上市的效用函数：

$$\begin{aligned} U_{iqiss} &= NP_1 - C_1 - \omega C_2 - C_4 + h - g \\ &= NE[\alpha \times 1 + (1 - \alpha) \times \theta_{inv\_npro}]\omega - C_1 - \omega C_2 - C_4 + h - g \qquad (2-6) \end{aligned}$$

在式（2-6）中，NP_1 表示低质量发行人的募集资金规模；C_1 表示低质量发行人信息披露的直接成本；ωC_2 表示发行人因信息披露造假可能被监管者发现而面临的潜在地受到处罚的成本；C_4 表示低质量发行人需要支付的其他成本；$E[\cdot]$ 表示价格函数。

当式（2-6）中 C_2、h 和 G 为零时，式（2-6）就是高质量发行人选择上市的效用函数：

$$U_{hqiss} = NE[\alpha \times 1 + (1 - \alpha) \times \theta_{inv\_npro}] - C_1 - C_4 \qquad (2-7)$$

低质量发行人为实现自身的效用最大化，必然会在发行收益与发行成本之间选择适度的均衡值。一方面，根据假设 2-4，信息披露程度 ω 影响发行人信息披露真实性的概率为 $\theta_{\text{inv\_pro}}$，进而影响发行人股票价格，从而直接影响它的发行收益；另一方面，信息披露程度 ω 也决定低质量发行人可能面临的被处罚损失。

当低质量的发行人因信息披露造假可能被监管者发现而面临的潜在地受到处罚的成本非常高时，低质量的发行人面临的选择只有一种：在 $\omega \in [S, 1]$ 内，发行人选择 $\omega = S$，即达到规定的信息披露标准。因此，低质量发行人的行为选择是只达到监管者规定的信息披露标准。当发行人选择完全信息披露时，意味着该公司放弃上市；当发行人选择满足监管者规定的信息披露要求时，意味着公司选择通过掩盖部分信息去争取上市。

随着注册制改革的推进，监管者在"事后"监管中对发行人披露信息的标准 S 将会越来越高（$S_1 > S_0$），区间（S，1）的区间间距将会越来越小，这也就意味着低质量拟上市企业在此区间内掩盖企业信息的行为选择越来越少；当 S = 1 时，低质量发行人就会选择放弃上市。

总体来看，随着改革的进一步推进，低质量企业占比将不断减少，高质量企业占比将会不断提高。该模型如图 2 – 3 所示。

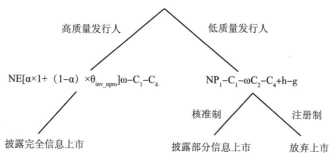

图 2 – 3 异质发行人的不同博弈行为

2.2.3 中介机构合谋与否的收益及行为选择

中介机构包括承销商、会计师事务所、律师事务所等，均具有类似的利益目标。为方便分析，我们将中介机构看作一个主体[①]。中介机构面临的行

---

① 不同中介机构的收费方式类似，利益目标类似，所以，可以当作一个主体进行博弈分析。单独对中介机构效用及行为选择的文献研究较少。有些研究主要以中介机构的声誉为研究对象，认为中介机构声誉能够影响发行成本（张强和张宝，2011）。

为选择包括：（1）基于发行人的实际情况，为发行人上市提供专业服务，获取合法合规的佣金等服务收益；（2）违法违规利用专业和经验优势，帮助发行人隐瞒或伪造事实，达到上市目的，获取异常收益，同时承担可能被处罚的风险。因此，在为发行人做 IPO 申请准备工作的过程中，中介机构的决策空间是 {不合谋，合谋}。中介机构采取不合谋策略时，即中介机构以事实为依据，帮助发行人上市，从而获得收益 r_1。只要发行人造假，假设中介机构一定能发现发行人的造假行为，并要求其改正，由此产生监督、纠错成本 C_5。若中介机构与发行人合谋，即中介机构帮助发行人隐瞒或伪造事实，达到上市的目的，则获得超常收益 r_2。如果被监管者发现造假行为，监管者就会对中介机构进行处罚，处罚为 ωC_2；处罚将会对中介机构的声誉产生一定的影响，设其为 f。假设监管者发现中介机构或发行人的造假行为的概率为 ∂。

那么，中介机构采取不合谋策略的期望收益为：

$$U_{int\ ncon} = \partial(r_1 - C_5) + (1 - \partial)(r_1 - C_5) = (r_1 - C_5) \qquad (2-8)$$

由式（2-8）可知，不管是在核准制下，还是在注册制下，中介机构采取不合谋策略时所获得的期望收益是相等的，即中介机构选择不合谋策略时，在核准制下和注册制下没有区别。

中介机构采取合谋策略的期望收益为：

$$U_{int\ con} = \partial(r_1 + r_2 - \omega C_2 - C_5 - f) + (1 - \partial)(r_1 + r_2)$$
$$= r_1 + r_2 - \partial(\omega C_2 + C_5 + f) \qquad (2-9)$$

因为在"事后"监管情况下，当 $\lambda = 0$ 时，即在核准制下，发行人信息披露的完整性为 $\omega \in [S_0, 1]$；当 $\lambda = 1$ 时，即在注册制下，发行人信息披露的完整性为 $\omega \in [S_1, 1]$。并且 $S_1 > S_0$，所以，

在核准制下，中介机构采取合谋策略的最大期望收益为：

$$U_{int\ govcon} = r_1 + r_2 - \partial(S_0 C_2 + C_5 + f) \qquad (2-10)$$

在注册制下，中介机构采取合谋策略的最大期望收益为：

$$U_{int\ regcon} = r_1 + r_2 - \partial(S_1 C_2 + C_5 + f) \qquad (2-11)$$

因为 $U_{int\ regcon} - U_{int\ govcon} = \partial C_2(S_0 - S_1)$，而且 $S_1 > S_0$，所以 $U_{int\ regcon} - U_{int\ govcon} < 0$。即在核准制下中介机构采取合谋策略时获得的最大期望收益大于在注册制下获得的最大期望收益。这说明中介机构更倾向于在核准制下采取合谋策略。该模型如图 2-4 所示。

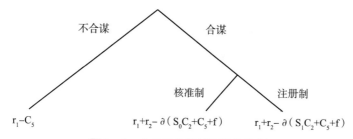

图 2 - 4　中介机构的博弈行为选择

2.2.4　投资者申购新股的收益及行为选择

假设非专业投资者或个人投资者有两种选择：（1）购买基金等间接享受专业投资者或机构投资者能够靠其规模优势、专业优势等获取购买新股的收益，我们将此称为个人投资者加入机构投资者行列。由于个人投资者是相当于间接购买新股，个人投资者获得的直接收益是基金支付的对购买新股收益进行平均后的收益。（2）个人投资者不购买基金等，以个人身份直接投资新股，申购新股成功的概率较低。

在不同的 IPO 机制下，投资者成功申购新股的收益不同，且与发行人信息披露"完整度"ω 有关，因此，假设投资者成功申购新股的收益为 ωR，申购不成功则会付出机会成本 K。机构投资者中签高质量企业的概率为 p_I，个人投资者中签高质量企业的概率为 p_h，且 $p_I > p_h$。机构投资者为维持较高的中签高质量企业的概率，并为对企业进行估值、判断何时卖出，会进行实地调研等信息搜寻活动，由此产生一定的费用 C_6。

个人加入机构投资者的收益：

$$U_{ins} = P_I \omega R - (1 - P_I) K - C_6 \qquad (2 - 12)$$

个人不加入机构投资者（不购买基金等）的收益：

$$U_{ind} = P_h \omega R - (1 - P_h) K \qquad (2 - 13)$$

个人加入机构投资者的收益减去不加入机构投资者的收益，差为：

$$U_{ins-ind} = (P_I - P_h)(\omega R + K) - C_6 \qquad (2 - 14)$$

从式（2 - 14）可以看出，当 $P_I > \dfrac{C_6}{S_0 R + K} + P_h$ 时，个人加入机构的收益 U_{ins} 大于不加入机构的收益 U_{ind} 时，此时投资者会选择购买基金等。

在核准制下，个人加入机构投资者的概率为：

$$P_I = \frac{C_6}{S_0 R + K} + P_h \qquad\qquad (2-15)$$

在注册制下，个人加入机构投资者的概率为：

$$P_I = \frac{C_6}{S_1 R + K} + P_h \qquad\qquad (2-16)$$

已知 $S_1 > S_0$，所以式（2-15）的值大于式（2-16）的值，说明在核准制下投资者更倾向于加入机构投资者行列。这是因为在核准制下，低质量发行人较多，个人投资者难以对其进行辨别，只好加入机构投资者行列获得平均收益。相反，在实施注册制的情况下，在高质量发行人占比提高的前提下，如果不考虑核准制下高抑价率的情况，个人投资者中签高质量企业的概率会提高，注册制下个人加入机构投资者的概率小于核准制下个人加入机构投资者的概率①。该模型如图 2-5 所示。

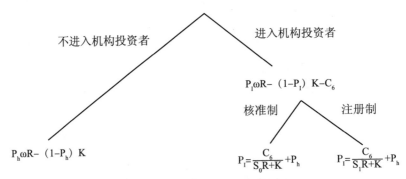

图 2-5　投资者的博弈行为选择

2.3 制度变迁中监管者、发行人、中介机构间的演化博弈

2.3.1 监管者与发行人之间的演化博弈

在关于发行人和监管者之间博弈关系的研究中，有学者将发行人的策略

---

① 当然，如果在注册制下发行人的质量高低不等、参差不齐，那么，注册制下个人进入机构投资者的概率会变得等于或大于核准制下个人进入机构投资者的概率。

集合设为有利益侵占和无利益侵占，或者有财务数据造假和无财务数据造假，将监管者的策略集合设为普通监管和非普通监管，或者有监管和无监管，得出双方根据对方采取行动的概率的大小，决定自己的行为选择（梁海林，2010；郝旭光、贺小刚和张嘉祺，2013）。本书借鉴上述研究的思路，对监管者与发行人进行博弈分析。与以往文献不同的是，本书设监管者的处罚成本为 ωC_2，监管者发现 IPO 公司在信息披露存在造假并对其进行处罚，得到收益 SR；监管者在"事中"没有发现企业信息披露造假，但"事后"发现，相关的损失为 L。基于静态博弈分析方法，本书构建阶段博弈矩阵。博弈双方发行人的策略集合 ｛低质量信息披露，高质量信息披露｝，监管者的策略集合为 ｛事后严格监管，事后常规监管｝，如表 2 - 1 所示。

表 2 - 1　　　　　　　　　发行人与监管者的阶段博弈的支付矩阵

发行人	监管者	
	事后严格监管 Q_{str}	事后常规监管 $1 - Q_{str}$
低质量信息披露 P_L	$NP_1 - C_1 - C_4 + h - \omega C_2 - g$ $SR + \omega C_2 - C_{str}$	$NP_1 - C_1 - C_4 + h - \omega C_2$ $- C_{gen} - L$
高质量信息披露 $1 - P_L$	$NP_1 - C_1 - C_4$ $- C_{str}$	$NP_1 - C_1 - C_4$ $- C_{gen}$

表 2 - 1 中有关参数符号代表的含义是：

NP_1：发行人进行低质量信息披露的募集资金规模；

C_1：发行人披露低质量信息的直接成本；

C_4：发行人进行低质量信息披露需要支付的其他成本；

h：发行人进行低质量信息披露所获的额外收益；

ωC_2：发行人因信息披露问题受到处罚而付出的成本；

g：发行人因提供低质量信息而引致的道德成本；

SR：监管者发现造假行为并进行处罚从而保护投资者权益的相关收益；

C_{str}：监管者进行严格监管的成本；

C_{gen}：监管者进行常规监管的成本；

L：发行人信息披露造假在"事后"被发现的相关损失；

Q_{str}："事后"严格监管的比例（$0 \leq Q_{str} \leq 1$）；

P_L：发行人进行低质量信息披露的比例（$0 \leq P_L \leq 1$）。

2.3.1.1 静态博弈分析

由于纯策略纳什均衡在该监管博弈中不存在，故在此分析其混合策略纳什均衡。发行人的效用函数为：

$$U_{iss} = P_L[Q_{stv}(NP_1 - C_1 - \omega C_2 - C_4 + h - g) + (1 - Q_{str})(NP_1 - C_1 - \omega C_2 - C_4 + h)]$$
$$+ (1 - P_L)[Q_{str}(NP_1 - C_1 - C_4) + (1 - Q_{str})(NP_1 - C_1 - C_4)]$$
$$= P_L h - P_L Q_{str} g - P_L \omega C_2 + NP_1 - C_1 - C_4 \qquad (2-17)$$

发行人追求其期望效用最大化，因此，对式（2-17）求偏导并令其结果为零，得：

$$Q_{str} = \frac{h - \omega C_2}{g}$$

监管者的效用函数为：

$$U_{sup} = Q_{str}[P_L(SR + \omega C_2 - C_{str}) + (1 - P_L)(SR - C_{str})]$$
$$+ (1 - Q_{str})[P_L(-C_{gen} - L) + (1 - P_L)(-C_{gen})]$$
$$= Q_{str}[P_L(\omega C_2 + L) + SR - C_{str} + C_{gen}] - (P_L L + C_{gen}) \qquad (2-18)$$

监管者实现期望效用最大化，对式（2-18）求偏导并令其结果为零，得：

$$P_L = \frac{C_{str} - C_{gen} - SR}{\omega C_2 + L}$$

即发行人和监管者最优的策略概率（混合策略纳什均衡）为：

$$P_L = \frac{C_{str} - C_{gen} - SR}{\omega C_2 + L}$$

$$Q_{str} = \frac{h - \omega C_2}{g}$$

发行人与监管者的混合策略纳什均衡如图 2-6 所示。

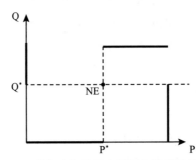

图 2-6 发行人与监管者的混合策略纳什均衡

对于发行人和监管者，在对方不同的行为选择下，会作出自己的相应的最优选择。

对于发行人，当监管者的"事后"严格监管的概率大于均衡概率时，即 $Q_{str} > \dfrac{h - \omega C_2}{g}$，发行人的最优选择是高质量信息披露；如果前者小于后者，发行人的最优选择是低质量信息披露；如果前者等于后者，发行人的最优选择是低质量企业上市或者高质量信息披露。

对于监管者，如果发行人选择低质量信息披露的概率 P_L 小于 $\dfrac{C_{str} - C_{gen} - SR}{\omega C_2 + L}$，监管者的最优选择是进行"事后"常规监管；如果前者大于后者，监管者的最优选择是进行"事后"严格监管；如果前者等于后者，监管者的最优选择是进行"事后"常规监管或者"事后"严格监管。

2.3.1.2 发行人与监管者的演化博弈及稳定性分析

发行人选择"低质量信息披露"的策略比例为 $P_L = P_L(t)$，监管者选择"事后严格监管"的比例为 $Q_{st} = Q_{st}(t)$。

发行人进行低质量和高质量信息披露的收益分别为：

$$EU_x^{P_L} = Q_{str}(NP_1 - C_1 - \omega C_2 - C_4 + h - g) + (1 - Q_{str})(NP_1 - C_1 - \omega C_2 - C_4 + h) \tag{2-19}$$

$$EU_x^{1-P_L} = Q_{str}(NP_1 - C_1 - C_4) + (1 - Q_{str})(NP_1 - C_1 - C_4) \tag{2-20}$$

低质量与高质量发行人的混合收益为：

$$\overline{EU_x} = P_L \cdot EU_{P_L} + (1 - P_L) \cdot EU_{1-P_L} = -P_L Qg - P_L \omega C_2 + P_L h + NP_1 - C_1 - C_4 \tag{2-21}$$

有关发行人策略选择的动态微分方程表示为：

$$\frac{dp_L}{dt} = P_L(EUx_{P_L} - \overline{EU_x}) = P_L(P_L - 1)(Q_{str}g + \omega C_2 - h) \tag{2-22}$$

令式（2-22）为零，解出 $P_L^* = 0$ 和 $P_L^* = 1$ 两个稳定状态。

监管者选择"事后"严格监管、"事后"常规监管策略，其公共目标的实现程度分别为：

$$EU_y^{Q_{str}} = P_L(SR + \omega C_2 - C_{str}) + (1 - p_1)(-C_{str}) \tag{2-23}$$

$$EU_y^{1-Q_{str}} = P_L(-C_{gen} - L) + (1 - P_1)(-C_{genr}) \tag{2-24}$$

$$\overline{EU_y} = Q_{str} \cdot EU_y^{Q_{str}} + (1 - Q_{str}) \cdot EU_y^{1 - Q_{str}}$$

$$= Q_{str}(P_L \omega C_2 + PSR - C_{str}) + (1 - Q_{str})(-P_L L - C_{gen}) \qquad (2-25)$$

监管者"事后"严格监管和常规监管动态变化速度用动态微分方程表示为:

$$\frac{dQ_{str}}{dt} = Q_{str}(EUy_{Q_{str}} - \overline{EU_y}) = Q_{str}[(1 - Q_{str})(P_L \omega C_2 + SR - C_{str} + P_L L + C_{gen})]$$

$$(2-26)$$

令式(2-26)为零,解出 $Q_{str}^* = 0$ 和 $Q_{str}^* = 1$ 两个稳定状态。

(1)发行人进行信息披露的演化稳定分析。根据演化稳定策略理论,当 $Q_{str} = \dfrac{h - \omega C_2}{g}$ 时,所有的 P_L 均为稳定状态,当 $Q_{str} \neq \dfrac{h - \omega C_2}{g}$ 时,可知 $P_L^* = 0$ 和 $P_L^* = 1$ 是可能的稳定状态。据微分方程稳定性定理分析,可推出演化稳定策略。当监管者"事后"常规监管下,发行人进行低质量信息披露的收益小于进行高质量信息披露的收益时, $NP_1 - C_1 - \omega C_2 - C_4 + h < NP_1 - C_1 - C_4$,即 $h < \omega C_2$,发行人进行低质量信息披露所得额外收益为小于监管者的处罚成本,此时 $Q^* < 0$,得 $Q > Q^*$, $F'(0) < 0$, $F'(1) > 0$,所以 $P = 0$ 为发行人的演化稳定状态,发行人会选择进行高质量信息披露的策略。

图 2-7 展示了发行人的群体复制动态相位。

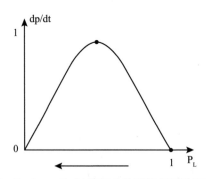

图 2-7　$h < \omega C_2$ 时发行人的群体复制动态相位

当 $h > \omega C_2$ 时,存在两种情况:第一,当 $Q > Q^*$ 时,同上,发行人会选择高质量信息披露策略;第二,当 $Q < Q^*$ 时, $F'(0) > 0$, $F'(1) < 0$, $P = 1$ 为发行人的稳定状态,发行人会选择低质量信息披露策略。

图2-8展示了发行人与监管者非对称博弈两群体复制动态的关系。①

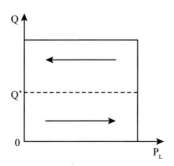

图2-8 发行人与监管者非对称博弈两群体复制动态关系

经过一段时间的演化，当发行人进行低质量信息披露所得额外收益小于监管处罚成本时，无论监管者是"事后"严格监管还是"事后"常规监管，发行人都会选择进行高质量信息披露；当发行人进行低质量信息披露所得额外收益大于监管处罚成本时，发行人的策略取决于监管者的"事后"监管力度，"事后"监管力度越大，即监管者对发行人信息披露造假的处罚成本和道德成本越高，出现高质量信息披露的概率越大。当监管者监管成本很高时，发行人倾向于选择低质量信息披露；监管者对发行人选择低质量信息披露（即存在信息披露造假）的处罚加大，或者道德成本增加时，发行人倾向于减少选择低质量信息披露。

（2）监管者的行为演化稳定分析。根据演化稳定策略，当 $P = \dfrac{C_{str} - C_{gen} - SR}{\omega C_2 + L}$ 时，所有的 Q 都为稳定状态，当 $P \neq \dfrac{C_{str} - C_{gen} - SR}{\omega C_2 + L}$ 时，可得 $Q^* = 0$ 和 $Q^* = 1$ 是稳定状态。根据微分方程稳定性定理分析，可推出演化稳定策略。若发行人进行低质量信息披露，当 $C_{str} - C_{gen} - SR > L + \omega C_2$ 时，$P^* > 1$，此时 $P < P^*$，$F'(0) > 0$，$F'(1) < 0$，$Q = 1$ 为监管者的演化稳定状态，监管者会选择"事后"严格监管策略。

图2-9展示了监管者群体复制动态相位。

---

① 事后越严格监管，发行人信息披露的质量越高。

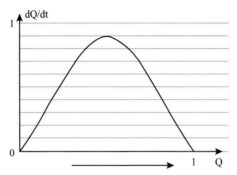

图 2-9 $C_{str} - C_{gen} - SR > L + \omega C_2$ 时监管者群体复制动态相位

当监管者"事后"严格监管的收益小于"事后"常规监管的收益时，存在两种情况。

第一，当 $P > P^*$ 时，$F'(0) < 0$，$F'(1) > 0$，$Q = 0$ 为监管者的演化稳定状态，监管者会选择"事后"常规监管策略；

第二，当 $P < P^*$ 时，$F'(0) > 0$，$F'(1) < 0$，$Q = 0$ 为监管者的演化稳定状态，监管者会选择"事后"严格监管策略。

图 2-10 展示了监管者与发行人非对称博弈两群体复制动态的关系。

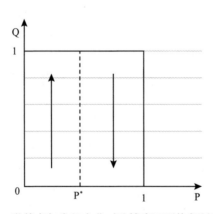

图 2-10 监管者与发行人非对称博弈两群体复制动态关系

经过一段时间的演化，当监管者"事后"严格监管的收益足够大时，无论发行人信息披露质量高低与否，监管者都会选择"事后"严格监管；当监管者"事后"严格监管的收益太小时，监管者的策略取决于 SR。"事后"严格监管的力度随 SR 的提高而增大。

（3）发行人和监管者策略的演化稳定分析。发行人和监管者组成的博弈系统中的均衡点包括：$E_1(0, 0)$，$E_2(0, 1)$，$E_3(1, 0)$，$E_4(1, 1)$，$E_5\left(\dfrac{h - \omega C_2}{g}, \dfrac{C_{str} - C_{gen} - SR}{\omega C_2 + L}\right)$。此系统的雅克比矩阵为：

$$J = \begin{vmatrix} \dfrac{\partial F(P)}{\partial P} & \dfrac{\partial F(P)}{\partial Q} \\ \dfrac{\partial F(Q)}{\partial P} & \dfrac{\partial F(Q)}{\partial Q} \end{vmatrix}$$

$$= \begin{vmatrix} (2P - 1)(Qg + \omega C_2 - h) & g(P^2 - P) \\ \omega C_2(Q^2 - Q) & (1 - 2Q)(P\omega C_2 + SR - C_{str} + C_{gen} + P_L) \end{vmatrix}$$

该行列式的值和迹分别表示为：

$$\text{Det}(J) = \left[\frac{\partial F(P)}{\partial P}\right]\left[\frac{\partial F(Q)}{\partial Q}\right] - \left[\frac{\partial F(P)}{\partial Q}\right]\left[\frac{\partial F(Q)}{\partial P}\right]$$

$$\text{Tr}(J) = \frac{\partial F(P)}{\partial P} + \frac{\partial F(Q)}{\partial Q}$$

点 $E_5\left(\dfrac{h - \omega C_2}{g}, \dfrac{C_{str} - C_{gen} - SR}{\omega C_2 + L}\right)$ 是演化稳定策略的中心位置。

稳定性分析结果如表 2 - 2 所示。

表 2 - 2　　　　　　　　　　稳定性分析结果

均衡点	J 的行列式	J 的迹	结果	条件
$E_1(0, 0)$	+	−	ESS	$h < \omega C_2$，$C_{gen} + SR < C_{str}$
$E_2(0, 1)$	+	−	ESS	$h < g + \omega C_2$，$C_{gen} + SR > C_{str}$
$E_3(1, 0)$	+	−	ESS	$\omega C_2 < h$，$\omega C_2 + L + C_{gen} + SR < C_{str}$
$E_4(1, 1)$	+	−	ESS	$g + \omega C_2 < h$，$\omega C_2 + L + C_{gen} + SR > C_{str}$
$E_5\left(\dfrac{h - \omega C_2}{g}, \dfrac{C_{str} - C_{gen} - SR}{\omega C_2 + L}\right)$	+ / −	0	鞍点	任意条件

注：ESS（evolutionarily stable strategy）表示演化稳定策略。

均衡点 $E_1(0, 0)$、$E_2(0, 1)$、$E_3(1, 0)$、$E_4(1, 1)$ 分别表示达到演化稳定状态的可能性策略，其中，$E_2(0, 1)$ 代表系统最优均衡点。

当发行人进行低质量信息披露所得额外收益 h 小于监管者处罚成本 ωC_2、

监管者"事后"常规监管成本 C_{gen} 与发现企业信息披露造假并处罚所得收益 SR 之和小于监管者"事后"严格监管成本 C_{str} 时，系统最终收敛到演化稳定均衡状态：P = 0，Q = 0。此时，发行人选择进行高质量信息披露的策略，监管者选择"事后"常规监管的策略。

当发行人进行低质量信息披露所得额外收益 h 小于监管处罚成本 ωC_2 与发行人进行低质量信息披露所产生的道德成本 g 之和，监管者"事后"严格监管的成本 C_{str} 小于监管者"事后"常规监管的成本 C_{gen} 加发现企业信息披露造假并处罚所得收益 SR 时，系统最终收敛到演化稳定均衡状态：P = 0，Q = 1。此时，发行人选择进行高质量信息披露的策略，监管者选择进行"事后"严格监管的策略。

图 2 – 11 展示了发行人和监管者的复制动态关系。对于初始状态 P 和 Q 来说，有四个区域。

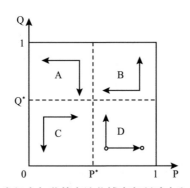

图 2 – 11　发行人与监管者演化博弈复制动态和策略稳定性

对照相位图可以发现以下四种情况。

第一，当初始状态落在 A 区域时，监管者选择"事后"常规监管、发行人选择进行高质量信息披露。该博弈收敛于 （P = 0，Q = 0）。

第二，当初始状态落在 B 区域时，监管者"事后"严格监管收益与发行人进行高质量信息披露收益分别会提高，该博弈收敛于 （P = 0，Q = 1）。此时的策略可以证明是演化稳定策略。

第三，当初始状态落在 C 区域时，监管者"事后"常规监管策略收益与发行人进行低质量信息披露收益分别会提高，该博弈收敛于 （P = 1，Q = 0）。

第四，当初始状态落在 D 区域时，监管者"事后"严格监管策略收益与发行人进行低质量信息披露收益分别会提高，该博弈收敛于（P=1，Q=1）。

由以上分析可知，我国要顺利过渡到注册制（P=0，Q=1）状态，所需的条件为：额外收益小于处罚成本和道德成本之和，"事后"严格监管成本小于"事后"常规监管成本和处罚收益之和。要过渡到 ESS 状态，所需条件为 $\omega > \dfrac{h-g}{C_2}$，且 $SR > C_{str} - C_{gen}$。发行人信息披露"造假度" $\omega \in [0, 1]$，注册制状态下 $\omega = 0$，在过渡过程中的任务是使 ω 趋向于 0。根据以上不等式可知，监管者可以通过改变有关规定对发行人披露虚假信息的最高惩罚 C_2 来实现，当 C_2 足够大时，发行人会趋向于高质量信息披露状态。

2.3.2 监管者与中介机构之间的演化博弈

中介机构作为 IPO 市场中的专业机构和服务机构，在发行人申请上市过程中起着重要的作用，是监管者的重要监管对象。有研究认为，如果企业被发现在上市过程中存在财务信息造假问题，在企业被起诉时承销商会受到声誉损失；如果投资者损失比较大，或者如果承销商的客户被起诉的案例增多，那么承销商的声誉损失也就更大，承销商认证功能的可信度就会降低（Song and Hatice，2004）。还有研究指出，IPO 承销商声誉的认证功能会因 IPO 信息造假而受到负面影响（张学勇、廖理和罗远航，2014；张学勇和张秋月，2018）。但是，我国市场中声誉体系仍然不够健全，声誉损失约束不强，中介机构有时会滥用其专业优势，作出有损于投资者利益的违法违规行为；监管制度不够完善、监管人员疏忽、失职的情况也存在（王遥和高宇，2008；李妍和薛俭，2015）。

由中介机构的效用函数及其行为选择一节分析可知，中介机构的决策空间为 | 不合谋，合谋 | 。中介机构如果因被发现有造假行为而被监管者处罚，则会导致声誉损失，设其为 f。

设监管者发现中介机构造假行为的概率是 ∂；设中介机构采取合谋和不合谋的概率分别为 P_{con} 和 $1 - P_{con}$。监管者与中介机构之间的博弈行为如表 2-3 所示。

表 2 – 3   监管者与中介机构之间的博弈行为

监管者	中介机构	
	合谋 P_{con}	不合谋 $1 - P_{con}$
事后常规监管 $1 - Q_{str}$	$r_1 + r_2 - C_{gen} - L$	$r_1 - C_5 - C_{gen}$
事后严格监管 Q_{str}	$r_1 + r_2 - \omega C_2 - C_5 - f$ $SR + \omega C_2 - C_{str}$	$r_1 - C_5$ $SR - C_{str}$

中介机构的效用函数为:

$$U_{int} = P_{con}\left[Q_{str}(r_1 + r_2 - \omega C_2 - C_5 - f) + (1 - Q_{str})(r_1 + r_2)\right]$$
$$+ (1 - P_{con})\left[Q_{str}(r_1 - C_5) + (1 - Q_{str})(r_1 - C_5)\right]$$
$$= P_{con}\left[Q_{str}(-\omega C_2 - C_5 - f) + r_2 + C_5\right] + r_1 - C_5 \quad (2-27)$$

中介机构追求其期望效用最大化,因此,对式 (2 – 27) 求偏导并令其结果为零,得:

$$Q_{str} = \frac{r_2 + C_5}{\omega C_2 + C_5 + f}$$

监管者的效用函数为:

$$U_{sup} = Q_{str}\left[P_{con}(SR + \omega C_2 - C_{str}) + (1 - P_{con})(SR - C_{str})\right]$$
$$+ (1 - Q_{str})\left[P_{con}(-C_{gen} - L) + (1 - P_{con})(-C_{gen})\right]$$
$$= Q_{str}\left[P_{con}(\omega C_2 + L) + SR - C_{str} + C_{gen}\right] - (P_{con}L + C_{gen}) \quad (2-28)$$

监管者实现期望效用最大化,对式 (2 – 28) 求偏导并令其结果为零,得:

$$P_{con} = \frac{C_{str} - C_{gen} - SR}{\omega C_2 + L}$$

根据计算结果,对于中介机构来说,如果 $Q_{str} < \dfrac{r_2 + C_5}{\omega C_2 + C_5 + f}$,则中介机构的最优选择是采取与发行人合谋的策略,帮助低质量公司造假;$Q_{str} > \dfrac{r_2 + C_5}{\omega C_2 + C_5 + f}$,则中介机构的最优选择是采取不合谋的策略,拒绝帮助低质量公司造假。

同理,对于监管者来说,如果 $P_{con} < \dfrac{C_{str} - C_{gen} - SR}{\omega C_2 + L}$,则监管者的最优选择是采取"事后"常规监管;如果 $P_{con} > \dfrac{C_{str} - C_{gen} - SR}{\omega C_2 + L}$,则监管者的最优选

择是采取"事后"严格监管。

在核准制下，监管者采取"事后"严格监管的概率为 Q_{str_gov} = $\dfrac{r_2 + C_5}{S_0 C_2 + C_5 + f}$，中介机构采取合谋的概率为 $P_{con\_gov} = \dfrac{C_{str} - C_{gen} - SR}{S_0 C_2 + L}$。

在注册制下，监管者采取"事后"严格监管的概率为 Q_{str_reg} = $\dfrac{r_2 + C_5}{S_1 C_2 + C_5 + f}$，中介机构采取合谋的概率为 $P_{con\_reg} = \dfrac{C_{str} - C_{gen} - SR}{S_1 C_2 + L}$。

由于 $S_1 > S_0$，所以，在其他条件不变的情况下，$Q_{str\_gov} > Q_{str\_reg}$，$P_{con\_gov} > P_{con\_reg}$，即在注册制下，中介机构采取合谋的概率小于在核准制下的概率。

2.4　本章小结

我国 IPO 制度变革是个演化的过程。本章以 IPO 信息披露和投资者保护为主线，利用演化博弈论的方法，对 IPO 过程中监管者、中介机构、发行人和投资者四个主体分别在核准制和注册制的行为演化进行分析，得到以下主要结论和启示。

（1）如果监管层在注册制下的"事后"监管收益大于核准制下的"事后"监管收益，则"事后"监管会成为主要的监管方式；若要提高"事后"监管的收益，就需要提高对信息披露违法违规行为主体（包括发行人及负连带责任的中介机构等）的处罚，以及对保护投资者利益的补偿。另外，随着低质量发行人由于"事后"监管力度不断提高而承担较高的处罚成本和声誉损失，并被迫放弃欺诈上市，则市场中高质量发行人的占比会逐步提高。

（2）对于低质量发行人，如果不能够达到上市条件，而其提交的 IPO 申请文件满足了监管者规定的信息披露标准，则意味着发行人通过掩盖部分信息去争取上市。换言之，如果上市条件越低，则低质量发行人为争取上市而披露虚假信息的动力就越低。

（3）如果在由核准制向注册制过渡阶段监管者不断提高对中介机构"事后"监管的严格程度，则中介机构会最终拒绝利用其专业和经验优势帮助低质量公司造假。

（4）由以上结论可推知，逐步降低入市门槛、提高对违法违规行为主体的"事后"监管处罚力度和对投资者的补偿力度，应该是现阶段由核准制向注册制过渡的路径选择。此外，逐步降低入市门槛，还有利于给初创期企业进入资本市场的机会，使一级市场更好地为实体经济服务，但是，需要注意的是，高风险企业也会随之进入资本市场。这就要求一方面要拓宽市场的"入门"通道；另一方面则必须拓宽市场的"出门"通道（黄方亮等，2015）①，市场的"入门"与"出门"通道均需通畅。

---

① 尽管我国的证券监管机构及证券交易所多次修订有关上市公司退市的规定，推动不符合上市条件的企业退市，但实际的退市数量极少。与实行 IPO 注册制的成熟市场相比，我国在这个方面的改善空间还很大。

第 3 章　IPO 信息供给：是否简洁易懂[*]

由第 2 章关于 IPO 市场主体之间演化博弈分析可知，当发行人进行低质量信息披露所得额外收益与其受到监管者处罚的成本相比较高时，发行人有向投资者提供低质量信息的动力。在我国长期推行的核准制下，监管者作出的"事后"处罚力度较低，因此，市场上应该存在低质量的 IPO 信息供给。在此理论分析基础上，我们在本章及下一章分别从可读性与语调两个方面对发行人提供的 IPO 信息披露文本进行考察、检验。

有关证券监管法规要求 IPO 公司披露的信息需简明易懂，实际的信息传递是否简洁、高效？本章考察 IPO 信息供给方所披露的核心文件招股说明书的可读性，检验有哪些因素影响了可读性，可读性又会对 IPO 后市表现产生什么影响？

3.1　证券信息披露的可读性政策要求及研究动态

信息传递是资本市场运行的核心要素。影响信息传递效率的重要因素之一是语言陈述的简洁易懂程度即可读性。从阅读信息的一方看，可读性就是指读者认为易读、易懂的程度（Smith and Taffler，1992）。可读性表现在文本中所使用的词、句或语法的复杂程度。可读性作为衡量信息披露质量的标准之一，能够影响阅读者对文本内容的理解程度，进而会影响其对企业价值的判断（吉利、张丽和田静，2016）。IPO 招股说明书是发行人向监管机构提交的 IPO 申请资料中最为重要的文件，其在可读性上的质量如何对于投资决策

　* 本章的核心内容被第十四届中国金融学年会采纳，上海，2017 年 10 月 28~29 日。参见：第十四届中国金融学年会论文集（论文摘要汇编第 78 页）。

非常重要。

为使证券信息简洁易懂，美国证券交易委员会（Securities and Exchange Commission，SEC）制定的 C 条例（Regulation C）对招股说明书摘要以及风险因素披露的叙述做了详细要求，例如，规定 IPO 公司在进行披露时需使用短句，需使用确切的、具体的和日常的用语，对复杂内容尽可能采用列表式或清单式，避免过多使用专业性很强的法律术语、商业术语或技术用语等①。此外，SEC 的有关部门还于 1998 年发布了长达 77 页的《平易英语手册》，详细阐释了如何将证券信息陈述得更加简单明了而又富有信息含量。② SEC 在对有些发行人的 IPO 申请文件提出的反馈意见中，也会特地指出哪些内容应该符合有关法规条款中"平易英语原则"的要求。

我国证券监管层对证券信息可读性的关注比较晚，对于所关注的信息披露内容也只是做了较为粗略的规定。例如，证监会在其于 2013 年颁布的《中国证监会关于进一步推进新股发行体制改革的意见》中提出，为便于中小投资者阅读，发行人应"使用浅白语言"进行信息披露；次年，证监会在其发布的《首次公开发行股票并在创业板上市管理办法》中对招股说明书内容的可读性提出了语言"简明易懂""浅白平实"的规范性要求；同年，证监会在其修订的创业板公司招股说明书信息披露文件中又强化了对可读性的要求。2015 年，证监会在其发布的《公开发行证券的公司信息披露内容与格式准则第 1 号——招股说明书（2015 年修订）》中对主板和中小企业板公司招股说明书作出了"简明扼要""通俗易懂"的要求。

尽管我国证券监管部门已经关注到 IPO 信息披露可读性的问题，并在连续出台的几项相关规定中有所涉及，但是，我国目前还没有相关的实施细则，缺乏关于证券信息披露的平易中文手册或指南等的详细指导性文件。可见，相对于美国监管层的相关法规和文件，我国的规定仍然有待于改进。

在利用文本分析法对文本信息的研究方面，对文本语调（tone）的研究相对多一些；对可读性的研究还比较少，大部分文献是以二级市场的信息披露为研究对象（黄方亮等，2015；黄方亮、熊德浩和杨敏等，2015；Bonsall IV，Leone and Miller et al.，2017）。早在 20 世纪 40 年代就有美国学者对英

---

① 详见：美国证监会 C 条例 § 230. 421 "Presentation of information in prospectuses"，及 Securities Act Release No：33 - 7497（January 28，1998）。

② 详见：U. S. Securities and Exchange Commission（SEC），Office of Investor Education and Assistance，"A Plain English Handbook"，August 1998。

文的上市公司年报的可读性进行研究（Soper and Dolphin，1964），但文献数量至今不多。

对英文文本可读程度的衡量，较多使用的是"弗莱士易阅公式"（Flesch reading ease formula）和"甘宁—弗格"指数（Gunning - Fog index）等。有学者对美国上市公司年报中管理层讨论与分析（MD&A）和财务报表附注部分进行可读性研究，发现二者的可读性都不高，其中，MD&A 部分的可读性更差（Schroeder and Gibson，1990）。有对英国上市公司年报的可读性进行测量的研究发现，投资者在阅读时很有难度（Smith and Taffler，1992）。对中国香港地区上市公司年报的研究发现，年报中董事长致辞和脚注的语言陈述对于投资者而言是"难读"或"非常难读"的，这与美国、英国、加拿大和新西兰的情况类似；对中国香港上市公司公告文件的可读性分析显示，其可读性仍然有限（Courtis，1995；2004）。

有些文献在考察信息披露可读性高低的同时，对可读性与公司业绩等指标进行了相关性检验；近期研究对象的范围也越来越广。有学者对美国上市公司的研究发现，与经营业绩差的上市公司相比，业绩好的公司的年报可读性更高（Subramanian，Insley and Blackwell，1993）。与之类似，李（Li，2008）发现，亏损的、短暂盈利的公司年报多使用较长的句子和单词；年报可读性高的公司与之相比较更具持续盈利的能力；布隆费尔德（Bloomfield，2008）剖析了一家公司 3 年的年报案例，提出了好消息一般更加容易阅读的"本体论解释"（ontological explanation）或"本体论效应"（ontological effect）。还有学者则检验了上市公司年报与卖方分析师行为之间的关系，发现对于年报可读性越差的公司，分析师撰写投资分析报告所付出的努力以及报告的信息含量越高（Lehavy，Li and Merkley，2011）。黄和金（Hwang and Kim，2017）考察了美国封闭式基金年报的可读性，在实验中将年报随机分配给商科学生阅读，让学生们感受年报的难易程度并判断作者估测的可读分数是否合理，实验结果显示，作者估测的年报可读性的难易程度基本准确，年报可读性的降低会导致投资者对基金估值水平的降低。对公司联盟方的年报的可读性进行的研究发现，公司联盟方年报的可读性能够影响本公司的股票收益率。当联盟方年报的可读性较低时，年报公布时公司累积异常收益率（cumulative abnormal return，CAR）变小（Baxamusa，Jalal and Jha，2018）。

有些学者研究检验了上市公司盈余管理与其披露的年报内容的可读性之间的关系。对法国上市公司盈余管理与年报的可读性的研究发现，进行盈余管理的公司会将年报撰写得更加难以阅读（Ajina，Laouiti and Msolli，2016）。对美国情况的考察则显示，公司进行盈余管理并且盈利水平高于往年的，其年报中 MD&A 部分语言陈述更加复杂（Lo，Ramos and Rogo，2017）。这一研究结论与认为好消息的语言叙述可读性更高的"本体论解释"或"本体论效应"观点有所不同。对 2001～2015 年中国 A 股上市公司年报的可读性与公司代理成本之间的关系进行的检验（其中可读性由年报长度衡量）发现，年报的可读性能够影响外部投资者监督公司内部人的投机行为，年报可读性高的公司代理成本较低（Luo，Li and Chen，2018）。

与国外有关证券信息可读性的研究相比，我国的相关文献也非常少。阎达五和孙蔓莉（2002）应用弗莱士公式，对我国深市 B 股上市公司在 2000 年的英文版年报的可读性进行量化处理，发现此类年报的易读程度居于比较难读的水平。葛伟琪（2007）应用弗莱士公式和三个中文指标即总字数、平均句子长度和会计专业术语每百字占比分别对 2001 年度和 2005 年度我国深市 B 股公司中文和英文年报可读性进行了对比，结果显示，2005 年度的年报信息量有较大提高，但中文和英文年报的可读性没有随着时间的推移出现显著性变化。王泽霞、潘梦雪和郜鼎（2019）对我国创业板制造业上市公司年报信息披露质量的研究发现，当公司预期未来业绩提高时，管理层会提升信息披露的专业程度，即增加专业术语的使用。

有关中文证券信息可读性的量化分析极少。孙蔓莉（2004）通过设计学生实验，测试了我国上市公司中文年报的可读性水平，得出的结论是非专业的投资者难以读懂年报，半专业的投资者才有能力理解，主要原因是年报中存在大量的会计术语。吉利、张丽和田静（2016）从我国上市公司社会责任报告是否使用彩色封面、句长、页数和图表数四个方面分析了报告的可读性，发现管理层权力能够影响报告的可读性；在大股东持股比例变高、政府约束变强、市场化进程加深时，管理层权力对报告可读性的影响减弱。在 2008 年国际金融危机爆发后，有学者对我国上市公司年报可读性的影响因素进行研究，结论是公司规模、业绩、管理层薪水等因素没有对可读性产生明显影响（张星星，2010）；可读性与危机后的股票短期市场反应之间的相关性也不显著（徐述国，2010）。

国内外学者大多对二级市场的上市公司信息披露进行可读性分析，对一级市场的 IPO 信息披露可读性关注十分有限。而学者对 IPO 信息披露的可读性的研究状况如何呢？其中有以学生为被试对象进行的实验研究，并且多是以上市公司年报为研究标的（孙蔓莉，2004；Hwang and Kim，2017）。但这类研究存在一定的局限性，主要是参与实验的学生数量有限，并且在学历、专业、投资经历等许多方面与社会中为数众多的异质投资者的情况大有不同。有别于进行实验的方式，问卷调查可以直接考察投资者对 IPO 信息披露可读性的判断。我们向各种类别的投资者进行了范围较广的"IPO 信息披露与投资者权益保护"问卷调查，其中涉及 IPO 信息可读性的调查结果是，在得到的 932 份有效问卷中，约 63% 的投资者认为招股说明书应浅显、简洁、易懂，只有约 6% 的投资者认为 MD&A 内容应该更加专业，使用更多的专业术语[1]。由此可知，多于半数的投资者对招股说明书的可读性不认可，并且对提高易读程度有需求。因此，研究我国 IPO 信息披露的可读性显得尤为重要。

在 IPO 招股说明书中能够体现发行人管理层及其股东对企业价值的判断、对企业未来发展战略和发展前景的章节有两个：MA&D 部分和业务发展目标或公司发展规划部分[2]（为简便起见，后面将业务发展目标或公司发展规划均统称为"业务发展目标"）。除了财务信息中的数据之外，发行人在这两个章节主要以文字陈述阐释自身状况，这对于投资者判断企业的投资价值至关重要。我们的问卷调查结果显示，仅有 5.7% 的投资者认为招股说明书中"管理层讨论与分析"部分的信息披露不重要，仅有 4.0% 的投资者认为"业务发展目标"的信息披露不重要。[3] 因此，我们选择考察两个章节的可读性情况。

本书的创新性主要体现在：（1）对证券信息进行可读性分析的文献大多是以二级市场的上市公司为研究标的，对 IPO 信息可读性进行的研究尚少，

---

[1]　我们于 2015~2016 年做了"IPO 信息披露与投资者权益保护"的问卷调查、实地调研及访谈，对可读性的调查是其中一项调研内容。第 5 章中有对我们做的问卷调查、实地调研及访谈较为详细的介绍。

[2]　根据证监会发布的《公开发行证券的公司信息披露内容与格式准则第 1 号——招股说明书（2006 年修订）》和《公开发行证券的公司信息披露内容与格式准则第 1 号——招股说明书（2015 年修订）》，在主板和中小企业板市场上市的企业的 IPO 招股说明书，其第十一节的标题为"管理层讨论与分析"，其第十二节的标题为"业务发展目标"。根据创业板 IPO 招股说明书的有关格式规定，与管理层讨论与分析内容相关的章节是"财务会计信息与管理层分析"，是由"财务会计信息"和"管理层讨论与分析"合并而成。根据《公开发行证券的公司信息披露内容与格式准则第 28 号——创业板公司招股说明书》，与业务发展目标相关的章节的名称为"未来发展与规划"。根据《公开发行证券的公司信息披露内容与格式准则第 28 号——创业板公司招股说明书（2014 年修订）》，"未来发展与规划"的内容并入"业务与技术"的章节中。证监会对此次修订的说明中指出两个章节合并的原因是公司未来发展与公司业务关系紧密，两者合并可改善信息可读性。

[3]　我们所做的问卷调查的详细介绍见第 5 章中的相关内容。

本书的研究填补了这个领域的不足；（2）根据我国 IPO 信息披露的主体招股说明书的中文语言特点，应用文本分析法，从篇幅、句长和会计术语密度等维度设计衡量可读性的指标体系，并对各可读性指标数据做了样本整体的、不同市场交易板块的以及不同时期的统计分析；（3）筛选各种可能对 IPO 信息披露可读性产生影响的因素，包括 IPO 公司特质、公司治理和中介机构 3 大类 7 个方面指标（即潜在变量）的 19 种变量（即观测变量），对样本整体以及各交易市场板块的样本分别建立结构方程模型（structural equation modeling，SEM），对各影响因素进行检验。

3.2　IPO 信息可读性指标的设计与统计分析

我们以 2010～2017 年 A 股 1 752 份 IPO 招股说明书为研究样本。为使不同的样本较具可比性，已剔除金融和房地产等产业的公司样本。选取招股说明书中 MD&A 和业务发展目标两个章节的内容作为研究标的。与招股说明书中其他章节有较多陈述客观性内容相比，这两个章节更多地反映公司董事、监事和高级管理人员（简称"董监高"）对公司现状以及未来的主观判断和规划，并且使用较多的文字表述，对投资者的主观和客观影响均存在，所以很适合对其文本内容进行可读性分析。

3.2.1　可读性指标设计

在可读性衡量指标的选择上，有学者将可读性衡量的标准归纳为两类：语义和语法难度。在英文文本内容中可做量化处理的标的包括单词和句子的长度，单词被经常使用的程度，单词和句子发音的音节数等。这样的一些指标在分析英文年报等文本时会被用到（Soper and Dolphin，1964；Baker and Kare，1992；王蕾，2008）。在对中文年报进行的可读性分析方面，张星星（2010）以其中 MD&A 章节的篇幅、句子中字数的多少和会计专业术语的多少等作为可读性的衡量指标；而徐述国（2010）仅以句子中字数的多少和会计专业术语的多少作为可读性的衡量指标。

通过人工阅读招股说明书中 MD&A 和业务发展目标两个章节的文本内容，我们归纳其文字表述特征和含义特征，筛选使用如下可读性指标。

（1）篇幅，即每个章节中的总字数。

（2）平均句长，即每个句子中的平均字数，计算方法为：章节总字数除以章节句子个数。

（3）会计术语密度，计算方法为：会计专业术语的数量与每个章节总字数除以 1 000 后得到的数值的比值[①]。如表 3-1 所示。

表 3-1　　　　　　　　　可读性指标设计

因素名称	选用指标		
可读性	MD&A 篇幅	MD&A 平均句长	MD&A 会计术语密度
	发展目标篇幅	发展目标平均句长	发展目标会计术语密度

在会计术语的选取方面，主要根据《企业会计准则》及其相关的文件，结合招股说明书 MD&A 和业务发展目标两个章节中出现的会计术语的情况，经过多次筛选，最终确定了 63 个会计术语作为统计会计术语的标准。[②]

3.2.2　可读性指标的统计分析

通过从不同侧面对招股说明书可读性指标数据的统计，可以判断招股说明书可读性的整体状况，随时间推移的变化趋势，以及在不同交易市场中表现出的不同特征。

我们使用 SPSS23 软件进行样本描述性统计。表 3-2 给出了招股说明书可读性指标的相关统计数据。

表 3-2　　　　　　　　　样本整体可读性指标描述性统计

变量名称	样本数	最小值	最大值	均值	标准差	偏度	峰度
全部样本描述性统计							
MD&A 字数	1 752	2 007	**85 132**	25 872.45	8 409.08	1.05	2.98

---

① 考虑到在 MD&A 和发展目标章节中有一定数量的会计术语，但数量有限，而各章节的篇幅较长，字数较多，所以，在会计术语密度的计算中，分子使用的是会计术语的个数，分母使用的是各章节的总字数除以 1 000 后得到的数值。这样计算得到的会计术语密度值大小比较适中。

② 若有读者需要相关资料，可向本书作者索取。

续表

变量名称	样本数	最小值	最大值	均值	标准差	偏度	峰度
全部样本描述性统计							
MD&A 平均句长	1 752	15.31	**118.47**	77.02	10.14	0.28	2.93
MD&A 会计术语密度	1 752	5.62	69.76	11.70	3.07	6.89	121.96
发展目标字数	1 752	1 463	12 674	4 404.40	1 516.12	1.38	3.58
发展目标平均句长	1 752	48.10	153.14	86.30	14.50	0.68	1.03
发展目标会计术语密度	1 752	0	4.68	0.16	0.32	5.50	54.16
2010 年样本的描述性统计							
MD&A 字数	337	9 555	73 729	23 580.49	7 975.47	1.37	4.70
MD&A 平均句长	337	50.99	106.15	76.98	9.65	0.44	0.14
MD&A 会计术语密度	337	5.62	19.88	11.62	2.55	0.41	0.24
发展目标字数	337	1 833	12 674	4 586.70	1 727.94	1.69	4.20
发展目标平均句长	337	55.57	153.14	84.72	14.25	0.83	1.53
发展目标会计术语密度	337	0	2.88	0.17	0.33	4.56	30.15
2011 年样本的描述性统计							
MD&A 字数	276	2 007	54 278	25 468.84	7 897.16	0.49	0.98
MD&A 平均句长	276	15.31	118.47	77.32	11.48	-0.48	5.75
MD&A 会计术语密度	276	5.84	69.76	12.06	4.43	8.64	107.64
发展目标字数	276	1 673	9 666	4 474.45	1 446.38	0.73	0.38
发展目标平均句长	276	52.32	150.71	86.67	14.63	0.73	1.46
发展目标会计术语密度	276	0	4.68	0.18	0.40	6.05	57.92
2012 年样本的描述性统计							
MD&A 字数	152	13 928	76 191	26 945.37	7 965.11	2.05	9.16
MD&A 平均句长	152	60.48	116.86	77.79	10.49	0.97	1.04
MD&A 会计术语密度	152	6.01	16.08	11.44	2.17	0.01	-0.43
发展目标字数	152	1 660	9 558	4 408.79	1 281.37	0.74	1.22
发展目标平均句长	152	55.92	123	84.82	12.98	0.39	0.10
发展目标会计术语密度	152	0	1.98	0.18	0.29	2.94	12.64

续表

变量名称	样本数	最小值	最大值	均值	标准差	偏度	峰度
2014 年样本的描述性统计							
MD&A 字数	123	11 312	67 567	29 995.59	9 897.45	1.03	1.96
MD&A 平均句长	123	56.86	101.59	76.61	9.48	0.36	-0.15
MD&A 会计术语密度	123	6.92	19.33	11.34	2.33	0.70	0.45
发展目标字数	123	1 463	12 048	4 388.27	1 669.23	1.57	3.93
发展目标平均句长	123	52.69	144.72	87.88	15.04	0.82	1.56
发展目标会计术语密度	123	0	0.75	0.10	0.16	1.75	2.89
2015 年样本的描述性统计							
MD&A 字数	217	19 019	68 337	36 947.53	10 948.76	1.17	0.41
MD&A 平均句长	217	60.33	100.28	70.42	8.98	0.49	-0.43
MD&A 会计术语密度	217	6.79	17.93	13.46	8.76	0.72	0.35
发展目标字数	217	1 544	6 163	3 720.69	878.13	0.31	-0.23
发展目标平均句长	217	60.75	130.67	90.46	16.32	0.91	1.79
发展目标会计术语密度	217	0	0.75	0.18	0.19	2.30	2.92
2016 年样本的描述性统计							
MD&A 字数	216	10 414	67 567	27 490.47	6 110.92	6.08	42.50
MD&A 平均句长	216	50.32	106.23	70.02	8.78	0.39	-0.25
MD&A 会计术语密度	216	6.37	17.59	14.29	3.69	0.91	0.57
发展目标字数	216	1 676	8 544	3 937.81	1 074.88	0.86	0.57
发展目标平均句长	216	49.26	139.25	97.9	17.92	0.73	2.27
发展目标会计术语密度	216	0	0.75	0.10	0.16	1.75	2.89
2017 年样本的描述性统计							
MD&A 字数	431	11 976	62 644	26 798.48	11 110.92	3.08	7.50
MD&A 平均句长	431	56.86	101.59	76.61	9.48	0.36	-0.15
MD&A 会计术语密度	431	6.89	15.98	13.78	2.94	0.73	0.37
发展目标字数	431	2 013	9 896	4 786.23	1 456.87	1.23	0.98
发展目标平均句长	431	52.92	152.63	86.45	13.04	0.79	1.49
发展目标会计术语密度	431	0	0.69	0.12	0.18	1.73	2.73

注：因 2013 年处于 IPO 核准暂停期，无 IPO 公司，故无相关数据。

对样本整体的统计数据显示，MD&A 字数均值远大于发展目标字数。相对于篇幅一般很长的招股说明书全文来说，发展目标章节的篇幅也是明显偏短。这说明发行人更加重视 MD&A 的信息披露，或者说，发展目标章节的信息披露相对而言不够充足。

随着时间的推移，MD&A 与发展目标章节字数的年度数据变化规律不明显；MD&A 与发展目标中平均句长的年度数据也没有明显变化。MD&A 会计术语密度有所提高；发展目标会计术语密度有时略微提高。概言之，每年的招股说明书信息披露的易读程度没有明显变化，未能够体现出改善的趋势，反映出发行人在撰写招股说明书时没有对其可读性给予足够的关注；其中发展目标章节提供的财务信息相对偏少。

平均句长的均值指标显示，发展目标的平均句长均值高于 MD&A。从逐年的数据来看，每年 MD&A 平均句长的均值多在 75～79 字，而每年发展目标平均句长的均值维持在 85 字之上，甚至超过 90 字。每年发展目标的平均句长均值都高于 MD&A 的平均句长均值，且高出的数值约为 10 字。这说明发展目标章节的信息披露不仅在篇幅上比 MD&A 的短，而且可读性较低，而 MD&A 的语言表述相对简练。

会计术语密度均值指标显示，MD&A 章节的会计术语密度远高于发展目标会计术语密度。发展目标里发行人仅使用少量的会计专业术语，甚至在有些招股说明书中发展目标部分未出现会计术语。这说明两个方面的问题：（1）发行人在 MD&A 章节使用的会计术语偏多，过多地依赖财务分析对公司情况进行陈述，甚至在 MD&A 章节几乎都是财务分析，缺乏公司管理层对公司经营和管理各个方面的综合分析；（2）在发展目标章节使用的会计术语偏少，对公司未来前景的陈述缺乏比较具体的财务数据，甚至没有财务分析。

观察在不同交易所上市板块样本的信息披露可读性情况以及随时间推移可读性的变化情况①，可以发现，在主板市场中，MD&A 字数的年度均值呈缓慢增加的趋势；中小企业板市场中的字数均值在 2010～2014 年呈增加趋势，之后比较平稳；创业板市场中的字数均值前 5 年变化不明显，后 3 年略有下降。主板和创业板的发展目标字数均值呈逐渐下降趋势，其中，创业板

---

① 为节省篇幅，这里没有分别给出主板、中小企业板和创业板样本每年的描述性统计表，若有需要可向本书作者索要。

的下降很明显；中小企业板的发展目标字数变化不大。从平均句长均值来看，主板 MD&A 平均句长均值在 2011 年后开始逐渐降低，而中小企业板和创业板的变化不大。主板的发展目标平均句长在 2012 年后呈增加趋势，而中小企业板和创业板的变化规律不明显。这说明，从句长来看，主板市场 MD&A 的可读性大致在改善，而发展目标的可读性在变差。从会计术语密度均值来看，变化比较明显的是在 2011 年后创业板的发展目标会计术语密度呈下降趋势，而其他板块 MD&A 和发展目标的会计术语密度变化规律则均不明显。创业板 MD&A 章节的财务分析内容略微增加，而发展目标章节中的财务分析内容有所减少。

3.3　IPO 信息可读性的影响因素及市场效应

基于 IPO 招股说明书的可读性指标，可运用矩结构分析即 AMOS（analysis of moment structures）软件构建可读性的结构方程模型（structural equation modeling，SEM），探究影响招股说明书文本可读性的因素。本书选择应用结构方程模型对可读性影响因素进行检验，主要原因是考虑到影响可读性的潜在因素可能有很多，其中存在涉及较为抽象的概念等问题，而结构方程模型在解决这类问题上具有优势。首先，我们对可读性的影响因素进行理论分析，提出研究假设并做验证；其次，提出检验可读性与 IPO 后市表现之间相关性的研究假设并进行检验。

3.3.1　IPO 信息可读性影响因素研究假设的提出

可读性的高低与许多因素有相关关系，在以往的相关研究中，有学者证实盈利能力和公司规模对年报可读性有影响（Baker and Kare，1992）；有学者以账面市值比作为公司成长性衡量指标，发现该指标高的公司披露的年报中的 MD&A 内容可读性低（Li，2008）。本书在综合借鉴以往研究的基础上，选择盈利能力、偿债能力、成长能力、公司规模和股权集中度作为检验招股说明书可读性的影响因素；同时，根据我国 IPO 市场中发行人、中介机构的特点，增加公司营运能力、公司治理结构和保荐机构声誉作为可读性影响因素进行考察。①

3.3.1.1　盈利能力

信号传递理论的研究结果表明，公司的盈利水平越高，可能会越有动力将较强的经营能力信息向投资者进行披露，以此提高投资者对公司的了解和关注程度，吸引投资者对公司进行投资；上市公司年报的可读性存在本体效应（Spence，1973；Subramanian，Insley and Blackwell，1993；Li，2008；Bloomfield，2008）。基于此类研究结论，针对 IPO 市场的情况，可以提出类似假设。

假设 3 - 1：发行人盈利能力的高低与其披露的招股说明书内容的可读性高低呈正相关关系。

3.3.1.2　偿债能力

当公司的资产负债率越高时，公司的偿债压力越大，公司就越不想将相关情况在信息披露中展现给投资者；而当公司的偿债能力越强时，就会越希望将其展现给投资者。因此，偿债能力可以被作为影响可读性的一种因素（张星星，2010）。由此，可以提出以下假设。

假设 3 - 2：发行人的偿债能力与其披露的招股说明书内容的可读程度呈正相关关系。

3.3.1.3　成长能力

有对美国上市公司年报可读性的分析发现，成长性越高的公司，其年报中 MD&A 章节内容的易读程度更低（Li，2008）。但是，对于向证券监管机构申请 IPO 的公司，其成长性的高低很可能会影响能否顺利通过 IPO 申请，并且能够影响能否给投资者留下其未来发展前景的良好印象。所以，高成长性的 IPO 公司可能更加愿意将相关情况展现给监管层和投资者。因此，申请 IPO 的企业更有动机通过提高招股说明书的可读性来展现其良好的成长性。鉴于此，可以提出以下假设。

假设 3 - 3：发行人的成长性与其披露的招股说明书内容的可读程度呈正

---

① 在选择因素方面，我们曾选择营运能力作为可能的影响因素，但营运能力的各项指标，例如应收账款周转率、存货周转率等指标数值差异太大，并无法做对数及开根号等数据处理，故选择放弃营运能力。

相关关系。

3.3.1.4　公司规模

有学者以上市公司的总资产和总股本作为衡量公司规模的指标，对上市公司年报可读性的影响因素进行分析，研究发现，规模越大的公司的年报的易读程度更高。规模大的公司能够组织足够的人力将信息披露做得更加简明、易懂（Baker and Kare，1992）。但还有学者在相关年报可读性影响因素的检验中，没有发现公司规模等因素对可读性能够产生显著影响（张星星，2010）。本书认为，对于一级市场来说，在进行信息披露的准备时，规模较大的企业在相关人员配备等方面具有优势，能够更好地进行招股说明书的撰写；另外，规模较大本身往往也意味着实力较强，企业也更加愿意披露其相关信息，所以，规模较大的企业所撰写的招股说明书的易读程度应该更高。因此，可以提出以下假设。

假设 3 - 4：发行人的规模与其披露的招股说明书内容的可读程度呈正相关关系。

3.3.1.5　公司治理结构

良好的公司治理结构有利于约束内部人的私利动机，提升公司信息披露的质量（张程睿，2010）。通过合理设计董事会规模，完善独立董事等具体治理手段，能够促进公司信息披露质量的提升（伊志宏、姜付秀和秦义虎，2010）。董事会、监事会和经理层结构安排越合理，公司治理结构越理想，就越会将相关情况与投资者分享。因此，可以提出以下假设。

假设 3 - 5：发行人治理结构的好坏与其披露的招股说明书内容的可读性高低呈正相关关系。

3.3.1.6　股权集中度

在我国的上市公司中，一股独大的现象比较突出。有研究证明股权集中度与公司绩效呈现出显著的负相关关系；股权的分散可为投资者保护功能的发挥创造较好的条件（冯根福、韩冰和闫冰，2002；李志斌，2013）。所以，公司的股权集中程度越低，则可能越希望将相关情况分享给投资者。因此，可以提出以下假设。

假设 3 - 6：发行人股权集中度的高低与其披露的招股说明书内容的可读性高低呈负相关关系。

3.3.1.7　保荐机构声誉

在 IPO 申请过程中，保荐机构（或主承销商）是发行人和其他中介机构的总协调人，是撰写招股说明书的主要组织者甚至是执笔者，在 IPO 信息披露中所起的作用极大。有对我国承销商声誉方面的研究，发现承销商声誉能够对 IPO 后市表现产生影响（Su and Bangassa，2011；陈祥有，2009；张强和张宝，2011；张学勇和张秋月，2018）。声誉较高的保荐机构，因信息披露问题导致声誉损失的机会成本也较高，所以应该更加在乎其声誉的价值。因此，可以提出以下假设。

假设 3 - 7：保荐机构声誉的高低与其披露的招股说明书内容的可读程度高低呈正相关关系。

3.3.2　可读性影响因素指标的取值

对于 IPO 招股说明书样本的文本，使用 Solid Converter PDF 软件截取 MD&A 和业务发展目标章节的内容并进行格式转换。对于 MD&A 章节的文件，剔除其中的财务报表信息，保留文字表述信息，以便于进行可读性分析。然后，通过应用文本挖掘软件 Solid Converter v 9、Doc2TXT 以及词频统计软件，对招股说明书中 MD&A 和业务发展目标章节的有关可读性指标进行统计，得出两个章节的可读性指标数据，在矩结构分析中作为可读性的观测变量。

有关指标的数据通过 Wind 金融终端数据库、国泰安数据库、维赛特数据库以及中国证券业协会网站（http：//www. sac. net. cn/）获取。其中，IPO 融资年度市场份额占比和主承销商首发家数市场份额占比通过手工采集、整理得出；由于证券公司每年的分类结果均有所变化，所以我们人工对证券公司分类结果进行赋分：将最高等级赋 100 分，每降一个级别减 10 分，以此类推最差级别为 0，赋分方式为 E = 0，D = 10 分，C = 20 分，CC = 30 分，CCC = 40 分，B = 50 分，BB = 60 分，BBB = 70 分，A = 80 分，AA = 90 分，AAA = 100 分。

3.3.3 可读性市场效应指标的选取

为分析招股说明书可读性对 IPO 后市表现可能产生的影响，分别选择挂牌当日收益率即 IPO 初始收益率、挂牌后 180 个交易日的平均收益率（作为中期收益率）和挂牌后 360 个交易日的平均收益率（作为长期收益率）进行检验（见表 3－3）。所有数据均通过 IBM SPSS Statistics 23 以及 AMOS Graphics 软件进行处理。

表 3－3　　　　　　　　　　　可读性影响因素及市场效应指标

因素名称 （潜在变量）	拟用指标 （观测变量）	变量度量方法
可读性	MD&A 字数	MD&A 的篇幅，即全部的字数
	MD&A 平均句长	MD&A 章节每句话中的平均字数，计算公式：总字数/句子个数
	MD&A 会计术语密度	MD&A 章节的会计术语密度，计算公式：会计专业词汇个数/（总字数/1 000）
	发展目标字数	发展目标的篇幅，即全部的字数
	发展目标平均句长	发展目标章节中每句话的平均字数，计算公式：总字数/句子个数
	发展目标会计术语密度	发展目标章节的会计术语密度，计算公式：会计专业词汇个数/（总字数/1000）
盈利能力	ROA	总资产报酬率，计算公式：息税前利润/平均资产总额×100%
	ROE	净资产收益率（加权），计算公式：$ROE = P/(E_0 + N_p \div 2 + E_i \times M_i \div M_0 - E_j \times M_j \div M_0)$，其中，P 为当期利润；$E_0$ 为期初净资产；N_p 为当期净利润；E_j 为当期减少的净资产；E_i 为当期新增的净资产；M_i 为净资产变化的下月至当期期末的月数；M_0 为当期月数
	EPS	每股收益（基本），计算公式：当期净利润/当期普通股的加权平均数
偿债能力	资产负债率	负债的总金额/资产的总金额×100%
	流动比率	流动资产/流动负债×100%

续表

因素名称 （潜在变量）	拟用指标 （观测变量）	变量度量方法
成长能力	主营业务收入增长率	（本期主营业务收入 - 上期主营业务收入）/上期主营业务收入×100%
	营业利润增长率	（本期营业利润 - 上期营业利润）/上期营业利润×100%
	净利润增长率	（本期净利润 - 上期净利润）/上期净利润×100%
公司治理结构	董事会人数占比	董事会人数/董监高总人数
	监事会人数占比	监事会人数/董监高总人数
	高级管理人员人数占比	高级管理人员人数/董监高总人数
股权集中度	第一大股东持股比例	第一大股东持股数量/股本总数
	前五大股东持股比例	前五大股东持股数量/股本总数
公司规模	员工总数	取员工总数的对数
	总股本	取股本总数的对数
	总资产	取资产总金额的对数
保荐机构声誉	主承销 IPO 金额的市场占比	当期主承销单家 IPO 的金额/当期全市场 IPO 融资的总金额
	主承销 IPO 家数的市场占比	当期主承销 IPO 的家数/当期全市场总的 IPO 承销家数
	主承销商各年分类等级	以人工赋分方式进行赋值
后市表现	初始收益率	新股挂牌交易首日的收益率
	中期收益率	（上市后 180 个交易日的平均股票价格 - 发行价格）/发行价格
	长期收益率	（上市后 360 个交易日的平均股票价格 - 发行价格）/发行价格

3.3.4 构建初始结构方程概念模型

基于前面的变量设计与研究假设，本部分对构建的初始概念模型进行拟合分析，通过删减路径优化结构方程模型，剖析可读性的影响因素；同时，检验可读性的市场效应。

在结构方程模型中，观测变量为可直接观察、可度量的变量，包括篇幅和平均句长等；与观测变量相对的概念是潜在变量，例如，偿债能力是一种潜在变量，对其的考察可通过资产负债率和流动比率等可观测变量来衡量。

在进行因素间的关系设定之后，确定初始的概念模型（见图 3 – 1）。

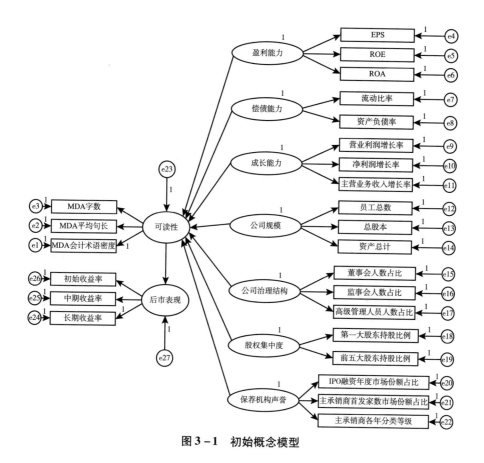

图 3 – 1　初始概念模型

在结构方程模型中，使用极大似然法作为参数估计模型方法，在进行模型拟合前，将数据进行标准化处理。

本书选择的适配度参考指标如表 3 – 4 所示。

表 3 – 4 结构方程模型拟合适配度的评价标准

指数	代码	指数名称	拟合成功建议值	结果
绝对拟合指数	χ^2	卡方	$3 \leq \chi^2/df \leq 5$	理想
	df	自由度	$\chi^2/df \leq 3$	极佳
	GFI	比较拟合指数	> 0.90	理想
			> 0.80	可接受
	AGFI	调整的拟合优度指数	> 0.90	理想
			> 0.80	可接受
	RMSEA	近似误差的均方根	< 0.05	理想
			< 0.08	可接受
	RMR	均方根残余指数	< 0.05	理想
相对拟合指数	CFI	比较拟合指数	> 0.90	理想
			> 0.80	可接受
	NFI	规范拟合指数	> 0.90	理想
			> 0.80	可接受
	TLI	Tucker – Lewis 指数	> 0.90	理想
			> 0.80	可接受
	IFI	递增拟合指数	> 0.90	理想
			> 0.80	可接受

资料来源：吴明隆. 结构方程模型——Amos 的操作与应用（第2版）［M］. 重庆：重庆大学出版社，2010.

3.3.5 样本整体模型拟合

在进行结构方程模型拟合的过程中，发现 e4（EPS）与 e13（总股本）存在共变关系，e7（流动比率）和 e14（总资产）存在共变关系。e1 为每股收益（基本）的误差变量，e13 为总股本的误差变量，e7 为流动比率的误差变量，e14 为总资产的误差变量，增列外因变量间测量模型误差项的共变关系，未违反结构方程模型基本假设，故误差项共变路径可增列。

当发展目标字数、发展平均句长和发展目标会计术语密度与 MD&A 字数、MD&A 平均句长和 MD&A 会计术语密度同时作为可读性指标时，发展目标的三个指标与可读性之间的路径系数均小于 0.3，且不显著。这可能是因为发展目标的章节篇幅要远小于 MD&A 部分，两章的影响性差距较为悬殊所致。综合考虑模型拟合度和较佳效果的模型结构，我们去除发展目标字数、发展平均句长和发展目标会计术语密度，选用 MD&A 字数、MD&A 平均句长和 MD&A 会计术语密度作为衡量可读性的指标，确定如图 3-2 所示的样本整体结构方程模型。其主要拟合适配度指标结果如表 3-5 所示。

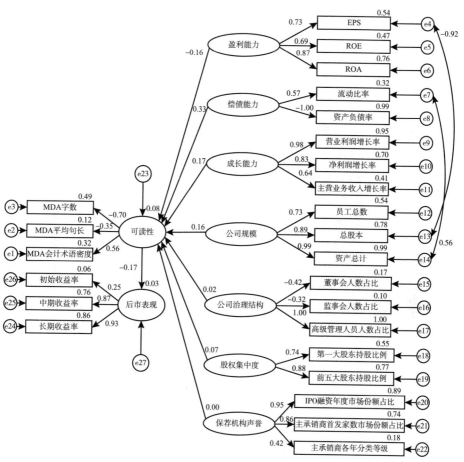

图 3-2　样本整体结构方程模型

表 3-5　　　　　　整体结构方程模型主要拟合适配度指标结果

拟合指数	χ^2	df	χ^2/df	GFI	RMR	RMSEA	NFI	TLI	CFI	IFI	AGFI
指标结果	1 336.286	245	5.454	0.908	0.055	0.064	0.895	0.893	0.912	0.913	0.878

表3-6 给出了可读性影响因素的路径系数、标准误差、临界比率值及显著性。从整体结构方程模型的回归结果可以看出，公司的盈利能力、偿债能力、成长能力和公司规模等指标到可读性的路径系数均通过了显著性检验。另外，可读性、盈利能力、偿债能力、成长能力、公司规模、公司治理结构、股权集中度及保荐机构声誉与各自指标变量的路径均通过了显著性检验。模型具有较好的整体拟合度。

表3-6   **整体结构方程模型的回归结果**

模型	路径名称	参数估计值	标准误差	临界比率值	是否显著
整体结构方程模型	可读性 ←—— 盈利能力	-0.093 **	0.034	-2.718	显著
	可读性 ←—— 偿债能力	0.185 ***	0.034	5.411	显著
	可读性 ←—— 成长能力	0.098 ***	0.030	3.324	显著
	可读性 ←—— 公司规模	0.089 **	0.030	2.989	显著
	可读性 ←—— 公司治理结构	0.013	0.022	0.575	不显著
	可读性 ←—— 股权集中度	0.038	0.027	1.419	不显著
	可读性 ←—— 保荐机构声誉	-0.001	0.024	-0.048	不显著
	股市反应 ←—— 可读性	-0.273 ***	0.073	-3.717	显著
整体测量模型	MDA 会计术语密度 ←—— 可读性	1.000	—	—	—
	MDA 平均句长 ←—— 可读性	-0.620 ***	0.075	-8.251	显著
	MDA 字数 ←—— 可读性	-1.244 ***	0.167	-7.430	显著
	EPS ←—— 盈利能力	0.742 ***	0.019	38.148	显著
	ROE ←—— 盈利能力	0.687 ***	0.028	24.629	显著
	ROA ←—— 盈利能力	0.874 ***	0.025	34.569	显著
	营业利润增长率 ←—— 成长能力	0.975 ***	0.024	40.303	显著
	净利润增长率 ←—— 成长能力	0.835 ***	0.026	31.897	显著
	主营业务收入增长率 ←—— 成长能力	0.637 ***	0.028	22.753	显著
	员工总数 ←—— 公司规模	0.734 ***	0.026	27.780	显著
	总股本 ←—— 公司规模	0.940 ***	0.022	41.791	显著
	总资产 ←—— 公司规模	0.991 ***	0.022	45.066	显著
	董事会人数占比 ←—— 公司治理结构	-0.418 ***	0.029	-14.316	显著
	监事会人数占比 ←—— 公司治理结构	-0.321 ***	0.030	-10.776	显著

模型	路径名称	参数估计值	标准误差	临界比率值	是否显著
整体测量模型	高级管理人员人数占比 ◀—— 公司治理结构	0.999 ***	0.022	46.235	显著
	IPO 融资年度市场份额占比 ◀—— 保荐机构声誉	0.945 ***	0.032	29.368	显著
	主承销商首发家数市场份额占比 ◀—— 保荐机构声誉	0.862 ***	0.032	27.034	显著
	主承销商各年分类等级 ◀—— 保荐机构声誉	0.423 ***	0.032	13.295	显著
	流动比率 ◀—— 偿债能力	1.000	—	—	—
	资产负债率 ◀—— 偿债能力	-1.740 ***	0.130	-13.357	显著
	第一大股东持股比例 ◀—— 股权集中度	0.744 ***	0.051	14.470	显著
	前五大股东持股比例 ◀—— 股权集中度	0.875 ***	0.057	15.232	显著
	长期收益率 ◀—— 后市表现	1.000	—	—	—
	中期收益率 ◀—— 后市表现	0.937 ***	0.072	13.010	显著
	初始收益率 ◀—— 后市表现	0.267 ***	0.036	7.401	显著

注：$* p < 0.05$，$** p < 0.01$，$*** p < 0.001$。

从全部 IPO 招股说明书样本的整体结构方程模型的检验结果可以看出以下八点。

（1）公司的盈利能力与招股说明书文本的可读性呈现出显著的正相关关系（标准化路径系数为 -0.16）。符合假设 3-1，即发行人盈利能力越好，招股说明书可读性越好；发行人盈利能力越差，招股说明书可读性越差。

（2）公司的偿债能力与招股说明书可读性显著的负相关（标准化路径系数为 0.33）。不符合假设 3-2，即发行人偿债能力越好，招股说明书可读性越差；发行人偿债能力越差，招股说明书可读性越好。并且偿债能力对可读性的路径系数最高，说明偿债能力对可读性的影响最大。有两种原因可能导致这一现象。第一，根据有关资本结构信号传递理论，对投资者而言负债比率是一种信号。投资者通常并不会轻易对高负债公司产生不值得投资的想法，相反他们会认为该企业的债权融资能力强，具有值得投资的项目。因此，弱偿债能力的发行人更希望投资者获得企业这一信息，所以招股说明书的可读性就会越高。第二，偿债能力越差的发行人也可能更会通过文字粉饰来提高易读程度进而吸引投资者的注意。

（3）公司的成长能力与招股说明书可读性显著负相关（标准化路径系数

为 0.17），即发行人成长能力越强，招股说明书可读性越弱，说明假设 3 - 3 不成立。分析此检验结果的原因，可以包括：第一，成长性较高往往意味着公司发生的变化较大，这样的公司可能需要提供更详细的解释，这些解释可以转化为更长的篇幅，也可能是更复杂的句子。成长性高的公司可能需要使用更多的"复杂"词汇来描述它们未来的投资机会（Hwang and Kim，2017）。第二，成长能力高的企业往往伴随着高的风险，投资者受损的可能性就会越高。由于理性投资者也是风险厌恶者，比起获利多少，他们更加关心自己将会受损多少。确切地说，投资者进行投资时要先确保本金不会受损。从这一角度而言，发行人不希望给投资者留下高风险印象的动机要大于希望给投资者留下高成长性印象的动机，因此，成长性越高的企业的招股说明书表示越复杂，可读性越低。

（4）公司的规模与招股说明书可读性显著负相关（标准化路径系数为 0.16）。这未能够验证前面所提出的二者之间存在正相关关系的假设 3 - 4。这有可能是因为规模越大的发行人，其人员构成、业务构成、部门构成等许多方面的复杂程度就更高，在撰写招股说明书时就需要更加复杂的表述方式。

（5）公司治理结构与招股说明书可读性之间的关系未通过显著性检验，说明假设 3 - 5 不成立。假设 3 - 5 认为公司治理结构越好，其招股说明书的可读性越好；公司治理结构越差，其招股说明书的可读性越差。投资者自然是希望存在合理的公司治理，但由于董事会、监事会和高级管理人员可能会互相牵制，给公司运作带来了更多的不确定性，因此招股说明书可读性强弱也会变得复杂多变。

（6）公司的股权集中度与招股说明书可读性之间的关系未通过显著性检验，说明前面提出的公司股权集中程度与招股说明书易读程度之间呈负相关关系的假设 3 - 6 不成立。与成熟的证券市场相比，我国证券市场发展的时间尚短，公司大股东的持股比例往往较高，股权集中度较高。但持股较多的大股东，对 IPO 招股说明书的文字表述方式似乎并没有给予很多的关注。

（7）IPO 保荐机构声誉与招股说明书可读性之间的关系未通过显著性检验，说明假设 3 - 7 不成立。究其原因，一方面是实力不强的发行人为了更顺利地上市吸引投资者投资，会聘请声誉好的保荐机构进行保荐。但为了不使自己糟糕的经营状态被投资者知晓，可能会使招股说明书的表述更加复杂、难懂。另一方面为了吸引更多的投资者投资，发行人更加有倾向性地向投资者表明自己目前实力不强且亟须被投资的情况，从而使招股说明书更加易读。

多种复杂的原因使保荐机构声誉与招股说明书可读性之间不存在明显关系。

（8）从招股说明书可读性与IPO后市表现可以看到，二者呈显著的正相关（标准化路径系数为 −0.17），即可读性越好，股票市场的收益率表现越好。表明公司招股说明书可读性强弱对未来股价有影响，发行人存在为了吸引投资者从而对可读性进行控制的动机。

3.3.6 不同市场板块的模型拟合

为进一步考察不同特征样本的可读性影响因素是否不同，我们将分别对主板、中小企业板、创业板三个板块的IPO招股说明书样本数据进行结构方程模型分析。因为前面整体样本模型结果显示公司治理结构、股权集中度和保荐机构声誉到可读性的路径系数不显著，所以在板块研究中分别进行两种模型的拟合，一种是删除公司治理结构、股权集中度和保荐机构声誉与可读性的路径，只保留四种因素的模型，如图3 − 3（a）、图3 − 4（a）和图3 − 5（a）所示。另一种是仍保留公司治理结构、股权集中度和保荐机构声誉与可读性路径的七种因素的模型，如图3 − 3（b）、图3 − 4（b）和图3 − 5（b）所示，其目的是探究各板块的结构方程模型结果是否与整体结构方程模型表现一致，同时也为了探究在分板块研究下各个因素与可读性之间的关系，并且将两种模型拟合结果相对比，从而证明结构方程模型的稳定性。

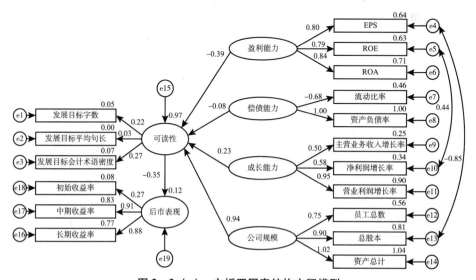

图3 − 3（a） 主板四因素结构方程模型

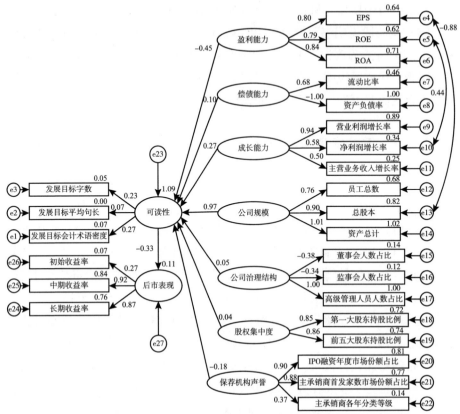

图 3-3（b） 主板七因素结构方程模型

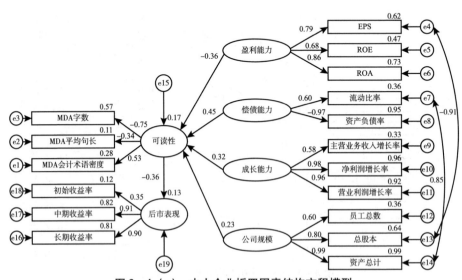

图 3-4（a） 中小企业板四因素结构方程模型

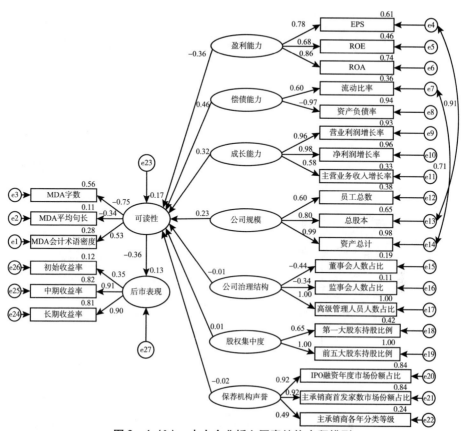

图 3 - 4（b）　中小企业板七因素结构方程模型

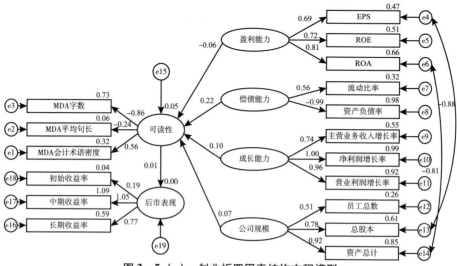

图 3 - 5（a）　创业板四因素结构方程模型

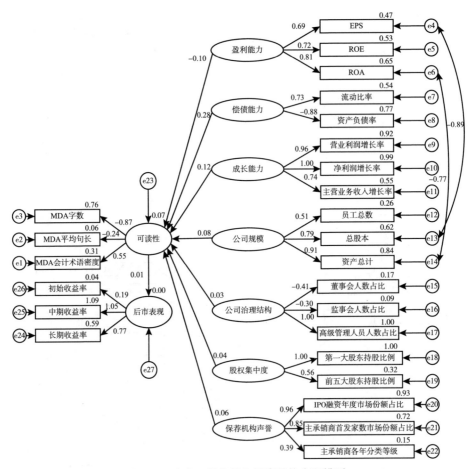

图 3 – 5（b） 创业板七因素结构方程模型

板块结构方程模型的主要拟合适配指标结果如表 3 – 7 所示。

表 3 – 7　　　　　　　　　**板块结构方程模型的主要拟合适配指标结果**

		Panel A　四因素结构方程模型指标结果										
拟合指数		χ^2	df	χ^2/df	GFI	RMR	RMSEA	NFI	TLI	CFI	IFI	AGFI
指标结果	主板	439.244	108	4.067	0.834	0.100	0.124	0.806	0.804	0.845	0.847	0.764
	中小企业板	516.132	106	4.869	0.878	0.080	0.095	0.878	0.872	0.900	0.901	0.824
	创业板	464.299	106	4.380	0.894	0.064	0.088	0.891	0.889	0.914	0.914	0.847

续表

Panel B　七因素结构方程模型指标结果

拟合指数		χ^2	df	χ^2/df	GFI	RMR	RMSEA	NFI	TLI	CFI	IFI	AGFI
指标结果	主板	593.708	246	2.413	0.821	0.087	0.084	0.792	0.834	0.864	0.867	0.764
	中小企业板	746.123	246	3.033	0.881	0.066	0.069	0.865	0.883	0.904	0.905	0.842
	创业板	714.082	247	2.891	0.892	0.059	0.066	0.869	0.889	0.909	0.910	0.857

　　表 3 – 8 给出了不同市场板块可读性影响因素的回归结果，包括路径系数、标准误差、临界比率值及显著性。Panel A 和 Panel B 中两种模型的回归结果表明，在可读性影响因素检验的中小企业板结构方程模型中，盈利能力、偿债能力、成长能力和公司规模与可读性的路径均通过显著性检验。在创业板结构方程模型中，只有偿债能力与可读性的路径通过显著性检验。在主板结构方程模型中，可发现将 MD&A 字数、MD&A 平均句长和 MD&A 会计术语密度时作为可读性指标时，各个因素与可读性均不显著，此时将可读性指标换成发展目标字数、发展平均句长和发展目标会计术语密度进行主板模型拟合，结果表明，只有公司规模与可读性的路径通过显著性检验。而在可读性与后市表现的相关性方面，只有创业板未通过显著性检验，中小企业板和主板均通过了可读性对后市表现的显著性水平检验。从表 3 – 7 中板块模型的拟合指标结果来看，拟合程度均较为理想，模型总体结果反证了我们所研究问题的基本特征，证实了板块模型构建的合理性。

表 3 – 8　　　　　　　　**不同市场板块结构方程模型的回归结果**

Panel A　四因素结构方程模型的回归结果

模型名称		路径名称	参数估计值	标准误差	临界比率值	是否显著
主板结构方程模型	（1）使用基于 MD&A 部分的可读性指标	可读性 ◀── 盈利能力	– 0.031	0.041	– 0.757	不显著
		可读性 ◀── 偿债能力	– 0.041	0.037	– 1.109	不显著
		可读性 ◀── 成长能力	0.015	0.028	0.543	不显著
		可读性 ◀── 公司规模	0.088	0.086	1.028	不显著
		后市表现 ◀── 可读性	– 4.981	5.077	– 0.981	不显著

续表

Panel A　四因素结构方程模型的回归结果

模型名称		路径名称	参数估计值	标准误差	临界比率值	是否显著
主板结构方程模型	（2）使用基于发展目标部分的可读性指标	可读性 ←── 盈利能力	− 0.067	0.045	− 1.501	不显著
		可读性 ←── 偿债能力	− 0.014	0.038	− 0.370	不显著
		可读性 ←── 成长能力	0.039	0.042	0.943	不显著
		可读性 ←── 公司规模	0.164 ***	0.046	3.589	显著
		后市表现 ←── 可读性	− 2.133 **	0.712	− 2.996	显著
中小企业板结构方程模型		可读性 ←── 盈利能力	− 0.236 ***	0.070	− 3.378	显著
		可读性 ←── 偿债能力	0.572 ***	0.122	4.685	显著
		可读性 ←── 成长能力	0.208 ***	0.054	3.836	显著
		可读性 ←── 公司规模	0.151 **	0.058	2.605	显著
		后市表现 ←── 可读性	− 0.424 ***	0.093	− 4.588	显著
创业板结构方程模型		可读性 ←── 盈利能力	− 0.026	0.042	− 0.605	不显著
		可读性 ←── 偿债能力	0.096 **	0.035	2.746	显著
		可读性 ←── 成长能力	0.042	0.036	1.172	不显著
		可读性 ←── 公司规模	0.029	0.030	0.977	不显著
		后市表现 ←── 可读性	0.013	0.091	0.143	不显著

Panel B　七因素结构方程模型的回归结果

模型名称		路径名称	参数估计值	标准误差	临界比率值	是否显著
主板结构方程模型	（1）使用基于 MD&A 部分的可读性指标	可读性 ←── 盈利能力	0.031	0.032	0.961	不显著
		可读性 ←── 偿债能力	0.043	0.029	1.469	不显著
		可读性 ←── 成长能力	− 0.009	0.028	− 0.335	不显著
		可读性 ←── 公司规模	0.058	0.043	1.335	不显著
		可读性 ←── 公司治理结构	− 0.002	0.018	− 0.131	不显著
		可读性 ←── 股权集中度	0.006	0.026	0.222	不显著
		可读性 ←── 保荐机构声誉	− 0.006	0.021	− 0.307	不显著
		后市表现 ←── 可读性	− 0.327	0.281	− 1.166	不显著
	（2）使用基于发展目标部分的可读性指标	可读性 ←── 盈利能力	− 0.077	0.047	− 1.624	不显著
		可读性 ←── 偿债能力	0.016	0.035	0.454	不显著
		可读性 ←── 成长能力	0.047	0.043	1.099	不显著
		可读性 ←── 公司规模	0.167 ***	0.047	3.544	显著
		可读性 ←── 公司治理结构	0.009	0.026	0.350	不显著
		可读性 ←── 股权集中度	0.007	0.034	0.194	不显著
		可读性 ←── 保荐机构声誉	− 0.030	0.035	− 0.876	不显著
		后市表现 ←── 可读性	− 1.969 **	0.671	− 2.937	显著

Panel B 七因素结构方程模型的回归结果

模型名称	路径名称	参数估计值	标准误差	临界比率值	是否显著
中小企业板 结构方程模型	可读性 ←── 盈利能力	− 0. 237 **	0. 072	− 3. 279	显著
	可读性 ←── 偿债能力	0. 304 ***	0. 069	4. 380	显著
	可读性 ←── 成长能力	0. 210 ***	0. 056	3. 778	显著
	可读性 ←── 公司规模	0. 153 **	0. 059	2. 582	显著
	可读性 ←── 公司治理结构	− 0. 005	0. 039	− 0. 138	不显著
	可读性 ←── 股权集中度	0. 003	0. 039	0. 089	不显著
	可读性 ←── 保荐机构声誉	− 0. 014	0. 041	− 0. 342	不显著
	后市表现 ←── 可读性	− 0. 423 ***	0. 094	− 4. 502	显著
创业板 结构方程模型	可读性 ←── 盈利能力	− 0. 043	0. 045	− 0. 970	不显著
	可读性 ←── 偿债能力	0. 118 **	0. 045	2. 620	显著
	可读性 ←── 成长能力	0. 052	0. 036	1. 449	不显著
	可读性 ←── 公司规模	0. 032	0. 031	1. 027	不显著
	可读性 ←── 公司治理结构	0. 013	0. 027	0. 485	不显著
	可读性 ←── 保荐机构声誉	0. 024	0. 025	0. 947	不显著
	可读性 ←── 股权集中度	0. 017	0. 024	0. 724	不显著
	后市表现 ←── 可读性	0. 012	0. 093	0. 131	不显著

注：$*p < 0.05$，$**p < 0.01$，$***p < 0.001$。

不同市场板块 IPO 招股说明书样本的结构方程模型实证检验结果表明如下。

（1）从本书构建的两种模型来看，对七因素结构方程模型检验的结果显示盈利能力、偿债能力、成长能力和公司规模与可读性的路径系数和四因素结构方程模型结果的路径系数相差不大且正负方向一致，证明模型拟合的稳定性良好。同时三个板块回归结果也均证实公司治理结构、股权集中度和保荐机构声誉与可读性显著不相关，再次证明它们与可读性没有明显关系。

（2）在盈利能力方面，对中小企业板模型的检验结果显示公司盈利能力与可读性为显著正相关，假设 3 - 1 成立，证明中小企业板市场发行人盈利能力越好，招股说明书可读性越好；发行人盈利能力越差，招股说明书可读性越差。但创业板市场和主板市场中盈利能力与可读性不显著，假设 3 - 1 不成立。

（3）在偿债能力方面，对中小企业板和创业板模型的检验结果显示公司偿债能力与可读性为显著负相关，假设 3-2 不成立，证明在中小企业板市场和创业板市场中的发行人偿债能力越好，招股说明书可读性越差；发行人偿债能力越差，招股说明书可读性越好。主板模型偿债能力与可读性路径不显著。在前面评价整体结构方程模型时曾解释过，根据信号传递理论，负债率越高的企业可以向投资者传递优质企业的信息，这是偿债能力越差而可读性越好的一个原因。同时中小企业板和创业板上市的发行人大多属于高成长性或创新型高科技的中小企业，其偿债能力通常并不突出，一方面发行人既想通过不高的偿债能力来释放迫切需要投资者投资的信息；另一方面偿债能力越差的发行人可能更会通过文字粉饰来提高易读程度进而吸引投资者的注意。

（4）在成长能力方面，对中小企业板模型检验的结果显示公司成长能力与可读性显著负相关，与假设 3-3 不符。而创业板和主板模型成长能力与可读性路径均不显著。由于有些在中小企业板上市的发行人是成长性较高的企业，而有些则是完成了超高速成长阶段的发展、进入次高速成长阶段的企业。在中小企业板上市的发行人具有一定的多样性、复杂性，所以，中小企业板模型检验的结果显现出与创业板和主板模型的不同。

（5）在公司规模方面，对中小企业板和主板模型检验的结果显示公司规模与可读性显著负相关，这与假设 3-4 不符。而创业板模型公司规模与可读性路径不显著。中小企业板和主板的上市标准区别不大。就规模而言，二者上市条件基本一致。如前面所述，规模越大的公司需要披露的有关企业经营、业务等方方面面的信息往往会更多、更复杂，这可能会导致公司招股说明书的易读程度降低。另外，我们注意到主板模型中公司规模路径系数最大（四因素和七因素标准化路径系数分别为 0.94 和 0.97），表明主板中的公司规模对可读性的影响最大。通常情况下主板上市的发行人大多为实力强大的企业，各个发行人的成长能力有强有弱，偿债能力有高有低，盈利能力有真有假，但公司规模大多庞大且影响广泛。因此这就解释为什么公司规模是主板中唯一一个通过显著性水平检验且路径系数最大的因素。

（6）对可读性与后市表现关系进行检验的结果显示，二者在中小企业板和主板模型中显著正相关，即可读性越好，股票市场的收益率表现就越好。但在创业板模型中，可读性与后市表现并没有通过显著性水平检验。在创业板挂牌上市的 IPO 公司大多属于创新型高科技企业，一方面其招股说明书可能需要更加复杂的专业术语来描述；另一方面也需要更加新颖的措辞来符合企业本身的创新型高科技的特点，从而使文章更为复杂难懂且不被投资者理解。因此，创业板的招股说明书非财务部分的文字解释对投资者而言并不易懂，从而对后续投资产生影响，这是创业板 IPO 信息可读性与后市表现并不显著的重要原因。

3.3.7　稳健性检验

为了考察模型的稳健性，前面分市场板块时作出四因素和七因素的模型拟合对比结果，证明两种模型的路径系数差别均不大于 0.06，路径系数稳定，拟合结果良好，从而证明板块模型稳健性良好。我们另外进行两种稳健性的结构方程拟合。一种是使用 SPSS 23 随机抽样一半样本进行结构方程模型；另一种是对所有变量进行上下 1% 的缩尾（Winsor2）处理来进行结构方程模型的稳健性检验。我们所做模型均是在整体模型的基础上进行修改，因此再次对整体结构方程模型做稳健性检验。两种结果与整体结构方程模型的路径系数正负一致，回归结果及显著性也基本一致，结果充分说明我们所构建的结构方程模型是稳健的，从而实证分析结果所得出的结论是可靠的。[①]

首先，我们使用 SPSS 23 随机抽取一半的样本进行结构方程模型拟合。模型的路径系数值有所增大且正负与整体模型基本一致，模型的整体拟合度良好，说明抽样后的模型因果关系与实际调查数据契合。回归结果表明影响因素的显著性水平与整体模型的显著性基本一致，盈利能力、偿债能力、成长能力和公司规模与可读性，以及可读性与后市表现的显著水平加强且均通过了检验，确定抽样样本的结构方程模型得到支持，证明模型稳健性良好。

其次，我们通过对整体样本的所有变量进行上下 1% 的缩尾（Winsor2）处理来检验结构方程模型的稳健性，结果显示路径系数正负大小与整体样本模型基本一致，模型的整体拟合度良好，说明缩尾处理的结构方程模型得到了支持，证明整体样本模型的稳健性良好。

最后，在对招股说明书可读性市场效应的检验中，充分考虑了包括公司盈利能力等各种变量的选取，尽可能避免潜在的内生性问题。IPO 招股说明书信息披露早于公司股票首次公开发行的时间，更早于股票挂牌上市交易及之后的时间，所以，不会存在招股说明书可读性受股票上市之后价格表现的

---

① 为节省篇幅，此处未将相关数据列出，如有需要，可向本书作者索取。

反向影响。

3.4　本章小结

IPO 招股说明书作为投资者进行投资决策的重要信息来源，其文本是否简洁易懂即可读性如何，影响着投资者获取信息的快慢，也影响着投资者获取信息的多寡，从而影响市场效率的高低。因此，对我国 IPO 信息可读性的剖析具有重要的现实意义。

由于通过实验进行可读性考察的方法有其优点，也有其参与者数量少、代表性有限等局限性，所以，为直接考察投资者对招股说明书可读性的看法等问题，我们做了"IPO 信息披露与投资者权益保护"问卷调查、实地调研和访谈。由问卷调查得知，约 63% 的投资者认为招股说明书应浅显、简洁、易懂，反映出多数投资者对提高招股说明书易读程度的要求。

我们考察了我国 A 股 IPO 招股说明书中的"管理层讨论与分析""业务发展目标"两个章节，进行了可读性指标设计，通过构建结构方程模型对可读性的影响因素和市场效应进行了检验，得出了以下主要结论。

（1）MD&A 部分的会计术语密度较高，与之相比，业务发展目标部分的会计术语密度极低，后者在讨论公司未来发展时提供的财务目标信息明显偏少。

（2）业务发展目标章节的篇幅较短，但其平均句长高于 MD&A 章节，在一定程度上反映出发展目标章节的信息披露可读性较低，所披露信息的充分性也相对不足。

（3）招股说明书可读性的逐年变化不明显。这从一个侧面说明我国一级市场中的发行人等主体对 IPO 信息的可读性关注还不够。

（4）我们发现，与部分学者（Subramanian, Insley and Blackwell, 1993；Li and Bloomfield, 2008）等对上市公司年报文本进行可读性进行检验的结果一致，在可读性的整体影响因素方面，发行人的盈利能力越强，其招股说明书文本的可读性就越好。这验证了本体效应存在于我国证券一级市场。但是，偿债能力、成长能力和公司规模与可读性呈负相关关系。

（5）在不同上市板块方面的影响因素检验结果显示，各板块招股说明书可读性的影响因素有着各自的特点。中小企业板 IPO 信息的影响因素结果与整体样本最为相似，即发行人的盈利能力越好，其招股说明书的可读性越好。发行人的偿债能力、成长能力和公司规模与招股说明书的易读程度均为负相关关系。对于在创业板上市的 IPO 公司，其偿债能力与招股说明书的易读程度呈显著负相关关系。对于在主板上市的 IPO 公司，其规模与招股说明书的易读程度呈显著负相关关系。

（6）IPO 信息可读性与后市表现之间整体呈显著正相关关系，即招股说明书的可读性水平越高，后市表现越好。此结果与黄和金（Hwang and Kim，2017）的提高年报可读性能够增加企业市场价值的研究结论一致，说明发行人存在着为了吸引投资者投资从而存在对招股说明书可读性进行操控的动机。在不同市场板块的检验中，发现中小企业板和主板的情况均为可读性水平越高，后市表现越好。而创业板 IPO 信息可读性与后市表现没有显著关系，这也与创业板公司多是创新型高科技的公司特点有关。科技语言往往新术语比较多，比传统产业更加难以理解。

第4章 IPO 信息供给：是否"辞"真意切

监管层要求 IPO 信息供给方即发行人所披露的信息需简明易懂，但语言表达方式的多样性决定了信息披露的复杂性。发行人所披露的信息往往既有外在的显性含义，又有内在的隐性内容。这些显性与隐性的内容是否"辞"真意切，是否准确、无偏？在前面分析了招股说明书的可读性之后，本章着重考察招股说明书表述中的各类语调倾向，检验影响语调的因素，并检验语调可能对新股上市后的价格表现产生的影响。①

4.1 IPO 信息披露的内容：投资者如何阅读与评判？ *

发行人需要按照相关法规要求撰写 IPO 申请文件里最为关键的招股说明书。招股说明书所披露的信息应该客观、真实、可靠，但毕竟其中涉及文字表述信息，有些内容可能比较客观，但有些内容难免有一定的主观性。带有主观性的内容，则容易被撰写者在措辞的选择上斟酌使用，导致招股说明书

　＊ 除了对 IPO 信息披露的语调进行了检验之外，我们还运用内容分析法对 A 股上市公司年报所披露的信息进行了语调分析，证明语调可为投资者的投资决策提供预测性信息。该研究已发表，详见：黄方亮，崔红燕，任晓云，李字庆，张晓波. 年报管理层讨论与分析的语调倾向：基于 A 股市场的检验 [J]. 投资研究，2019（5）：19－42.

　① 除检验 IPO 招股说明书文本的语调之外，我们还考察了招股说明书中有关企业社会责任（corporate social responsibility，CSR）信息披露的显性内容，应用内容分析法构建了一系列的 CSR 信息文本指数，检验了投资者对 CSR 信息的关注情况。该研究已发表，详见：Huang Fangliang, Xiang Lijin, Liu Rongbing, Su Shuling, Qiu Hao. The IPO Corporate Social Responsibility Information Disclosure：Does the Market Care？[J]. Accounting and Finance, 2019, 59（S2）：2157－2198.

里既有字面的显性内容，也有被撰写者有意筛选使用措辞而存在的隐性内容。换言之，IPO 的信息文本除了可能存在的利润操纵等造假情形之外，还存在措辞操纵的可能性。

对于 IPO 信息披露的上述情况，投资者是怎么看的呢？为了能够更好地了解投资者对招股说明书的看法，我们就投资者对 IPO 招股说明书的"管理层讨论与分析"（MD&A）和"业务发展目标"（或称"未来发展规划"）这两个章节的重视程度和阅读情况进行了问卷调查①。调查结果显示，在 932 份有效问卷里，仅有 5.7% 的投资者认为招股说明书中"管理层讨论与分析"部分的信息披露不重要，同样，也仅有 4.0% 的投资者认为"业务发展目标"的信息披露不重要（见表 4 – 1）。我们对这两部分的阅读情况进行调查的结果显示，从整体上看，投资者对这两部分有较高的阅读率，仅有 24.6% 的投资者表示不会阅读这两部分（见表 4 – 2）。不仅如此，在问卷调查结果中发现，仅有 16.3% 的投资者认为这两部分信息能够反映出企业的投资价值，这说明在现实中，投资者对这两部分的信息披露情况并不是非常满意（见表 4 – 3）；并且有 46.2% 的投资者认为 MD&A 部分不能只是对公司做"正面"分析，还要对公司存在的问题进行深入剖析。这说明投资者希望拟上市公司能够客观分析自身的实际情况，而不是通过操纵措辞而刻意美化。拟上市公司既要披露公司的正面信息，也要披露公司的负面信息。有 37.6% 的投资者认为"目标或规划的内容有虚有实，有的部分不够具体，对投资决策的参考价值有限，阅读时需要自行判断虚实"，此外还有 14.5% 的投资者认为"目标或规划的内容虚多实少，对投资决策的参考价值很低，不值得关注"（见表 4 – 4）。总之，认为 MD&A 和业务发展目标（或未来发展规划）章节是非常重要的章节的投资者数量占比最大，但投资者对这两个章节所披露的内容并不十分满意，认为需要将相关信息披露得更加深入、细致。

表 4 – 1　　　　**投资者对招股说明书章节进行重要性评分的结果统计**

投资者对 MD&A 章节进行重要性评分的占比					
重要性评分	1	2	3	4	5	合计
占比（%）	5.7	6.2	21.2	32.1	34.8	100

① 为保持本章主题的连贯性，这里不介绍关于投资者问卷调查的详细情况，第 5 章的内容是专门基于本书的问卷调查展开的，其中有对问卷的设计、发放、回收等的详细介绍。

续表

投资者对公司业务发展目标章节进行重要性评分的占比					
重要性评分	1	2	3	4	5	合计
占比（%）	4.0	4.2	15.2	30.0	46.5	100

注：1~5 表示的重要性程度依次升高，1 表示不重要，5 表示很重要。

表4-2   **投资者对招股说明书有关章节的阅读情况统计**

分类	是	有时阅读	否	合计
占比（%）	37.0	38.3	24.6	100

表4-3   **招股说明书有关章节能否反映出企业投资价值的统计**

分类	未阅读	能够反映	部分反映	不能反映	合计
占比（%）	24.6	16.3	55.4	3.7	100

表4-4   **投资者对"业务发展目标/未来发展与规划"披露状况的判断**

分类	未阅读，无判断	目标或规划十分具体、可行，对投资决策极具参考价值，值得关注	目标或规划的内容有虚有实，有的部分不够具体，对投资决策的参考价值有限，阅读时需要自行判断虚实	目标或规划的内容虚多实少，对投资决策的参考价值很低，不值得关注	目标或规划中定性的内容多，缺少盈利预测的数据等定量的内容	合计
占比（%）	24.7	17.7	37.6	14.5	5.4	100

    问卷调查的结果表明，投资者具有阅读招股说明书中相关内容的意向，但鉴于许多招股说明书中未能够提供理想的信息内容，投资者的实际阅读情况就受到了影响。对此，我们对 IPO 招股说明书表述中的语调情况进行考察、分析，找出招股说明书在语调表述方面存在的不足，并检验影响语调的因素。

    本书的研究贡献主要包括：（1）针对我国招股说明书所披露信息内容的特点，将语调按大小类别进行细分。大类的语调是显性语调和隐性语调。前者包括：明确语调与模糊性语调、前瞻语调与其他时态语调；后者包括：积极语调与消极语调、肯定语调与否定语调、强态语调与弱态语调。细致的类别划分使对招股说明书信息披露的语调分析更加具有针对性，对信息文本的研究更加细化和深入。（2）与以往的许多研究不同，本书不但考察招股说明书中 MD&A 章节的内容，还考察投资者十分看重的 "业务发展目标" 章节的表述，对 IPO 信息的考察更加全面。（3）在检验哪些因素可能对 IPO 信息语调产生影响时，我们不仅考察了公司特质方面的因素，还考察了公司主要相关人员特质方面的因素，后者能够对招股说明书的撰写产生直接影响。

4.2　IPO 信息语调指标的构建及统计分析

4.2.1　IPO 信息语调指标的构建

在以往的语调分析文献中，有的是利用计算机阅读全文，然后按照有关辞典中预先设计的关键词分类标准进行分类，还有的是自行设计词汇类目。本书采用后者的做法，根据本书所研究的招股说明书的语言表述特点，进行人工阅读并分类。

本书以 2010 ~ 2017 年 A 股 IPO 招股说明书为研究标的，剔除金融和房地产等类的样本，共得到 1 752 份招股说明书。

借鉴现有研究对语调的分类，根据我国招股说明书的叙述特点，将语调进行了更加细致的类目划分。首先，从样本词语中筛选出具有语调特征的词汇。其次，根据不同词汇所表达的显性与隐性特征，将不同词汇归入不同的语调类别，大类的语调包括显性内容和隐性内容的语调。最后，根据不同词汇所表达的具体含义，将大类语调细分为小类语调，其中显性内容的语调包括：明确语调与模糊语调，前瞻语调与其他时态语调；隐性内容的语调包括：积极与消极语调，肯定与否定语调，强态与弱态语调。

基于不同语调词汇的划分，可以得出五类语调指标，各指标及其计算公式如表 4 - 5 所示。如果计算出的比率为正值，则是具有正面含义的语调，具有积极、肯定、明确、强态或前瞻性；如果比率为负值，则是具有负面含义的语调，具有消极、否定、模糊、弱态或非前瞻性。

表4-5 各类别语调指标的计算

语调类别	代码	计算公式
积极语调	Act	（积极词汇频数－消极词汇频数）/（积极词汇频数＋消极词汇频数）
肯定语调	Pos	（肯定词汇频数－否定词汇频数）/（肯定词汇频数＋否定词汇频数）
明确语调	Cer	（明确词汇频数－模糊词汇频数）/（明确词汇频数＋模糊词汇频数）
强态语调	Str	（强态词汇频数－弱态词汇频数）/（强态词汇频数＋弱态词汇频数）
前瞻语调	Fut	（前瞻词汇频数－其他时态词汇频数）/（前瞻词汇频数＋其他时态词汇频数）

对于语调指标公式中的各类词汇关键词的提取与确定，我们的做法是由3名本书课题组成员主要负责，由全体课题组成员参与讨论，先从样本公司中选取有代表性的30份招股说明书，作为提取词汇的样本。招股说明书的选取原则如下。

（1）在样本期间内，平均每年抽取约6家IPO公司的招股说明书。

（2）抽取的30份样本招股说明书中，12份来自主板市场上市公司，10份来自中小企业板上市公司，8份来自创业板上市公司。

（3）在行业选择上，在研究的时间区间内，第一产业有16家公司上市，第二产业有862家公司上市，第三产业有204家公司上市。我们选取1家第一产业上市公司、23家第二产业上市公司、6家第三产业上市公司的招股说明书作为研究样本。

确定了招股说明书样本后，我们对样本招股说明书"管理层讨论与分析"和"业务发展目标"两部分进行了人工阅读，参照洛克伦和麦克唐纳（Loughran and McDonald，2011）以及黄方亮等（2015）构建词汇列表的方法，结合中文的语言特点，按照尽可能选取在语言表述特征上有各个方面的代表性的原则，确定了能够反映招股说明书信息披露语调的关键词，构建初步的关键词词汇表。考虑到该词汇表中的某些词汇可能出现的频率较低，不存在普遍适用性，故遵循上述有代表性招股说明书的抽取原则，再次抽取30份不同的招股说明书，统计该词汇表中的各个词汇的词频，将汇总后出现频数低于5的词汇予以剔除，构建成最终用来构建语调词库的关键词词汇表[①]。利用其对招股说明书的语调词汇进行词频统计。

---

① 若有读者需要相关资料，可向本书作者索取。

4.2.2　各类 IPO 信息语调指标的统计分析

通过比较招股说明书中 MD&A 部分各类语调的差别可以看出，在 MD&A 中，肯定语调的均值最大，为 0.49；在各类语调的均值中，明确语调最小，为 - 0.70，这表明发行人管理层更加倾向于向外界展现出自己的肯定态度，借以增加外界对本公司发展状况的信心。但是，发行人管理层同样也会出于谨慎性的考虑，为自己的表述和公司实际情况的展示留有余地，因此，在 MD&A 撰写中会减少明确性的陈述，这一点可以从该部分明确性语调均值最小得以体现（见表 4 - 6）。

表 4 - 6　　　　　　　　　　　　MD&A 语调的数据统计

变量	最小值	最大值	均值	标准差
积极语调	- 1.00	0.77	0.23	0.17
肯定语调	- 0.15	0.91	0.49	0.16
强态语调	- 0.61	0.77	- 0.08	0.18
明确语调	- 1.00	- 0.24	- 0.70	0.11
前瞻语调	- 1.00	0.68	- 0.01	0.14

由表 4 - 7 可知，与 MD&A 章节的情况一样，业务发展目标部分也是明确性语调的均值最小，但有所不同的是，该部分中积极语调的均值是最大的。这是由于该部分主要是向投资者介绍公司未来的发展状况，属于前瞻性信息，为了吸引更多的投资者，在该部分发行人会向投资者展现出积极良好的发展前景。在 MD&A 部分前瞻语调的均值是 - 0.01，而 "业务发展目标" 部分的前瞻语调均值是 0.21，明显高于 MD&A 部分的前瞻语调均值，这正是由 IPO 招股说明书 MD&A 与业务发展目标这两章节的不同特点所决定的。

表 4 - 7　　　　　　　　　　　　业务发展目标语调的数据统计

变量	最小值	最大值	均值	标准差
积极语调	0.53	0.98	0.84	0.06

续表

变量	最小值	最大值	均值	标准差
肯定语调	-1.00	1.00	0.28	0.29
强态语调	-0.05	1.00	0.77	0.14
明确语调	-1.00	1.00	-0.33	0.36
前瞻语调	-0.79	0.77	0.21	0.15

　　图 4 - 1 ~ 图 4 - 5 分别给出了各种语调在不同时间分布情况的折线图。通过折线图，可以比较直观地观察 MD&A 章节内容的语调随时间的推移发生变化的趋势。

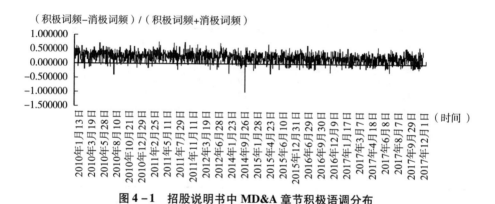

图 4 - 1　招股说明书中 MD&A 章节积极语调分布

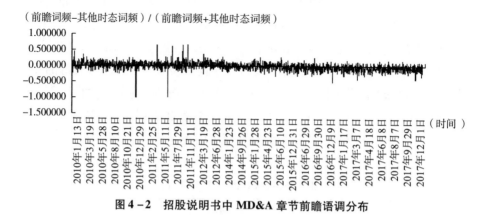

图 4 - 2　招股说明书中 MD&A 章节前瞻语调分布

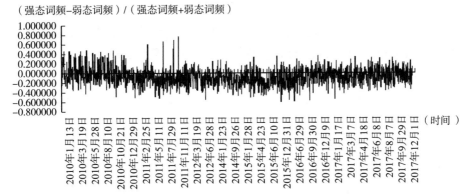

图 4-3　招股说明书中 MD&A 章节强态语调分布

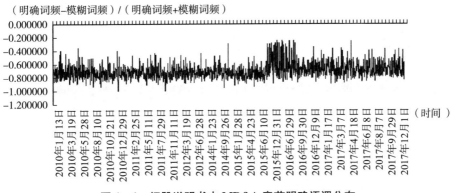

图 4-4　招股说明书中 MD&A 章节明确语调分布

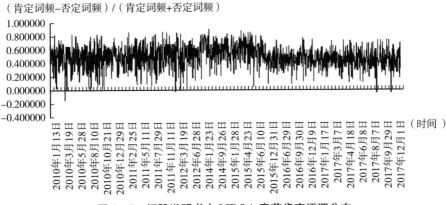

图 4-5　招股说明书中 MD&A 章节肯定语调分布

通过各类MD&A语调的折线图，可以得出以下结论。

（1）积极语调的数值多大于0，即MD&A章节的内容中体现出的积极性内容较多，但在样本时间区间的后期有略微减少的趋势，可能是监管机构在IPO审核过程中对夸大、渲染式的表述监管更加严格的结果。

（2）前瞻语调和强态语调的数值在0上下摆动；其中，前瞻语调在样本时间区间中的后期略微减少，说明管理层对公司未来的表述有所减少。

（3）明确语调数值低于0，说明模糊性表述很多，体现出管理层对MD&A内容的表述存在着"加工"的可能。

（4）肯定语调随时间的推移略有减少，但多数大于0，说明管理层尽可能避免使用否定性表述。

图4-6～图4-10展示了业务发展与目标章节中语调随时间推移的变化趋势。

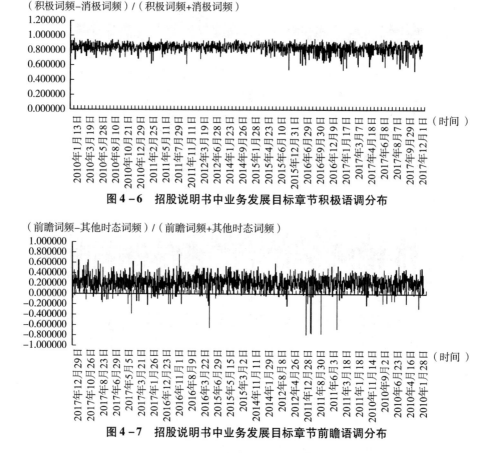

图4-6　招股说明书中业务发展目标章节积极语调分布

图4-7　招股说明书中业务发展目标章节前瞻语调分布

（强态词频–弱态词频）/（强态词频+弱态词频）

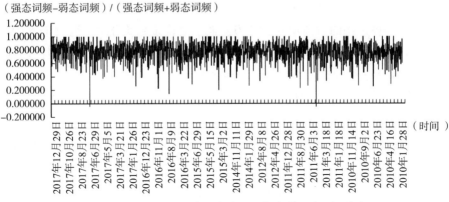

图 4 – 8 招股说明书中业务发展目标章节强态语调分布

（明确词频–模糊词频）/（明确词频+模糊词频）

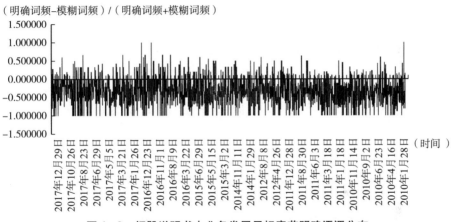

图 4 – 9 招股说明书中业务发展目标章节明确语调分布

（肯定词频–否定词频）/（肯定词频+否定词频）

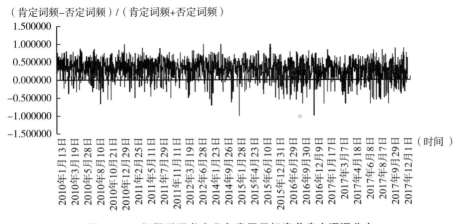

图 4 – 10 招股说明书中业务发展目标章节肯定语调分布

通过各类业务发展目标文本内容语调的折线图，可以观察到以下四点。

（1）积极语调的数值明显大于 0，强态语调多数大于 0，远高于 MD&A 的积极语调和强态语调，即业务发展目标章节的叙述中体现出的积极性内容、表达比较强烈的措辞均较多，可以理解的是，业务发展目标章节内容的性质就是对公司的未来进行表述，而大多数公司对未来的设想是积极的、美好的，所以积极语调、强态语调数值极高；与 MD&A 的类似，在样本时间区间的后期积极语调有略微减少的趋势，这也可能是监管机构在 IPO 审核过程对相关表述加强监管的结果，但强态语调没有随时间的推移而发生明显变化。

（2）前瞻语调的数值多数大于 0，明显高于 MD&A 的前瞻语调，这也和业务发展目标章节是对公司未来进行表述的内容特征有关。

（3）肯定语调随时间推移的变化趋势不明显，多数数值大于 0，但小于 0 的数值比 MD&A 的要多。

（4）明确语调数值较低，说明模糊性表述较多。

4.3　IPO 信息语调影响因素的实证检验

4.3.1　IPO 信息语调影响因素的理论分析及研究假设

目前多数相关研究集中于证券信息文本的语调对股票二级市场价格表现等方面的影响上，对影响语调的因素的探讨相对较少。有研究发现，发展前景较好的公司倾向于使用肯定性语调，而业绩下滑的公司会比较倾向于使用否定性语调（Schleicher and Walker，2010）；管理层在使用较多乐观语调时容易增加公司的诉讼风险（Rogers，Buskirk and Zechman，2011）；为尽可能避免诉讼风险，管理层会较少使用乐观语调（Thng，2019）。还有研究发现，作假公司的信息披露表述有异常现象，管理层对于影响公司业绩表现原因的表述较少，对于公司业绩的积极表述较多。

IPO 招股说明书中 MD&A 部分多是对财务报表数据的解释和分析，所以，其内容与公司自身的特征应该相关；另外，该部分的撰写多由公司董事会秘书直接负责，受公司董事长管辖。基于此，本书在结合前面对 IPO 信息可读性研究的基础上，选择盈利能力、偿债能力、成长能力、董事会秘书（简称董秘）和董事长学历等指标，探究招股说明书语调的影响因素。

盈利能力越好的公司越有动力将良好的经营状况信息传递给投资者，类似地，IPO 公司应该有通过招股说明书传递更多积极信息的倾向。

公司成长性较高时，对自身发展前景的判断应该会更加乐观，也就应该会更加乐于在招股说明书中更多地进行正面信息的披露，这样还可以更加吸引投资者的关注。而且成长性越好的公司，随着公司规模的扩大，其融资的需求也会越强，所以企业更希望让投资者了解公司未来良好的发展前景，以求吸引更多的资本。因此，企业更有动机通过增强招股说明书内容中的积极语调来让投资者更全面地了解公司其成长性。而当公司成长能力较差的时候，情况则相反。

当公司资产负债率越高时，为了向投资者展示更加良好的公司形象，管理层会产生 "粉饰" 信息的动机，可能会使用更多的积极语调。这一方面是为了不让债权人担心债务的偿还存在风险；另一方面是为了更好地进行再融资。另外，反映公司偿债能力的流动比率越高，说明公司应对债务风险的能力越强，公司进行信息披露的正面语调会越多。

基于以上分析，可以提出以下待检验的研究假设。

假设 4 - 1a：IPO 公司的盈利能力和成长能力与积极语调正相关。

假设 4 - 1b：IPO 公司的资产负债率与偿债能力均与积极语调正相关。

公司董秘在 IPO 申请过程中起到很重要的作用，是公司筹备上市的主要人员之一，对公司信息披露负有直接的责任。另外，董事长是公司的核心人物，IPO 公司的信息披露文件应该最终交由董事长审阅。基于此，可以提出以下研究假设。

假设 4 - 2a：IPO 公司的董秘的学历与积极语调正相关。

假设 4 - 2b：IPO 公司的董事长的学历与积极语调正相关。

4.3.2　IPO 信息语调影响因素变量的选取

考虑到 IPO 招股说明书的撰写一方面应该客观表述公司的状况，体现公司的特征；另一方面会受撰写者的影响，而且拟上市公司与 IPO 招股说明书撰写最直接相关的负责人是董秘，再就是具有更高权限的董事长，所以，我们从包括盈利能力、成长能力、负债能力等体现公司特征的指标以及董事会秘书和董事长个人特征两个方面出发，考察 IPO 招股说明书 MD&A 和业务发展目标两章节的信息披露语调的影响因素（见表4-8）。

表4-8 变量定义与度量标准

变量名称	指标/代码	变量度量方式
被解释变量		
积极语调	Act	（积极词汇频数 - 消极词汇频数）/（积极词汇频数 + 消极词汇频数）
肯定语调	Pos	（肯定词汇频数 - 否定词汇频数）/（肯定词汇频数 + 否定词汇频数）
明确语调	Cer	（明确词汇频数 - 模糊词汇频数）/（明确词汇频数 + 模糊词汇频数）
强态语调	Str	（强态词汇频数 - 弱态词汇频数）/（强态词汇频数 + 弱态词汇频数）
前瞻语调	Fut	（前瞻词汇频数 - 其他时态词汇频数）/（前瞻词汇频数 + 其他时态词汇频数）
解释变量		
盈利能力	总资产报酬率（ROA）	息税前利润/平均资产总额×100%
	每股收益（基本）（EPS）	当期净利润/当期普通股的加权平均数
负债水平、偿债能力	资产负债率（ALR）	负债总额/资产总额×100%
	流动比率（LR）	流动资产/流动负债×100%
成长能力	主营业务收入增长率（GRM）	（本期主营业务收入 - 上期主营业务收入）/上期主营业务收入×100%
	净利润增长率（NGR）	（本期净利润 - 上期净利润）/上期净利润×100%
董秘特征	董秘学历（EDU1）	董秘拥有硕士研究生及以上学历取1，否则取0
董事长特征	董事长学历（EDU2）	董事长拥有硕士研究生及以上学历取1，否则取0

续表

变量名称	指标/代码	变量度量方式
控制变量		
公司规模	员工总数（SIZE1）	取员工总数的对数
	总股本（SIZE2）	取总股本的对数
	总资产（SIZE3）	取总资产的对数
公司治理结构	董事会人数占比（STRU1）	董事会人数/董监高总人数
	高级管理人员人数占比（STRU2）	高级管理人员人数/董监高总人数
保荐机构声誉	IPO 融资年度市场份额占比（REP1）	当期单家承销金额/当期市场融资总金额
	主承销商各年分类等级（REP2）	当期单家承销家数/当期市场总承销家数

在各类变量中，公司的盈利能力、偿债能力、成长能力、公司规模、公司治理结构和保荐机构声誉的数据由 Wind 金融终端数据库下载得到，董事长和董秘学历利用招股说明书手工统计得到。

4.3.3 IPO 信息语调影响因素实证检验模型的构建

对 IPO 信息语调影响因素的检验分为两部分：一是从整体上进行检验；二是基于在主板、中小企业板和创业板上市的企业具有不同的规模、成长性等板块特征，分别对不同板块的 IPO 公司进行进一步的检验。根据前面的变量设置，构建如下回归模型：

$$Act = \beta_0 + \beta_1 ROA + \beta_2 EPS + \beta_3 ALR + \beta_4 LR + \beta_5 GRM + \beta_6 NGR$$
$$+ \beta_7 EDU1 + \beta_8 EDU2 + \sum_{i=1}^{3} \gamma_i SIZEi + \sum_{i=1}^{2} \gamma_i STRUi$$
$$+ \sum_{i=1}^{2} \gamma_i REPi + \varepsilon \qquad\qquad (4-1)$$

$$Pos = \beta_0 + \beta_1 ROA + \beta_2 EPS + \beta_3 ALR + \beta_4 LR + \beta_5 GRM + \beta_6 NGR$$
$$+ \beta_7 EDU1 + \beta_8 EDU2 + \sum_{i=1}^{3} \gamma_i SIZEi + \sum_{i=1}^{2} \gamma_i STRUi$$

$$+ \sum_{i=1}^{2} \gamma_i REPi + \varepsilon \qquad (4-2)$$

$$Cer = \beta_0 + \beta_1 ROA + \beta_2 EPS + \beta_3 ALR + \beta_4 LR + \beta_5 GRM + \beta_6 NGR$$

$$+ \beta_7 EDU1 + \beta_8 EDU2 + \sum_{i=1}^{3} \gamma_i SIZEi + \sum_{i=1}^{2} \gamma_i STRUi$$

$$+ \sum_{i=1}^{2} \gamma_i REPi + \varepsilon \qquad (4-3)$$

$$Str = \beta_0 + \beta_1 ROA + \beta_2 EPS + \beta_3 ALR + \beta_4 LR + \beta_5 GRM + \beta_6 NGR$$

$$+ \beta_7 EDU1 + \beta_8 EDU2 + \sum_{i=1}^{3} \gamma_i SIZEi + \sum_{i=1}^{2} \gamma_i STRUi$$

$$+ \sum_{i=1}^{2} \gamma_i REPi + \varepsilon \qquad (4-4)$$

$$Fut = \beta_0 + \beta_1 ROA + \beta_2 EPS + \beta_3 ALR + \beta_4 LR + \beta_5 GRM + \beta_6 NGR$$

$$+ \beta_7 EDU1 + \beta_8 EDU2 + \sum_{i=1}^{3} \gamma_i SIZEi + \sum_{i=1}^{2} \gamma_i STRUi$$

$$+ \sum_{i=1}^{2} \gamma_i REPi + \varepsilon \qquad (4-5)$$

4.3.4 IPO 信息语调影响因素的实证检验结果及分析

4.3.4.1 主要解释变量与控制变量的描述性统计

表4-9 给出了 IPO 公司的盈利能力、成长能力、偿债能力、公司治理结构和保荐机构声誉等主要解释变量与控制变量的描述性统计。

表4-9　　招股说明书语调影响因素解释变量与控制变量描述性统计

变量	最小值	最大值	平均数	标准差
解释变量				
总资产报酬率	-0.54	64.29	12.84	6.41
每股收益	0.01	10.97	0.92	0.59
资产负债率	1.10	96.52	30.05	18.09
流动比率	0.06	116.40	5.37	8.03
主营业务收入增长率	-53.23	335.08	17.29	24.69
净利润增长率	-279.62	759.79	18.45	46.96

续表

变量	最小值	最大值	平均数	标准差
控制变量				
董事会人数占比	29.41	81.25	52.04	11.00
高级管理人员人数占比	6.67	80.00	36.20	9.84
员工总数	4.14	12.09	6.89	1.03
总股本	8.01	23.51	15.12	4.70
总资产	9.57	26.80	17.30	4.82
IPO 融资年度市场份额占比	0.19	15.06	4.51	3.73
主承销商各年分类等级	20.00	90.00	81.62	12.77

4.3.4.2　IPO 信息语调影响因素的整体回归结果及分析

在对样本数据进行 1% 水平的缩尾处理后，对语调的影响因素进行实证检验。由于 IPO 招股说明书中的 MD&A 章节一般篇幅较长，而业务发展目标章节的篇幅则相对较短，并且前者主要针对公司过往的财务、经营方面涉及的内容展开讨论，而后者主要是针对公司未来发展的目标、途径及战略等展开讨论，叙述时所使用的关键词有所不同，关键词出现的词频也有所不同，所以，下面分别对两个章节的影响因素进行检验。

对 MD&A 语调影响因素进行检验的结果如表 4 – 10 所示。通过回归结果可以看出，IPO 公司的总资产报酬率与 MD&A 章节的肯定语调未呈现出显著关系，但每股收益和主营业务收入增长率均与肯定语调分别在 5% 和 1% 的水平上显著正相关，每股收益提高 1 元，肯定语调提高 1.71 个百分点。这部分地验证了假设 4 – 1a，即 IPO 公司的盈利能力和增长性与积极语调正相关。

表 4 – 10　　　　　　　　　　**MD&A 语调影响因素回归结果**

变量	Act	Pos	Str	Cer	Fut
ROA	− 0.000 (− 0.45)	0.000 (0.21)	− 0.002 ** (− 2.56)	0.001 (1.41)	− 0.001 *** (− 2.66)
EPS	0.0123 (1.63)	0.017 ** (2.22)	0.0120 (1.43)	− 0.000 (− 0.04)	− 0.003 (− 0.60)

续表

变量	Act	Pos	Str	Cer	Fut
ALR	-0.000 (-0.66)	-0.000 (-0.07)	-0.000 (-0.46)	0.001 ** (2.46)	0.000 (0.32)
LR	0.004 *** (4.58)	-0.003 *** (-4.22)	0.006 *** (5.93)	0.001 (1.59)	0.001 ** (2.37)
GRM	0.001 *** (3.50)	-0.000 (-1.29)	0.001 *** (4.03)	-0.000 (-1.75)	0.000 (1.31)
NGR	-0.000 (-0.55)	-0.000 (-1.12)	0.000 (1.51)	-0.000 (-0.67)	0.000 (0.68)
EDU1	0.017 ** (2.27)	0.008 (1.15)	0.002 (0.22)	0.000 (0.13)	0.001 (0.20)
EDU2	0.002 (0.33)	0.009 (1.44)	0.010 (1.35)	0.010 ** (2.29)	0.006 (1.50)
SIZE1	0.030 *** (5.19)	-0.003 (-0.66)	-0.001 (-0.10)	0.000 (0.05)	0.010 ** (2.84)
SIZE2	-0.019 ** (-2.81)	0.002 (0.43)	-0.001 (-0.14)	-0.008 (-1.95)	0.004 (0.95)
SIZE3	-0.000 (-1.31)	-0.001 (-1.89)	0.001 ** (2.13)	-0.000 (-0.82)	-0.000 ** (-2.14)
STRU1	0.001 (1.95)	0.003 *** (6.31)	-0.001 ** (-2.25)	-0.002 *** (-7.43)	0.002 *** (7.28)
STRU2	0.002 *** (3.78)	0.003 *** (8.02)	-0.002 *** (-4.79)	-0.002 *** (-6.19)	0.002 *** (6.46)
REP1	0.002 (1.71)	-0.000 (-0.35)	0.002 (1.45)	-0.000 (-0.58)	0.001 (1.58)
REP2	0.000 (0.16)	0.000 (0.83)	-0.000 (-1.10)	-0.000 (-1.25)	0.000 (0.78)
C	0.234 ** (2.17)	0.224 ** (2.33)	0.056 (0.52)	-0.390 *** (-5.67)	-0.318 *** (-4.73)
N	1 752	1 752	1 752	1 752	1 752
Adj. R^2	0.070	0.073	0.061	0.076	0.104

注: 括号中的数值为检验的 t 值, $*p<0.05$, $**p<0.01$, $***p<0.001$。

　　IPO 公司的资产负债率只与 MD&A 章节的明确语调显著正相关，与其他语调的相关性均不显著；但流动比率与积极语调、强态语调及前瞻语调均显著正相关。这部分地验证了假设 4 – 1b，即 IPO 公司的偿债能力与积极语调正相关。

　　董秘学历与 MD&A 章节的积极语调在 5% 的显著性水平上正相关，这验证了假设 4 – 2a，即 IPO 公司的董秘学历与积极语调正相关。但假设 4 – 2b 即 IPO 公司的董事长学历与积极语调正相关未得到验证。尽管如此，董事长学历与明确语调在 5% 的显著性水平上正相关。董事长学历与董秘学历对其他语调没有显著影响。

　　与 MD&A 语调影响因素的检验结果相比，各解释变量对业务发展目标章节语调产生的影响整体上较不明显（相关检验结果见表 4 – 11），这应该是业务发展目标章节与 MD&A 章节所叙述的内容相比差异较大、篇幅较短、所涉及的语调词汇频数有限有关。

表 4 –11　　　　　　　　业务发展目标语调影响因素回归结果

变量	Act	Pos	Str	Cer	Fut
ROA	0.000 (0.47)	– 0.000 (– 0.11)	0.000 (0.51)	– 0.000 (– 0.20)	– 0.000 (– 0.45)
EPS	0.000 (0.03)	0.010 (0.63)	– 0.003 (– 0.43)	0.020 (1.00)	0.009 (1.19)
ALR	0.000** (2.37)	– 0.000 (– 0.09)	0.000 (0.05)	0.000 (0.54)	– 0.000 (– 1.20)
LR	0.001** (2.09)	– 0.000 (– 0.09)	– 0.001 (– 1.39)	– 0.001 (– 0.43)	– 0.001 (– 1.63)
GRM	0.000 (1.11)	– 0.000 (– 0.07)	– 0.000 (– 1.21)	0.000 (0.44)	– 0.000 (– 0.78)
NGR	– 0.000 (– 0.49)	– 0.000 (– 0.86)	0.000 (1.48)	– 0.000 (– 0.30)	– 0.000 (– 1.23)
EDU1	– 0.002 (– 0.66)	0.000 (0.03)	– 0.003 (– 0.51)	0.001 (0.08)	0.006 (0.95)
EDU2	0.003 (1.16)	0.010 (0.78)	0.004 (0.71)	0.003 (0.24)	– 0.002 (– 0.31)

变量	Act	Pos	Str	Cer	Fut
SIZE1	−0.001 (−0.72)	−0.001 (−0.07)	−0.004 (−0.89)	0.005 (0.40)	−0.001 (−0.22)
SIZE2	−0.000 (−0.16)	−0.002 (−0.20)	0.001 (0.14)	0.006 (0.45)	0.002 (0.40)
SIZE3	0.000 (1.27)	−0.002 *** (−2.58)	−0.000 (−0.41)	−0.000 (−0.43)	0.000 (0.93)
STRU1	0.000 (0.12)	0.002 ** (2.08)	−0.000 (−0.77)	0.000 (0.10)	0.000 (1.25)
STRU2	0.000 * (1.85)	0.001 (1.32)	0.001 (1.73)	−0.001 (−1.12)	0.000 (0.50)
REP1	0.001 * (1.87)	0.003 (1.59)	−0.000 (−0.17)	−0.007 *** (−3.22)	−0.001 (−0.68)
REP2	0.000 (0.69)	0.000 (0.31)	0.000 (1.46)	0.001 (1.03)	0.000 (0.57)
C	0.838 *** (24.57)	0.221 (1.17)	0.749 *** (8.48)	−0.503 ** (−2.10)	0.146 (1.65)
N	1 752	1 752	1 752	1 752	1 752
Adj. R²	0.004	0.008	0.000	−0.000	−0.001

注：括号中的数值为检验的 t 值， $*p<0.05$ ， $**p<0.01$ ， $***p<0.001$ 。

对业务发展目标语调影响因素进行检验的回归结果显示，资产负债率与流动比率均与业务发展目标积极语调在 5% 的显著性水平上正相关，但系数均很小，即说明公司负债水平与偿债能力较强时，其业务发展目标积极语调占比略高，这基本验证了假设 4 − 1b。但假设 4 − 1a、假设 4 − 2a 和假设 4 − 2b 均未得到验证，即公司的盈利能力和成长能力以及董秘和董事长的学历与积极语调未呈现出显著相关关系。

4.3.4.3 对不同上市板块 IPO 信息语调影响因素的检验[①]

对于 MD&A 章节，对主板市场上市的 IPO 公司语调影响因素进行检验的

---

① 区分不同市场板块的检验结果与全部样本整体的回归结果有些相似之处，也有些不同，但没有非常异常的发现。为简洁起见，此处不再使用表格逐一列示回归结果。若有需要，本书作者可提供。

结果显示，相比于全部样本的总体回归结果，盈利能力、偿债能力所对应的主要解释变量不显著或者显著性水平低；每股收益与积极语调在 5% 的显著性水平上正相关。

对在中小企业板市场上市的公司 MD&A 语调影响因素进行检验的结果显示，只有流动比率与积极语调在 5% 的显著性水平上正相关；总资产报酬率、资产负债率与明确语调在 1% 的显著性水平上正相关。

对在创业板上市的公司的 MD&A 语调影响因素进行检验的结果显示，各类语调受不同解释变量的影响更多一些。流动比率、主营业务收入增长率、董秘学历与积极语调正相关，并且显著性水平均为 1%；强态语调受公司盈利能力、偿债能力和成长能力的影响比较明显。

与各个市场板块 MD&A 语调影响因素的检验结果相比，对业务发展目标语调的检验结果仍然是整体上较不明显。主板市场的业务发展目标语调影响因素的回归结果显示，资产负债率与业务发展目标积极语调在 5% 的显著性水平上负相关，资产负债率与肯定语调、强态语调均在 10% 的显著性水平上负相关；中小企业板市场上市的公司语调影响因素的回归结果显示，仅是资产负债率与业务发展目标积极语调在 5% 的显著性水平上负相关；创业板市场上市的公司语调影响因素的回归结果显示，每股收益对前瞻语调在 5% 的显著水平上呈显著正向影响。

4.3.5　IPO 信息语调影响因素的稳健性检验

为检验招股说明书 MD&A 章节和业务发展目标章节语调影响因素回归结果的稳健性，我们从以下三个方面对 MD&A 和业务发展目标章节语调影响因素分别做进一步的检验：（1）为考察不同的盈利性财务指标对语调的影响，用销售毛利率替代总资产收益率作为解释变量，对两章节语调的影响因素分别进行回归分析，回归结果与前面各结果基本一致；（2）为考察董秘的学历和董事长的学历的联动效应，在回归模型中加入了董秘学历和董事长学历的交互项，回归结果仍然与前面基本一致，交互项的作用不显著；（3）在控制地区和行业因素后，回归结果也基本一致，各类语调受地区和行业因素的影响不显著。①

---

① 为节省篇幅，此处不列示详细的稳健性检验结果。若有需要，本书作者可提供。

4.3.6　IPO 信息语调影响因素检验的研究结论

招股说明书中的 MD&A 章节与业务发展目标章节的篇幅不同、内容特征不同，其中的语调特征也不同，所以，我们对两个章节语调的影响因素分别进行了检验。在对语调影响因素进行总体的检验之后，进一步对在主板、中小企业板和创业板上市的企业分别进行检验。主要的研究发现包括以下五项。

（1）对 MD&A 语调影响因素进行检验的结果显示，每股收益、主营业务收入增长率及流动比率均与肯定语调显著正相关，表明盈利能力高、增长性好和短期偿债能力强的公司会在招股说明书中使用更多的积极语调进行信息披露；流动比率对较多类别的语调产生了影响，与积极语调、强态语调及前瞻语调均显著正相关；董秘学历、董事长学历分别与 MD&A 章节的积极语调、明确语调显著正相关。

（2）分板块对 MD&A 语调影响因素进行检验的结果显示，在创业板上市的公司的 MD&A 各类语调受不同解释变量的影响更多一些。流动比率、主营业务收入增长率、董秘学历与积极语调正相关；强态语调受公司盈利能力、偿债能力和成长能力的影响比较明显。

（3）公司的负债水平与偿债能力较强时，其业务发展目标积极语调占比略高，除此之外，业务发展目标章节语调受各种因素影响不明显。其原因应该是业务发展目标章节篇幅较短，并且不同的公司发展目标各异，所涉及的语调词汇频数有限。

（4）对各上市板块业务发展目标语调影响因素进行检验的结果显示，各影响因素的作用大多仍较不明显。

（5）各类 IPO 信息语调受地区和行业的影响不显著。

4.4　IPO 信息披露语调的市场效应检验

在前面对影响 IPO 信息语调的因素进行分析之后，再考察招股说明书的不同语言叙述方式是否能够对投资者的投资决策产生影响。我们分别使用公司上市后不同交易日后的股票收益率数据，检验各类语调与不同时期股票收益率之间的相关性。

4.4.1　IPO 信息语调市场效应的理论分析与研究假设

招股说明书内容中透露出的语调，是否与 IPO 公司的质地等信息一样，能够对投资者的投资决策产生影响？

现有研究对二级市场证券信息语调产生的影响的检验相对较多（Tetlock，Saar‐Tsechansky and Macskassy，2008；Feldman et al.，2010；Bhardwaj and Imam，2019；谢德仁和林乐，2015；刘逸爽和陈艺云，2018；朱朝晖、包燕娜和许文瀚，2018；朱朝晖和许文瀚，2018a；朱朝晖和许文瀚，2018b；曾庆生、周波和张程等，2018），而对一级市场证券信息语调产生的影响探讨相对较少。有学者探讨了语调的量化方法，并检验了语调得分与 IPO 抑价率的关系，发现二者之间负相关（Jegadeesh and Wu，2013）。黄方亮、齐鲁和赵国庆（2015）考察了我国 IPO 招股说明书中所披露的风险因素，发现本应该披露公司较多负面信息的风险因素章节表述中，乐观和高估的表述倾向比较明显，风险因素章节的文本内容不足以向投资者传递公司业绩和股票价格表现的信息。还有学者发现我国的 IPO 公司招股说明书中的不确定性或负面语调与股票初始收益率和后市股价波动率显著相关，不确定性或负面语调能够导致长期收益率降低（Yan，Xiong and Meng et al.，2019）。

基于前面对招股说明书中 MD&A 和业务发展目标章节中明确与模糊、前瞻与其他时态、积极与消极、肯定与否定以及强态与弱态语调的划分以及语调指标的计算，我们对招股说明书语调对投资者可能产生的影响即 IPO 的后市表现进行检验。

正面倾向的语言表达能够展现发行人对未来自身发展的信心，隐含着公司发展潜力的意向，这可能会增加投资者对公司的信心，导致投资收益率的提高。当然，文本叙述中也会有负面倾向的语调，例如展现发行人未来发展存在的阻碍和困境，隐含着公司可能存在的风险的信息。负面倾向的语调可能会导致投资者某种程度的心理恐慌，使投资者的投资信心下降，因此，负面倾向的语调会对股票收益率产生负面的影响。

基于以上分析，本书研究预期在招股说明书的 MD&A 部分和业务发展目标部分使用比较积极、肯定的语调进行信息披露会给投资收益率造成积极影响。故作以下假设。

假设 4 – 3a： 在招股说明书信息披露中的积极语调与后市收益率显著正

相关。

假设 4 – 3b：在招股说明书信息披露中的肯定语调与后市收益率显著正相关。

在 MD&A 和业务发展目标部分使用明确性语调和前瞻语调，能够提供给投资者确切的公司未来规划情况，相比模糊性的词汇，明确词汇的使用能够体现公司清晰的战略目标，而前瞻语调的使用，能够增强投资者对企业未来发展的信心，会使投资者更倾向于购买该股票。故作以下假设。

假设 4 – 3c：在招股说明书信息披露中的明确语调与后市收益率显著正相关。

假设 4 – 3d：在招股说明书信息披露中的前瞻语调与后市收益率显著正相关。

IPO 公司在编制招股说明书的时候，为了提高自己通过证券监管者核准的概率，并为美化公司形象，在涉及企业负面信息（如企业面临的困难、存在的问题等）的部分，不会使用太多的强态性的词汇，因此，企业多数情况下会在能够反映自身正面形象的部分使用强态词汇。因此，强态词汇的频率越高，说明企业的正面信息越多，则投资者对企业越有信心。故作以下假设。

假设 4 – 3e：在招股说明书信息披露中的强态语调与后市收益率显著正相关。

IPO 招股说明书的信息披露具有时效性。随着时间的推移，公司的情况可能发生变化，招股说明书所传递的信息在公司股票上市交易后所产生的影响可能随后市时间段的不同而不同（Ferris，Hao and Liao，2012）。为了分析语调与短期、中期和长期的股票收益率之间的相关性，我们分别检验 IPO 初始收益率、后市第 180 个交易日的股票收益率以及后市第 360 个交易日的股票收益率受招股说明书语调影响的情况。故作以下假设。

假设 4 – 4：IPO 招股说明书信息披露的语调对后市收益率的影响存在时效性。

4.4.2 IPO 信息语调市场效应研究变量的选择

4.4.2.1 解释变量与被解释变量

为检验前面所述各类 IPO 招股说明书语调对投资者投资行为的影响，我们分别对三个时间段的股票收益率进行考察：初始收益率（Return$_1$）、第 180 个交易日的股票收益率（Return$_{180}$）和第 360 个交易日的股票收益率（Return$_{360}$）。通过对不同时间段的收益率与招股说明书语调之间的相关性研究，不仅能够考察语调对投资收益的影响，还可以考察语调对股票收益率产生影响的时效性。

表 4 – 12 列出了各相关变量的定义及其度量方式。

表 4 – 12　　　　　　　变量定义及其度量方式

变量名称	变量代码	变量度量方式
被解释变量		
IPO 股市收益率	Return$_1$	IPO 初始收益率 =（上市当日的股票价格 – 发行价格）/发行价格] – [（上市当日的大盘指数 – 发行时的大盘指数）/发行时的大盘指数]
	Return$_{180}$	180 个交易日股票收益率 =（上市 180 工作日的股票平均价格 – 发行价格）/发行价格] – [（上市 180 工作日的大盘指数 – 发行时的大盘指数）/发行时的大盘指数]
	Return$_{360}$	360 个交易日股票收益率 = 上市 360 工作日的股票平均价格 – 发行价格）/发行价格] – [（上市 360 工作日的大盘指数 – 发行时的大盘指数）/发行时的大盘指数]
解释变量		
积极语调	Act	（积极词汇频数 – 消极词汇频数）/（积极词汇频数 + 消极词汇频数）
肯定语调	Pos	（肯定词汇频数 – 否定词汇频数）/（肯定词汇频数 + 否定词汇频数）
明确语调	Cer	（明确词汇频数 – 模糊词汇频数）/（明确词汇频数 + 模糊词汇频数）
强态语调	Str	（强态词汇频数 – 弱态词汇频数）/（强态词汇频数 + 弱态词汇频数）
前瞻性语调	Fut	（前瞻词汇频数 – 其他时态词汇频数）/（前瞻词汇频数 + 其他时态词汇频数）

变量名称		变量代码	变量度量方式
控制变量			
IPO 前一年的净资产收益率		Roe_{T-1}	按 IPO 前一年度年报中的净资产收益率表示
IPO 当年的净资产收益率		Roe_T	按 IPO 当年年报的净资产收益率表示
IPO 次年的净资产收益率		Roe_{T+1}	按 IPO 下一年年报中的净资产收益率表示
IPO 前一年的每股收益		Eps_{T-1}	按 IPO 前一年度年报中的每股收益表示
IPO 当年的每股收益		Eps_T	按 IPO 当年年报中的每股收益表示
IPO 次年的每股收益		Eps_{T+1}	按 IPO 下一年年度报告中的每股收益表示
发行市盈率		Pe_T	按招股说明书公布的发行市盈率
IPO 次年的市盈率		Pe_{T+1}	按 IPO 下一年年末的市盈率
换手率		Tr	新股上市首日的换手率
中签率		Dtor	按首发日的中签率
区域		Area	虚拟变量，Area = 1，2，…，7 分别代表华东、华北、华中、华南、西南、西北、东北
板块		Board	虚拟变量，Board = 1，2，3 分别代表主板、中小企业板、创业板
IPO 前一年的公司规模		$Size_{T-1}$	按上市企业的 IPO 前一年的总资产对数表示
第 180 个交易日前一年的公司规模		$Size_{180(T-1)}$	按企业上市 180 个交易日后的前一年的总资产对数表示
第 360 个交易日前一年的公司规模		$Size_{360(T-1)}$	按企业上市 360 个交易日后的前一年年报的总资产对数表示
IPO 当年的账面市值比		Bm_T	IPO 当年的所有者权益/IPO 当年的公司市值
上市 180 个交易日上一年的账面市值比		$Bm_{180(T-1)}$	上市 180 个交易日上一年的所有者权益/上市 180 个交易日上一年的公司市值
上市 360 个交易日上一年的账面市值比		$Bm_{360(T-1)}$	上市 360 个交易日上一年的所有者权益/上市 360 个交易日上一年的公司市值
行业		industry	参照证监会制定的上市公司所属行业划分标准
股权集中度	第一大股东持股比例	Cr1	第一大股东持有的股份数/股本总数
	前五大股东持股比例	Cr5	前五大股东持有的股份数/股本总数

续表

	变量名称	变量代码	变量度量方式
治理结构	董事会人数占比	Stru1	董事会人数/董监高总人数
	高级管理人员人数占比	Stru2	高级管理人员人数/董监高总人数
承销商声誉	IPO 融资年度市场份额占比	Rep1	当年单家承销金额/当年市场融资总金额
	主承销商各年分类等级	Rep2	当年单家承销家数/当年市场总承销家数

4.4.2.2 控制变量

影响股票收益率的因素较多，所以本书充分考虑了各种可能的因素（见表 4 – 12）。

在申请 IPO 的前一个年度的净资产收益率、每股收益越高，代表该公司的投资价值越高，因此将 IPO 前一年度的净资产收益率和 IPO 前一年度的每股收益作为控制变量。

投资者在作出投资决策时往往会考虑股票的市盈率，市盈率过高往往意味着之后股票价格的涨幅有限。此外，如果股票挂牌交易后的换手率很高，则说明许多人在此股票开始交易的当天就卖出，不愿以更多的时间持有，对公司的未来并不十分看好。所以，在考察股票上市首日的初始收益率与招股说明书语调之间相关性问题时，将首发日的换手率作为控制变量。但是，考虑到随着时间的推移，影响换手率的因素越来越复杂，所以在研究 180 个交易日和 360 个交易日的股票收益率与招股说明书语调之间的相关性时，并未将此时间段的相关换手率考虑在内。

除换手率能体现投资者的投资行为之外，中签率的高低也代表了投资者对股票价值的判断。中签率越低，意味着参与股票申购的投资者越多，表明投资者对股票价值越认可。不少投资者在一级市场没有买到或者买到但没有买足期望的股票数量时，便会在相应的二级市场跟进，导致股票在二级市场价格走高，对初始收益率产生影响。

公司规模可能对股票收益率产生影响。规模较大的公司对风险的承受能力较强，容易具有规模效应、品牌效应优势，会对股票收益产生正向影响。

但小规模公司的股票，可能成长性更高，投资者也可能追捧。因此，公司规模对股票收益率会有影响，但影响方向不确定。

考虑到不同行业、不同区域的公司在增长能力等许多方面有自己的特征，因此，在对股票收益率进行分析时，公司所处的行业、区域也是必须考虑的因素。此外，与主板上市公司相比，创业板、中小企业板公司的规模、流通股票数量一般相对较少，这容易引起股票价格波动幅度的差异。因此，我们也考虑不同板块上市公司股票收益率差异的因素。在后面进行回归检验时，通过固定效应模型检验是否存在行业、区域和上市板块的固定效应。

账面市值比是 Fama – French 三因素模型中的一个重要变量（Fama and French，1992）。我国有学者验证了 A 股市场也存在账面市值效应（朱宝宪和何治国，2002；吴世农和许年行，2004）。因此，我们将账面市值比加入回归模型。

公司治理结构可能会影响招股说明书的信息披露。股权集中度能够影响公司治理结构，进而有可能影响招股说明书信息的真实、可靠程度。董事会、监事会和公司高级管理层（以下简称"董监高"）人数也是公司治理中的重要指标，所以，这类变量也被考虑在内。因为 IPO 之后可能有的公司到了董事会、监事会换届时间，这样董高监人数在股票上市之后一段时间与在 IPO 时可能不一致，故在上市 180 个交易日和 360 个交易日的模型中均纳入董高监人数情况。

保荐机构或承销商声誉能够对新股上市后的价格表现产生影响（Su and Bangassa，2011；陈祥有，2009；张强和张宝，2011；张学勇和张秋月，2018）。因此，我们把承销商声誉因素也纳入控制变量中。

4.4.3　IPO 信息语调市场效应检验模型的构建

根据 IPO 后市不同时间段的收益率，对 IPO 信息语调市场效应进行检验的模型构造分三个方面分别进行，即构造初始收益率（$Return_1$）、180 日收益率（$Return_{180}$）及 360 日收益率（$Return_{360}$）与 MD&A 语调和业务发展目标语调相关性的检验模型；同时，分时期进行研究还能够检验各类语调对股票收益率影响的时效性。

式（4-6）、式（4-7）、式（4-8）是分别检验 IPO 初始收益率与招股说明书语调之间相关性的模型。由于不同时期的净资产收益率、每股收益和市盈率与股票收益率都可能存在一定的相关性，因此在这三个模型中分别考虑了不同时期的控制变量。式（4-6）主要考虑控制变量为股票上市前一年（T-1）的情况，由于不存在 T-1 期的市盈率（Pe），因此该式不考虑此因素。式（4-7）、式（4-8）分别考虑控制变量为股票挂牌上市当年（T 期）和股票挂牌上市下一年（T+1 期）的情况。

IPO 初始收益率 T-1 期模型：

$$
\begin{aligned}
Return_1 = {} & \alpha + \lambda_1 Act + \lambda_2 Pos + \lambda_3 Cer + \lambda_4 Str + \lambda_5 Fut + \beta_1 Roe_{T-1} \\
& + \beta_2 Eps_{T-1} + \beta_3 Tr + \beta_4 Dtor + \beta_5 Area + \beta_6 Board \\
& + \beta_7 Size_{T-1} + \beta_8 Bm_T + \beta_9 Stru + \beta_{10} Rep + \varepsilon
\end{aligned}
\tag{4-6}
$$

IPO 初始收益率 T 期模型：

$$
\begin{aligned}
Return_1 = {} & \alpha + \lambda_1 Act + \lambda_2 Pos + \lambda_3 Cer + \lambda_4 Str + \lambda_5 Fut + \beta_1 Roe_T + \beta_2 Eps_T \\
& + \beta_3 Tr + \beta_4 Dtor + \beta_5 Area + \beta_6 Board + \beta_7 Size_{T-1} + \beta_8 Bm_T \\
& + \beta_9 Stru + \beta_{10} Rep + \beta_{11} Pe_T + \varepsilon
\end{aligned}
\tag{4-7}
$$

IPO 初始收益率 T+1 期模型：

$$
\begin{aligned}
Return_1 = {} & \alpha + \lambda_1 Act + \lambda_2 Pos + \lambda_3 Cer + \lambda_4 Str + \lambda_5 Fut + \beta_1 Roe_{T+1} + \beta_2 Eps_{T+1} \\
& + \beta_3 Tr + \beta_4 Dtor + \beta_5 Area + \beta_6 Board + \beta_7 Size_{T-1} + \beta_8 Bm_T \\
& + \beta_9 Stru + \beta_{10} Rep + \beta_{11} Pe_{T+1} + \varepsilon
\end{aligned}
\tag{4-8}
$$

式（4-9）、式（4-10）、式（4-11）是新股上市后 180 个交易日的平均收益率与招股说明书语调之间的相关性检验模型。该模型与前面关于 IPO 初始收益率模型的不同之处在于剔除了控制变量换手率和中签率。因为随着时间的推移，影响换手率的因素越来越复杂，而中签率是申购新股时期的数据，故在中期、长期模型中均剔除。公式中公司规模和账面市值比这两个控制变量的代码是 $Size_{180(T-1)}$ 和 $Bm_{180(T-1)}$。其中，$Size_{180(T-1)}$ 是指发行人上市后第 180 个交易日所在年份的上一年的资产规模，因为第 180 个交易日所在年份的资产规模未知，投资者是按照上一年的资产规模进行判断。同理，$Bm_{180(T-1)}$ 是指发行人上市后第 180 个交易日所在年份的上一年的账面市值比。

新股上市后 180 日收益率 T-1 期模型：

$$
\begin{aligned}
Return_{T180} = {} & \alpha + \lambda_1 Act + \lambda_2 Pos + \lambda_3 Cer + \lambda_4 Str + \lambda_5 Fut + \beta_1 Roe_{T-1} + \beta_2 Eps_{T-1} \\
& + \beta_3 Bm_{180(T-1)} + \beta_4 Area + \beta_5 Board + \beta_6 Size_{180(T-1)} + \beta_7 Stru \\
& + \beta_8 Rep + \varepsilon
\end{aligned}
\tag{4-9}
$$

新股上市后 180 日收益率 T 期模型：

$$\begin{aligned} \text{Return}_{T180} = &\ \alpha + \lambda_1 \text{Act} + \lambda_2 \text{Pos} + \lambda_3 \text{Cer} + \lambda_4 \text{Str} + \lambda_5 \text{Fut} + \beta_1 \text{Roe}_T + \beta_2 \text{Eps}_T \\ &+ \beta_3 \text{Bm}_{180(T-1)} + \beta_4 \text{Area}_h + \beta_5 \text{Board} + \beta_6 \text{Size}_{180(T-1)} + \beta_7 \text{Stru} \\ &+ \beta_8 \text{Rep} + \beta_9 \text{Pe}_T + \varepsilon \end{aligned} \tag{4-10}$$

新股上市后 180 日收益率 T + 1 期模型：

$$\begin{aligned} \text{Return}_{T180} = &\ \alpha + \lambda_1 \text{Act} + \lambda_2 \text{Pos} + \lambda_3 \text{Cer} + \lambda_4 \text{Str} + \lambda_5 \text{Fut} + \beta_1 \text{Roe}_{T+1} + \beta_2 \text{Eps}_{T+1} \\ &+ \beta_3 \text{Bm}_{180(T-1)} + \beta_4 \text{Area} + \beta_5 \text{Board} + \beta_6 \text{Size}_{180(T-1)} + \beta_7 \text{Stru} \\ &+ \beta_8 \text{Rep} + \beta_9 \text{Pe}_{T+1} + \varepsilon \end{aligned} \tag{4-11}$$

式（4-12）、式（4-13）、式（4-14）是新股票上市后 360 个交易日的平均收益率与招股说明书语调之间的相关性检验模型。

新股上市后 360 日收益率 T - 1 期模型：

$$\begin{aligned} \text{Return}_{360} = &\ \alpha + \lambda_1 \text{Act} + \lambda_2 \text{Pos} + \lambda_3 \text{Cer} + \lambda_4 \text{Str} + \lambda_5 \text{Fut} + \beta_1 \text{Roe}_{T-1} \\ &+ \beta_2 \text{Eps}_{T-1} + \beta_3 \text{Bm}_{360(T-1)} + \beta_4 \text{Area}_h + \beta_5 \text{Board}_i \\ &+ \beta_6 \text{Size}_{360(T-1)} + \beta_7 \text{Stru} + \beta_8 \text{Rep} + \varepsilon \end{aligned} \tag{4-12}$$

新股上市后 360 日收益率 T 期模型：

$$\begin{aligned} \text{Return}_{360} = &\ \alpha + \lambda_1 \text{Act} + \lambda_2 \text{Pos} + \lambda_3 \text{Cer} + \lambda_4 \text{Str} + \lambda_5 \text{Fut} + \beta_1 \text{Roe}_T + \beta_2 \text{Eps}_T \\ &+ \beta_3 \text{Bm}_{360(T-1)} + \beta_4 \text{Area} + \beta_5 \text{Board} + \beta_6 \text{Size}_{360(T-1)} + \beta_7 \text{Str} \\ &+ \beta_8 \text{Rep} + \beta_9 \text{Pe}_T + \varepsilon \end{aligned} \tag{4-13}$$

新股上市后 360 日收益率 T + 1 期模型：

$$\begin{aligned} \text{Return}_{360} = &\ \alpha + \lambda_1 \text{Act} + \lambda_2 \text{Pos} + \lambda_3 \text{Cer} + \lambda_4 \text{Str} + \lambda_5 \text{Fut} + \beta_1 \text{Roe}_{T+1} \\ &+ \beta_2 \text{Eps}_{T+1} + \beta_3 \text{Bm}_{360(T-1)} + \beta_4 \text{Area}_h + \beta_5 \text{Board}_i \\ &+ \beta_6 \text{Size}_{360(T-1)} + \beta_7 \text{Str} + \beta_8 \text{Rep} + \beta_9 \text{Pe}_{T+1} + \varepsilon \end{aligned} \tag{4-14}$$

在上述新股上市后不同时间段的各语调市场效应检验模型中，如果 λ_1 显著为正，则假设 4-3a 成立；如果 λ_2 显著为正，则假设 4-3b 成立；如果 λ_3 显著为正，则假设 4-3c 成立；如果 λ_4 显著为正，则假设 4-3d 成立；如果 λ_5 显著为正，则假设 4-3e 成立。反之，则各假设不成立。如果随着时间的推移，上述不同时期的股票收益率与招股说明书语调之间的相关性发生改变，语调的市场效应减弱，则假设 4-4 成立。

4.4.4 IPO 信息语调市场效应检验结果及分析

4.4.4.1 MD&A 语调对 IPO 后市表现影响的检验

（1）MD&A 语调对 IPO 初始收益率影响的检验。根据前面所述初始收益率（Return₁）各市场效应检验模型式（4-6）、式（4-7）、式（4-8），对 MD&A 语调的市场效应进行回归分析，结果如表 4-13 所示。

表 4-13 　　　　　　　　　**MD&A 语调与 IPO 初始收益率的相关性检验**

变量	$Return_{1(T-1)}$	$Return_{1(T)}$	$Return_{1(T+1)}$
Act	-0.102 (-1.65)	-0.057 (-0.94)	-0.097 (-1.57)
Fut	0.0543 (0.69)	0.051 (0.67)	0.052 (0.67)
Str	-0.143^{**} (-2.56)	-0.077 (-1.4)	-0.152^{***} (0.01)
Cer	-0.065 (-0.58)	-0.069 (-0.63)	-0.046 (-0.42)
Pos	0.072 (1.15)	0.029 (0.48)	0.059 (0.95)
Eps_{T-1}	-0.033 (-1.48)		
Eps_T		-0.045^{*} (-1.84)	
Eps_{T+1}			-0.103^{**} (-2.27)
Roe_{T-1}	-0.002^{**} (-1.98)		
Roe_T		-0.010^{***} (-3.25)	
Roe_{T+1}			-0.002 (-0.60)
Tr	0.0038^{***} (11.04)	0.005^{***} (14.36)	0.004^{***} (12.80)
Pe_T		-0.004^{***} (-7.30)	

续表

变量	$Return_{1(T-1)}$	$Return_{1(T)}$	$Return_{1(T+1)}$
Pe_{T+1}			0.000 (1.54)
Dtor	-0.0135*** (-3.59)	-0.011*** (-3.05)	-0.013*** (-3.45)
$Size_{T-1}$	0.0139 (1.03)	0.015 (1.12)	0.016 (1.21)
Bm_T	-1.118*** (-14.55)	-1.228*** (-15.79)	-1.109*** (-14.57)
Cr1	-0.091 (-1.02)	-0.060 (-0.68)	-0.066 (-0.74)
Cr5	0.210** (2.07)	0.188* (1.90)	0.186* (1.84)
Stru1	0.054 (0.44)	0.038 (0.3)	0.057 (0.47)
Stru2	-0.0667 (-0.57)	-0.063 (-0.55)	-0.085 (-0.73)
Rep1	0.0908 (0.38)	-0.027 (-0.12)	0.137 (0.58)
Rep2	-0.0010 (-1.06)	-0.001 (-0.83)	-0.001 (-1.08)
C	0.325 (1.25)	-0.310 (-1.20)	0.238 (0.73)
板块	控制	控制	控制
地区	控制	控制	控制
行业	控制	控制	控制
N	1 752	1 752	1 752
Adj. R^2	0.253	0.294	0.263

注：括号中的数值为检验的 t 值，* $p<0.05$，** $p<0.01$，*** $p<0.001$。

由表 4 - 13 报告的各 IPO 初始收益率（$Return_1$）模型回归结果可发现，

MD&A 章节的强态语调与初始收益率在 IPO 初始收益率 T – 1 期模型和 IPO 初始收益率 T + 1 期模型中存在显著负相关关系，其他语调对初始收益率产生的影响均不显著。

强态语调未能够产生正向的市场效应，说明夸大其词的叙述对投资者的购买决策是起负向作用的。这与假设 4 – 3e 所预期的在招股说明书信息披露中的强态语调与股票收益率显著正相关正好相反。

除强态语调之外的各类 MD&A 语调在新股上市初期不会对股票的收益率产生显著影响，前面所提出的假设 4 – 3a、假设 4 – 3b、假设 4 – 3c 和假设 4 – 3d 等未得到验证。这比较符合我国投资者对新股过于狂热的现象。由于发行价格在我国经常受到行政限制，被人为压低，所以 IPO 初始收益率长期居高不下，投资者通常认为只要购买到新股就能给自己带来超高收益，所以"打新"的热情也经常是居高不下，这样许多投资者就不会在意发行人在招股说明书的 MD&A 部分是如何进行叙述的。我们做的问卷调查结果显示，有 16.3% 的投资者在申购新股时不阅读招股说明书，但会查阅发行人情况；有 17.7% 的投资者在申购新股时不查询发行人情况，直接购买（有关投资者对 IPO 信息需求的问卷调查分析详见第 5 章的内容）。这两种情况的投资者合计占投资者总数的比例高达 34%。

此外，换手率在 1% 的显著性水平上与初始收益率在各模型中均存在显著正相关的关系，说明在新股上市初期投资者的买入和卖出的活跃程度对股票价格影响明显；中签率对初始收益率的影响是负向显著的，即前期中签的投资者越少，IPO 的初始收益率越高；前五大股东的持股比例与初始收益率存在显著正相关关系。

（2）MD&A 语调对新股上市后 180 日收益率影响的检验。

根据前面所述新股上市后 180 个交易日收益率（$Return_{180}$）的各市场效应模型式（4 – 9）、式（4 – 10）、式（4 – 11），对 MD&A 语调与新股上市后 180 日收益率之间的相关性进行回归检验，结果如表 4 – 14 所示。

表 4 – 14　　　MD&A 语调与新股上市后 180 日收益率的相关性检验

变量	$Return_{180(T-1)}$	$Return_{180(T)}$	$Return_{180(T+1)}$
Act	– 0.537 ** （– 2.18）	– 0.296 （– 1.29）	– 0.477 ** （– 1.97）

变量	$Return_{180(T-1)}$	$Return_{180(T)}$	$Return_{180(T+1)}$
Fut	-0.031 (-0.1)	-0.037 (-0.13)	-0.022 (-0.07)
Str	-1.104 *** (-4.99)	-0.358 * (-1.71)	-1.103 *** (-5.07)
Cer	-0.217 (-0.48)	-0.219 (-0.53)	-0.154 (-0.35)
Pos	1.476 *** (6.07)	0.888 *** (3.93)	1.285 *** (5.36)
Eps_{T-1}	-0.338 *** (-3.89)		
Eps_T		-0.363 *** (-3.91)	
Eps_{T+1}			-0.390 ** (-2.16)
Roe_{T-1}	0.007 ** (2.11)		
Roe_T		0.011 (0.86)	
Roe_{T+1}			-0.024 ** (-2.03)
Pe_T		-0.026 *** (-13.17)	
Pe_{T+1}			0.001 *** (3.27)
$Bm_{180(T-1)}$	-4.112 *** (-11.72)	-4.539 *** (-14.17)	-4.156 *** (-12.27)
$Size_{180(T-1)}$	-0.150 *** (-2.94)	-0.175 *** (-3.69)	-0.139 *** (-2.80)
Crl	-0.554 (-1.54)	-0.225 (-0.68)	-0.286 (-0.81)

续表

变量	$Return_{180(T-1)}$	$Return_{180(T)}$	$Return_{180(T+1)}$
Cr5	0.409 (1.01)	-0.169 (-0.45)	0.244 (0.61)
Stru1	1.178 ** (2.42)	0.383 (0.85)	1.077 ** (2.25)
Stru2	0.927 * (1.96)	0.353 (0.8)	0.817 * (1.77)
Rep1	-2.252 ** (-2.38)	-2.902 *** (-3.35)	-1.944 ** (-2.09)
Rep2	0.004 (1.25)	0.004 (1.26)	0.004 (1.19)
C	0.490 * (1.96)	0.310 (1.21)	0.537 ** (2.03)
板块	控制	控制	控制
地区	控制	控制	控制
行业	控制	控制	控制
N	1 752	1 752	1 752
Adj. R^2	0.290	0.402	0.315

注：括号中的数值为检验的 t 值，* $p < 0.05$，** $p < 0.01$，*** $p < 0.001$。

　　根据表 4-14 报告的回归结果，可以看出 MD&A 的强态语调与 $Return_{180}$ 显著负相关。这与 MD&A 强态语调对 IPO 初始收益率的影响类似，说明 MD&A 中使用的强态性词语越多，IPO 的 180 日后市表现越差，投资者对过于夸大的表述并不"买账"。过多的强态词汇很可能会让投资者认为发行人在过度粉饰自己，进而认为发行人披露的信息并不真实准确。这也与假设 4-3e 所预期的在招股说明书信息披露中的强态语调与股票收益率显著正相关正好相反。

　　与 MD&A 强态语调对 IPO 初始收益率的影响不同，肯定语调在 1% 的显著性水平上与 $Return_{180}$ 显著正相关，证明假设 4-3a 成立。另外，这也证明假设 4-4 成立，即 MD&A 语调对 IPO 后市收益率的影响存在时效性。随着时间的推移，投资者在能够获取超高异常收益的新股挂牌首个交易日之后，就不一定总是能够获取超额收益，所以开始关注 IPO 的基本面等信息，而其中 MD&A 肯定语调对投资者买入决策的正向作用比较明显。肯定性的信息披露能够向投资者传达企业的确切信息，为发行人塑造比较稳固的企业形象，进而让投资者对发行人的基本面充满信心，愿意购买和持有其股票，进而导致股票价格上升，带来较高的股票收益率。

（3）MD&A 语调对新股上市后 360 日收益率影响的检验。

根据前面所述新股上市后 360 个交易日收益率（$Return_{360}$）的各市场效应模型式（4-12）、式（4-13）、式（4-14），对新股上市后 360 日收益率与 MD&A 语调之间的相关性进行回归检验，结果如表 4-15 所示。

表 4-15　　　　MD&A 语调与新股上市后 360 日收益率的相关性检验

变量	$Return_{360(T-1)}$	$Return_{360(T)}$	$Return_{360(T+1)}$
Act	-0.689 *** （-3.14）	-0.444 ** （-2.10）	-0.707 *** （-3.26）
Fut	0.057 （0.2）	0.054 （0.20）	0.086 （0.31）
Str	-0.802 *** （-4.01）	-0.362 * （-1.85）	-0.809 *** （-4.10）
Cer	-0.171 （-0.43）	-0.151 （-0.39）	-0.118 （-0.30）
Pos	0.796 *** （3.66）	0.380 * （1.81）	0.596 *** （2.76）
Eps_{T-1}	-0.419 *** （-5.43）		
Eps_T		-0.358 *** （-4.20）	
Eps_{T+1}			-0.080 （-0.50）
Roe_{T-1}	0.005 * （1.66）		
Roe_T		-0.013 （-1.11）	

续表

变量	$Return_{360(T-1)}$	$Return_{360(T)}$	$Return_{360(T+1)}$
Roe_{T+1}			-0. 043 *** (-4. 05)
Pe_T		-0. 019 *** (-10. 26)	
Pe_{T+1}			0. 001 (1. 64)
$Bm_{360(T-1)}$	-2. 199 *** (-11. 52)	-1. 887 *** (-9. 96)	-2. 338 *** (-12. 40)
$Size_{360(T-1)}$	-0. 042 (-0. 83)	-0. 007 (-0. 14)	-0. 007 (-0. 14)
Cr1	-0. 306 (-0. 95)	-0. 061 (-0. 20)	-0. 035 (-0. 11)
Cr5	0. 458 (1. 26)	0. 109 (0. 31)	0. 337 (0. 93)
Stru1	0. 671 (1. 53)	0. 424 (1. 01)	0. 571 (1. 33)
Stru2	0. 250 (0. 59)	0. 067 (0. 16)	0. 066 (0. 16)
Rep1	-2. 200 *** (-2. 61)	-2. 968 *** (-3. 69)	-2. 079 ** (-2. 49)
Rep2	0. 006 ** (2. 05)	0. 006 ** (2. 15)	0. 006 * (1. 94)
C	0. 580 * (2. 09)	-0. 290 (-1. 12)	0. 703 ** (2. 423)
板块	控制	控制	控制
地区	控制	控制	控制
行业	控制	控制	控制
N	1 752	1 752	1 752
Adj. R^2	0. 258	0. 325	0. 277

注：括号中的数值为检验的 t 值，* $p < 0.05$，** $p < 0.01$，*** $p < 0.001$。

表 4 - 15 报告的 MD&A 语调对新股上市后 360 日收益率的相关性回归结果显示，MD&A 的强态语调与 $Return_{360}$ 显著负相关，这与 MD&A 强态语调对 IPO 初始收益率以及 IPO 的 180 日后市表现的影响均类似。

肯定语调与 $Return_{360}$ 显著正相关，这也与肯定语调对 IPO 的 180 日后市表现的影响类似，证明假设 4 - 3a 成立。

此外，MD&A 的积极语调对新股上市后 360 日收益率开始出现显著的负向影响，说明随着时间的推移，投资者关注的招股说明书中的信息开始增多，并且夸大其词的叙述对投资者的购买行为产生了负向作用。这些与假设 4 - 3e 所预期的恰恰相反，但证明了假设 4 - 4，即 IPO 招股说明书信息披露的语调对股票收益率的影响存在时效性。

4.4.4.2　业务发展目标语调对 IPO 后市表现影响的检验

（1）业务发展目标语调对 IPO 初始收益率影响的检验。继续根据前面所述初始收益率（$Return_1$）各市场效应检验模型式（4 - 6）、式（4 - 7）、式（4 - 8），对招股说明书中业务发展目标章节的语调的市场效应进行回归分析，结果如表 4 - 16 所示。

表 4 - 16　　　　业务发展目标章节的语调与初始收益率的相关性检验

变量	$Return_{1(T-1)}$	$Return_{1(T)}$	$Return_{1(T+1)}$
Act	- 0. 135 （- 0. 67）	- 0. 117 （- 0. 61）	- 0. 091 （- 0. 46）
Fut	0. 056 （0. 417）	0. 082 （1. 23）	0. 061 （0. 89）
Str	0. 028 （0. 683）	0. 027 （0. 4）	0. 014 （0. 21）
Cer	0. 036 （1. 27）	0. 021 （0. 76）	0. 033 （1. 18）
Pos	- 0. 068* （- 1. 83）	- 0. 062* （- 1. 72）	- 0. 067* （- 1. 8）
Eps_{T-1}	- 0. 038* （- 1. 71）		

变量	$Return_{1(T-1)}$	$Return_{1(T)}$	$Return_{1(T+1)}$
Eps_T		-0.050^{**} (-2.09)	
Eps_{T+1}			-0.124^{***} (-2.73)
Roe_{T-1}	-0.002^{**} (-2.2)		
Roe_T		-0.011^{***} (-3.16)	
Roe_{T+1}			-0.001 (-0.19)
Tr		-0.004^{***} (-7.92)	
Pe_T			0.000 (1.54)
Pe_{T+1}	-0.015^{***} (-3.86)	-0.012^{***} (-3.21)	-0.014^{***} (-3.73)
$Dtor$	0.020 (1.54)	0.017 (1.32)	0.022^{*} (1.66)
$Size_{T-1}$	-1.106^{***} (-14.36)	-1.216^{***} (-15.69)	-1.091^{***} (-14.3)
Bm_T	0.004^{***} (10.56)	0.005^{***} (14.43)	0.004^{***} (12.41)
$Cr1$	-0.084 (-0.93)	-0.059 (-0.68)	-0.060 (-0.67)
$Cr5$	0.188^{*} (1.84)	0.180^{*} (1.82)	0.161 (1.59)
$Stru1$	0.080 (0.66)	0.044 (0.36)	0.081 (0.67)
$Stru2$	-0.008 (-0.07)	-0.037 (-0.32)	-0.034 (-0.29)

续表

变量	$Return_{1(T-1)}$	$Return_{1(T)}$	$Return_{1(T+1)}$
Rep1	0.058 (0.25)	-0.054 (-0.24)	0.101 (0.43)
Rep2	-0.001 (-1.08)	-0.001 (-0.86)	-0.001 (-1.12)
C	0.221 (0.83)	0.408 (1.31)	0.447* (1.51)
板块	控制	控制	控制
地区	控制	控制	控制
行业	控制	控制	控制
N	1 752	1 752	1 752
Adj. R^2	0.247	0.295	0.257

注：括号中的数值为检验的 t 值，*p<0.05，**p<0.01，***p<0.001。

由表 4-16 报告的各 IPO 初始收益率（$Return_1$）模型回归结果可发现，与 MD&A 语调对初始收益率的影响不同，业务发展目标的肯定语调在 10% 的显著性水平上与股票的初始收益率呈显著负相关关系，这应该与业务发展目标章节的内容特点有关。该章节应阐述 IPO 公司的未来发展状况，因此对未来不确定性的表述应该更多。如果肯定语调值较高，投资者反而认为公司没有能够很好地分析、陈述未来的发展前景。这与本书在假设 4-3b 所提出的在招股说明书信息披露中的肯定语调和后市收益率显著正相关的预期恰好相反。

此外，业务发展目标章节中的其他语调对初始收益率的影响不显著。前面所提出的假设 4-3a、假设 4-3b、假设 4-3c 和假设 4-3d 等未得到验证。这应该仍然是与 IPO 初始收益率长期较高、投资者"打新"的热情高涨相关，有些投资者甚至不肯去阅读招股说明书而直接购买新股。

（2）业务发展目标语调对新股上市后 180 日收益率影响的检验。根据前面所述新股上市后 180 个交易日收益率（$Return_{180}$）的各市场效应模型式（4-9）、式（4-10）、式（4-11），对业务发展目标语调与新股上市后 180 日收益率之间的相关性进行回归检验，结果如表 4-17 所示。

表 4 – 17　　　　业务发展目标语调与新股上市后 180 日收益率的相关性检验

变量	$Return_{180(T-1)}$	$Return_{180(T)}$	$Return_{180(T+1)}$
Act	1. 422 * (1. 72)	0. 467 (0. 63)	1. 239 (1. 53)
Fut	0. 198 (0. 69)	0. 357 (1. 4)	0. 176 (0. 63)
Str	0. 151 (0. 52)	0. 064 (0. 25)	0. 076 (0. 27)
Cer	0. 083 (0. 7)	− 0. 039 (− 0. 37)	0. 070 (0. 6)
Pos	− 0. 387 ** (− 2. 51)	− 0. 328 ** (− 2. 39)	− 0. 372 ** (− 2. 47)
Eps_{T-1}	− 0. 354 *** (− 3. 96)		
Eps_{T}		− 0. 408 *** (− 4. 41)	
Eps_{T+1}			− 0. 522 *** (− 2. 82)
Roe_{T-1}	0. 008 ** (2. 44)		
Roe_{T}		0. 012 (0. 99)	
Roe_{T+1}			− 0. 021 * (− 1. 71)
Pe_{T}		− 0. 029 *** (− 15. 04)	
Pe_{T+1}			0. 001 *** (3. 55)
$Bm_{180(T-1)}$	− 4. 225 *** (− 11. 61)	− 4. 605 *** (− 14. 31)	− 4. 271 *** (− 12. 22)
$Size_{180(T-1)}$	− 0. 118 ** (− 2. 24)	− 0. 156 *** (− 3. 29)	− 0. 109 ** (− 2. 15)

续表

变量	Return$_{180(T-1)}$	Return$_{180(T)}$	Return$_{180(T+1)}$
Cr1	-0.489 (-1.31)	-0.195 (-0.58)	-0.213 (-0.58)
Cr5	0.185 (0.44)	-0.289 (-0.76)	0.010 (0.02)
Stru1	1.396 *** (2.77)	0.388 (0.85)	1.280 *** (2.6)
Stru2	1.549 *** (3.19)	0.594 (1.35)	1.401 *** (2.98)
Rep1	-2.458 ** (-2.51)	-3.000 *** (-3.44)	-2.056 ** (-2.14)
Rep2	0.004 (1.26)	0.004 (1.21)	0.004 (1.21)
C	0.460 ** (1.84)	0.239 (1.01)	0.347 * (1.33)
板块	控制	控制	控制
地区	控制	控制	控制
行业	控制	控制	控制
N	1 752	1 752	1 752
Adj. R^2	0.237	0.394	0.271

注：括号中的数值为检验的 t 值，* $p<0.05$，** $p<0.01$，*** $p<0.001$。

由表 4 - 17 报告的各 180 日收益率模型回归结果可知，与业务发展目标和初始收益率中的结果类似，肯定语调与 180 日收益率也呈负相关关系，但显著性水平有所提高，为 5%。同样地，这与本书在假设 4 - 3b 所提出的在招股说明书信息披露中的肯定语调和后市收益率显著正相关的预期恰好相反，但说明投资者对业务发展目标肯定语调的关注度有所提高，验证了招股说明书信息披露的语调对后市收益率的影响存在时效性的假设 4 - 4。

此外，在 Return$_{180(T-1)}$ 模型中，业务发展目标章节的积极语调在 10% 显著性水平上与 180 日收益率正相关，说明投资者对积极语调有所关注。其他语调所产生的影响不显著。

（3）业务发展目标语调对新股上市后 360 日收益率影响的检验。根据前面所述新股上市后 360 个交易日收益率（Return$_{360}$）的各市场效应模型式（4 – 12）、式（4 – 13）、式（4 – 14），对业务发展目标语调与新股上市后 360 日收益率之间的相关性进行回归检验，结果如表 4 – 18 所示。

表 4 – 18　　　　业务发展目标语调与新股上市后 360 日收益率的相关性检验

变量	Return$_{360(T-1)}$	Return$_{360(T)}$	Return$_{360(T+1)}$
Act	−0.121 （−0.17）	−0.311 （−0.46）	0.265 （0.36）
Fut	−0.079 （−0.32）	0.190 （0.88）	0.055 （0.23）
Str	−0.031 （−0.13）	−0.164 （−0.70）	−0.131 （−0.52）
Cer	0.081 （0.80）	−0.024 （−0.25）	0.078 （0.74）
Pos	−0.126 （−0.90）	−0.124 （−0.94）	−0.150 （−1.03）
Eps$_{T-1}$	−0.012 （−0.13）		
Eps$_T$		−0.523*** （−5.89）	
Eps$_{T+1}$			−0.329 （−1.36）
Roe$_{T-1}$	−0.033*** （−10.34）		
Roe$_T$		−0.008 （−0.99）	
Roe$_{T+1}$			−0.019 （−0.96）
Pe$_T$		−0.023*** （−14.63）	

变量	$\text{Return}_{360(T-1)}$	$\text{Return}_{360(T)}$	$\text{Return}_{360(T+1)}$
Pe_{T+1}			0.001 (0.78)
$\text{Bm}_{180(T-1)}$	0.088 (1.74)	0.053 (1.10)	0.155 ** (3.06)
$\text{Size}_{180(T-1)}$	-3.712 *** (-12.75)	-3.903 *** (-13.56)	-3.926 *** (-13.11)
Cr1	-0.561 (-1.74)	-0.368 (-1.23)	-0.411 (-1.27)
Cr5	0.683 (1.84)	0.128 (0.37)	0.291 (0.76)
Stru1	1.613 *** (3.92)	0.827 * (2.21)	1.435 *** (3.54)
Stru2	1.411 *** (3.63)	0.646 (1.80)	0.878 * (2.16)
Rep1	-1.617 (-1.78)	-1.505 (-1.77)	-2.461 ** (-2.65)
Rep2	-0.001 (-0.48)	-0.002 (-0.61)	-0.001 (-0.33)
C	-0.270 (-0.21)	2.010 (1.63)	-1.890 (-1.50)
板块	控制	控制	控制
地区	控制	控制	控制
行业	控制	控制	控制
N	1 752	1 752	1 752
Adj. R^2	0.309	0.378	0.257

注：括号中的数值为检验的 t 值，$* p < 0.05$，$** p < 0.01$，$*** p < 0.001$。

由表 4-18 报告的各 360 日收益率模型回归结果可知，各类业务发展目标语调与 360 日收益率相关性均不显著，这也验证了招股说明书信息披露的语调对后市收益率的影响存在时效性的假设 4-4。这可能部分是由于在公司上市大约一年后，投资者开始对公司年度报告等信息披露文件予以关注，从中获取有关公司未来发展的新信息，而对招股说明书中提供的未来发展目标信息的关注就大大减弱；也存在有些公司开始"变脸"，投资者对这些公司逐渐"识破"的原因。

4.4.5　IPO 信息语调市场效应分析的稳健性检验

为检验前面各回归结果的稳健性，本书变更解释变量语调的计算方式。前面在计算语调时使用的是某个小类目词汇出现的次数占该大类目词汇总数的比率。替代的计算方法是各类目的词汇数量净值与所在章节的篇幅的比率，例如，MD&A 积极语调 =（MD&A 的积极性词频 – MD&A 的消极性词频）/ MD&A 部分的总字数。在使用替代的语调计算方法对各市场效应模型进行回归后，结果与前面的各回归结果相比未出现明显差异，因此，我们可认为前面各实证检验的结果是稳健的。[①]

关于内生性问题，由于我们选取的解释变量是 IPO 招股说明书里的各类语调，各类语调在时间上发生于被解释变量即股票上市之后各时间段的收益率之前，所以，二者之间应该不会存在反向因果关系；另外，我们充分考虑了包括公司盈利能力等许多指标在内的控制变量，尽可能避免遗漏变量。

4.4.6　IPO 信息语调市场效应检验的研究结论

通过分别对 IPO 招股说明书中的 MD&A 语调和业务发展目标语调的市场效应进行检验，本书研究发现，多数类别的语调对 IPO 后市表现的影响不明显，但有的类别的语调仍然受到投资者的关注；语调对投资者的影响随时间的推移而发生了某些方面的变化。具体的研究结论包括以下三个方面。

（1）MD&A 章节的强态语调呈现出负向的市场效应，说明夸大其词的叙述对投资者的购买决策起负向作用。过多的强态词汇很可能会让投资者认为发行人在过度粉饰自己，进而认为发行人披露的信息并不真实准确。与MD&A 章节不同，业务发展目标章节的肯定语调与初始收益率呈显著负相关关系，这应该与业务发展目标章节的内容特点有关。该章节应阐述 IPO 公司

---

① 为节省篇幅，稳健性检验的回归结果在此未以表格列示，若有需要，本书作者可提供。

的未来发展状况，因此对未来不确定性的表述应该更多，而过多使用肯定性措辞进行表述会对投资者获取公司发展前景的信息造成负面影响。

（2）除个别语调之外，其他类别的 MD&A 语调对 IPO 初始收益率的影响不显著。其原因应该是我国初始收益率长期居高不下导致投资者容易在一级市场获利，从而在新股上市初期容易忽略 IPO 公司的基本面信息。这与本书的问卷调查结果比较吻合，有高达 34% 的投资者在申购新股时不阅读招股说明书。

（3）IPO 招股说明书信息披露的语调对股票收益率的影响存在时效性。随着时间的推移，MD&A 章节的肯定语调变得与 IPO 后市表现显著正相关，业务发展目标章节的积极语调变得与后市表现正相关。其原因应该是随着新股上市后在二级市场不断交易，价格波动频繁，投资者需作出买入和卖出决策并争取盈利，就需要对公司信息予以关注。其中，MD&A 章节的肯定语调能够向投资者传递有关企业价值的确切信息，提升投资者对发行人的信心，因而购买意愿和持有意愿增强；而业务发展目标章节的积极语调引起了投资者的更多关注，增强了投资者对公司发展前景的信心。但在公司上市大约一年后，由于投资者开始对公司年度报告等信息披露文件予以关注等原因，对招股说明书中提供的未来发展目标信息的关注大大减弱。

4.5　本章小结

尽管监管层对证券信息披露有简明易懂的要求，但语言表述方式的丰富性决定了其复杂性。本书对体现招股说明书显性和隐性内容的各类语调进行了分析，检验了影响语调的各种因素，并考察了不同语调对 IPO 后市表现的影响。

主要的研究发现包括以下八个方面。

（1）根据招股说明书的语言特征，对不同表述的关键词进行了语调类别划分。通过对各类语调的统计分析，发现 MD&A 章节中的积极语调和肯定语调数值较高，即 MD&A 章节的内容中体现的积极性和肯定性内容较多，消极语调和否定语调数值相对较低，说明管理层尽可能避免使用消极性、否定性表述；但在我们所考察时间区间的后期积极语调、肯定语调数值略微减少，应该是监管机构在 IPO 审核过程中对夸大、渲染式的表述监管更加严格的结果。明确语调数值较低，模糊性表述很多，部分的原因可能是与公司经营中总会面临一些不确定性情况相关。但根据本书的问卷调查结果，有 46.2% 的投资者认为 MD&A 部分不能只是对公司做"正面"分析，还要对公司存在的问题进行深入剖析。这说明投资者希望拟上市公司能够客观分析本公司的实际情况，而不是刻意美化。拟上市公司应该全面、准确、真实地披露公司的各种信息，包括公司的正面信息，也包括公司的负面信息。

（2）在业务发展与目标章节中，积极语调和强态语调数值较高，远高于 MD&A 的积极语调和强态语调，说明业务发展目标章节的叙述中体现的积极性内容很多、表达比较强烈的措辞很多。可以理解的是，业务发展目标章节内容的性质是对公司的未来发展前景进行表述，而大多数公司对未来的设想是积极的、美好的，所以积极语调、强态语调数值极高。与 MD&A 的类似，后期积极语调有略微减少的趋势，但强态语调没有随时间的推移而发生明显变化。前瞻语调值较高，明显高于 MD&A 的前瞻语调，这与业务发展目标章节所述公司未来的内容特征有关；肯定语调数值也较高。前瞻语调、肯定语调随时间推移的变化趋势不明显。与 MD&A 的明确语调较低类似，数值也较低。这种状况在本书的问卷调查结果中也有体现：有 37.6% 的投资者认为"目标或规划的内容有虚有实，有的部分不够具体，对投资决策的参考价值有限，阅读时需要自行判断虚实"，此外还有 14.5% 的投资者认为"目标或规划的内容虚多实少，对投资决策的参考价值很低，不值得关注"。

（3）对可能影响 MD&A 不同类别语调的各种因素进行检验的结果显示，盈利能力高、增长性好、短期偿债能力强以及董秘学历高的公司会在招股说明书中使用更多的积极语调进行信息披露；公司的短期偿债能力对各类语调的影响较多，与积极语调、强态语调及前瞻语调均显著正相关；董事长学历与明确语调正相关。强态语调受公司盈利能力、偿债能力和成长能力的影响比较明显。与在主板、中小企业板上市的公司相比，在创业板上市的公司的 MD&A 各类语调受不同解释变量的影响更多一些。

（4）对可能影响业务发展目标不同类别语调的各种因素进行检验的结果显示，业务发展目标积极语调受公司负债水平与偿债能力的影响，资产负债率高，但流动比率也高的公司，其积极语调值略高。除此之外，业务发展目标章节语调受各种因素影响不明显。其原因主要是业务发展目标章节篇幅较短，并且不同的公司发展目标各异，所涉及的语调词汇频数有限。对不同上市板块业务发展目标语调影响因素进行检验的结果显示，各影响因素的作用大多仍较不明显。

（5）各类 IPO 信息语调受地区和行业的影响不显著。

（6）MD&A 章节的强态语调呈现出负向的市场效应，说明夸大其词的叙述对投资者的新股购买决策起负向作用。过多的强态词汇很可能会让投资者认为发行人在过度粉饰自己，进而认为发行人披露的信息并不真实准确。与 MD&A 章节不同，业务发展目标的肯定语调与初始收益率呈显著负相关关系，这应该与业务发展目标章节的内容特点有关。这一章节主要阐述 IPO 公司的未来发展状况。由于未来发展具有不确定性的特征，所以在陈述中涉及更多的具有不确定性的词汇表达；过多使用肯定性措辞进行表述，容易令投资者认为存在"粉饰"嫌疑，会对投资者获取公司发展前景的信息造成负面影响。

（7）多数类别的 MD&A 语调对 IPO 初始收益率的影响不显著。究其原因，应该是我国初始收益率长期居高不下导致投资者容易在一级市场获利，从而在新股上市初期容易忽略 IPO 公司的基本面信息。这也与本书的问卷调查结果比较吻合，有高达 34% 的投资者在申购新股时不阅读招股说明书。但是，本书的问卷调查结果显示，投资者认为非常重要的信息，其中有很多人却不去阅读，主要原因除初始收益率异常高之外，还有信息披露质量不高，投资者对信息披露质量并不是十分满意。

（8）IPO 招股说明书信息披露的语调对股票收益率的影响存在时效性。随着时间的推移，MD&A 章节的肯定语调变得与 IPO 后市表现显著正相关，业务发展目标章节的积极语调变得与后市表现正相关。其原因应该是随着新股上市后在二级市场不断交易，价格波动频繁，投资者需作出买入和卖出决策并争取盈利，就需要对公司信息予以关注。其中，MD&A 章节的肯定语调能够向投资者传递有关企业价值的确切信息，提升投资者对发行人的信心，因而购买意愿和持有意愿增强；而业务发展目标章节中的积极语调引起了投资者的更多关注，增强了投资者对公司发展前景的信心。但在公司上市大约一年后，招股说明书中的未来发展目标语调的市场效应明显减弱。

第5章 IPO信息需求：对异质 投资者的差异分析[*]

前面两章从IPO信息供给的角度考察了发行人所披露的信息是否简洁易懂、是否"辞"真意切，那么，从微观的IPO信息需求方层面考察，投资者对发行人所提供的信息持何看法，投资者的"知情权"是否得到了有效维护？如果出现信息欺诈等问题，投资者是否能够寻求权益保护，投资者的"求偿权"状况如何？我国IPO市场中的信息传递与投资者保护之间的关联性如何？这些是本章及之后两章要探讨的问题。

本章从信息需求方投资者的角度，基于问卷调查、实地调研、访谈，着重分析异质投资者的IPO信息需求偏好、信息需求缺口。①

5.1 投资者阅读 IPO 信息与否及其动机分析

我国对主板、中小企业板、创业板的IPO市场的监管实施了较长时间的核准制，对新股发行价格的行政控制比较多。监管者在审核IPO公司申请时，实际遵循的核准标准往往远高于有关法规规定的标准。企业向证监会提出IPO申请后，经常需要"排队"等候审核，这就造成了IPO供给数量的管制。同时，还存在价格管制。尽管短暂尝试过放开对发行价格的管制，但很快又收紧。在这种情况下，新股上市后价格经常涨幅很高，即IPO抑价率或IPO

---

* 本章的主要内容已发表，详见：孙莉，黄方亮，韩旭，杨敏. 异质投资者对IPO信息披露需求差异调查分析［J］. 山东财经大学学报，2018（4）：55–64。

① 本章及之后两章的内容均基于我们就IPO信息披露和投资者权益保护问题向投资者、拟上市公司、中介机构、监管机构等进行问卷调查、实地调研及访谈所得的数据、资料。在此对所有帮助我们进行调研、访谈活动的机构和个人表示衷心的感谢。若有读者需要相关资料，可向本书作者索取。

初始收益率很高（贺炎林、王一鸣和吴卫星，2012；俞红海、刘烨和李心丹，2013；Zhang, Gao and Chan et al., 2020）。由此导致投资者对 IPO 的需求相对变高，申购新股的中签率很低。那么，投资者是否还有动力去收集、解读 IPO 信息？

IPO 初始收益率长期高居不下，的确会成为投资者收集、解读 IPO 信息的负激励。但是，对于个人投资者中的"大户"，以及规模比较大的机构投资者，仍然存在着收集信息的必要性，主要包括以下三点原因。

（1）尽管证监会对实施了一定的发行定价管制，但发行市盈率仍有差别，并且股票挂牌交易首日的市盈率差别比较明显。新股发行后的市盈率则不断变化。投资者不仅需要关注买入时的市盈率，还要判断卖出时的市盈率，所以，需要考察 IPO 公司的信息，收集卖出决策的判断依据。据本书对 2014 ~ 2016 年期间 575 家 IPO 公司的后市表现统计①，贵阳银行（股票代码：601997，2016 年 8 月 16 日上市）的发行市盈率仅为 6.08 倍，挂牌首日的市盈率为 8.73 倍，是 2014 ~ 2016 年期间所有 IPO 公司中挂牌首日市盈率的最小值；而申万宏源（股票代码：000166，2015 年 1 月 26 日上市）的发行市盈率仅为 23.14 倍，挂牌当日的市盈率高达 85.17 倍，是 2014 ~ 2016 年期间的最大值。而在 2014 ~ 2016 年期间，所有公司挂牌首日的市盈率处在 8.73 ~ 85.17 倍，有各种数值，后市表现各异，甚至有的差异很大。所以，投资者具有搜阅 IPO 信息作为决策依据的动机。

（2）投资者需要考虑在成功申购 IPO 之后，如何判断何时卖出、在何价位卖出，尤其是对于受锁定期限售的投资者，在 IPO 之前作为战略投资者入股的私募股权投资基金（简称"PE"）或创业投资基金（简称"VC"）等机构，以及规模较大的参与 IPO 网下配售的投资者，由于受限售、持股数量大等因素制约，往往需要持有股票一段时间，并且在被允许出售时难以一次性卖出，只能分次卖出，所以，必须研判持有股票的时间长短、未来股票价格的走势。而要作出这些判断，在 IPO 公司无以往股票价格可以参考的情况下，难以做股票投资的技术分析，因此不得不深入挖掘 IPO 公司的基本面信息。

（3）另外，一部分投资规模不大但非常专业的投资者，以及许多曾在证券专业机构工作过多年的投资者，离职后成为市场上资深的个人投资者，已养成对 IPO 公司做深入基本分析的职业习惯，会主动深入搜寻 IPO 信息；在

---

① 相关数据由东方财富网 Choice 数据库收集。

所有投资者中，包括中小投资者，有一部分坚信价值投资理念的投资者，会积极查阅 IPO 公司信息，甚至认真阅读 IPO 招股说明书全文。

5.2　投资者 IPO 信息需求的研究基础及研究假设

5.2.1　投资者 IPO 信息需求的研究基础

股票价格是信息的资本化，投资者在掌握公司信息的基础上进行投资决策，会促使信息反映在股票价格上，即股票价格成为更信息化的价格，向其内在价值趋近。相反，投资者在不掌握公司信息时所进行的投资决策容易构成市场交易噪声，导致市场价格偏离内在价值，有损于市场效率。而提高股票价格对信息的反映程度，不能仅仅依靠信息供给的单向流动，更需要实现信息的有效传递，即信息供给与需求之间的匹配与衔接，这就使了解投资者对信息的需求情况成为重要前提。

根据有效市场理论，信息传递越及时、越充分，市场效率越高。但现实情况是，投资者接收信息的能力有限且有差异。我国证券市场相对于成熟市场而言，投资者构成的一个显著特点是，不同受教育水平、不同投资规模、不同投资经历、不同投资目标、不同损失承受能力的投资者并存，个人投资者与机构投资者、非专业投资者与专业投资者并存（黄方亮等，2015）。那么，具有如此多元化的异质投资者群体在信息需求方面是否存在差异？如果存在差异，该差异是由投资者的哪些异质特征导致？了解这些需求差异特征有助于使信息供给更具针对性，并适应投资者异质特征的变化而进行调整，实现信息供给的动态优化。

公司的信息披露是投资者获取信息的重要来源。对信息披露的现有研究主要集中于信息的供给方面（汪炜和蒋高峰，2004；张程睿和蓝锦莹，2011；曹亚勇、王建琼和于丽丽，2012；辛清泉、孔东民和郝颖，2014）。而完善的信息披露不仅限于信息供给"量"的增加，"质"的改善也至关重要：一是扩大信息供给的广度与深度受到成本的制约。有研究表明，公司的信息供给成本呈现逐年增加趋势（周勤业、卢宗辉和金瑛，2003）。二是信息披露"量"的增加并不一定提高信息传递的有效性：随信息供给量的增加，投资者辨别各类信息相对重要性程度的成本随之增加。衡量信息披露"质"的一个角度，是信息供给与信息需求之间的匹配程度。有学者提出，我国目前的信息披露制度，具有监管导向过度、投资者导向不足的双重特征（程茂军和徐聪，2015），信息披露体系应以投资者需求为导向（赵立新，2013；黄立新、陈宇和吴姬君等，2014），以投资者为核心、致力于满足投资者的信息需求有可能成为未来证券信息披露制度改革的新方向（窦鹏娟，2015），而现有研究对信息需求，尤其是对一级市场异质投资者信息需求差异性的关注不足。

相对于已有研究，本书的主要贡献在于：（1）通过问卷调查的形式获取关于投资者信息需求情况的第一手资料，为研究提供了切实可靠的基础；（2）通过对问卷结果的分析，检验具有各类异质特征的投资者在信息需求上的差异性；（3）基于异质投资者信息需求差异结论提出证券发行市场化进程中如何完善信息披露的政策建议。

5.2.2 投资者 IPO 信息需求研究假设的提出

作为信息需求方的投资者是一个多元性异质群体。目前对投资者异质性的大量研究，主要集中于其在交易行为上的差异（Ekholm，2006；Chung，Lee and Park，2014；史永东、李竹薇和陈炜，2009；陈志娟等，2011；陈炜、袁子甲和何基报，2013）。导致交易行为差异的基础是什么？艾尔—噶扎（El-Gazzar，1998）认为，不同类型的投资者获取、使用不同的信息，且具备不同的信息处理能力。由此推断，异质投资者对信息的需求也必然是复杂的。比赛尔（Bissell，1972）认为，由于投资者的差异存在于数量与专业性特征两个方面：信息使用者的数量与专业性特征呈三角形分布——在三角形顶部，是少数有知识、具备信息解读能力的专业分析师；在三角形底部，是大量的个人投资者。因此，"平均"的投资者对信息的需求与专业的分析师对信息的需求截然不同。异质投资者对公开披露信息的关注力度、关注重点的差异，会通过其投资决策影响股票价格（梅洁和杜亚斌，2012）。因此，信息供给需要考虑到分布如此宽泛的信息使用者的需求情况。了解信息需求的差异，有助于有针对性地调整信息供给的内容和方式，使之更加贴近需求，从而提高信息传递的有效性，减少信息传递过程中的噪声与摩擦。

在信息获取和处理上，成熟度高的投资者的能力更高、成本更低，应该具有更大的信息优势。有关投资者成熟度的研究表明，投资者成熟度的异质性会导致其投资行为的差异。有学者对养老基金的考察发现，规模小的养老基金成熟度低，成熟度低的养老基金会制定风险低的投资策略（Dreu and Bikker，2012）。还有学者根据调查资料的检验发现，有着不同金融知识掌握程度的投资者的投资行为不同；金融知识掌握程度高的投资者的收益更高，更少出现处置效应（Van Rooij，Lusardi and Alessie，2011；Anthony，Catherine and Rudy，2018）。罗炜、余琰和周晓松（2017）考察了风险投资机构在 IPO 后减持时的行为，指出投资经验越多的机构越能有效利用所收集的信息，处置效应更不明显。卡勒（Kalay，2015）发现，成熟度高的投资者倾向于交易经常有盈利指引公告的证券；不同披露方式的信息能够使不同成熟度的投资者受益，即存在信息披露的投资者成熟度效应。公司管理人员会根据投资者信息获取和解读能力的不同，选用不同的信息披露方式和渠道，例如对年报内容可读性的控制（Li，2008、2010；Miller，2010）。尹志超、宋全云和吴雨（2014）指出，掌握更多金融知识、积累起更多投资经验的家庭能够更多地投资于股票等风险资产。可见，在证券市场中，不但上市公司的信息供给影响投资者的投资行为选择，而且投资者自身的信息获取、利用能力也是其行为选择的重要影响因素。而投资者的信息获取和利用能力体现在更加微观的层面，就包括投资者对公开信息、实地调研、媒体报道等各种渠道的利用上，以及对招股说明书等不同信息的阅读程度上。

　　基于以上研究文献回顾，我们提出本章的研究假设，如图 5 - 1 所示。

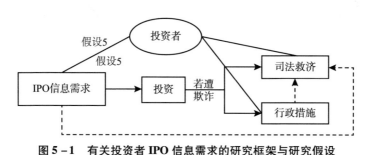

图 5 - 1　有关投资者 IPO 信息需求的研究框架与研究假设

注：图中有关投资者权益保护等的其他研究假设分别在第 6 章、第 7 章提出并验证。

　　假设 5：异质投资者具有差异性的信息需求，体现在其信息获取和信息利用行为的选择上，具体包括以下方面：（1）异质投资者对招股说明书的阅读程度存在差异；（2）异质投资者对不同 IPO 信息重要程度的判断存在差异；（3）异质投资者对 IPO "软信息" 价值的认可度存在差异；（4）异质投资者对改善招股说明书内容的意见存在差异；（5）异质投资者对改进 IPO 信息披露流程的意见存在差异；（6）异质投资者获取信息的渠道存在差异。

5.3　投资者调查问卷的设计、发放、回收与统计

了解来自市场第一线的投资者对信息披露需求情况，进行问卷调查、访谈是一个较为有效的途径和方法。由于 IPO 招股说明书涉及发行人的信息内容非常系统、全面，所以本书研究对投资者阅读 IPO 招股说明书信息披露的情况开展了问卷调查与投资者访谈，以期通过对调查问卷结果的分析，考察各类异质投资者在公开披露信息的获取、使用方面，以及对信息披露不同侧面的需求方面是否存在差异，从而为信息供给提供参考。

5.3.1　问卷的设计与问卷的主要内容构架

5.3.1.1　问卷的设计

本问卷从 2015 年 10 月开始着手设计，经过实地访谈、反复征求意见、预调查、根据反馈的意见修订，于 2016 年 4 月确定最终版。问卷调查的目的是：了解目前我国证券市场 IPO 投资者的信息获取和投资者权益的维护状况，以及二者之间的关联性。问卷由三大部分组成：投资者的特征；投资者对 IPO 公开披露信息的收集、阅读状况；投资者对其权益的保护状况，如表 5-1 所示。

表 5-1　　　　　　　　　　问卷主要内容构架

组成部分	调查目的
投资者的属性、特征	投资者机构、个人属性；年龄、学历分布
	投资经历、投资规模、投资目标、交易频率、投资收益状况

续表

组成部分	调查目的
投资者对信息的 收集、阅读	投资者获取信息的渠道
	投资者对 IPO 信息阅读、利用的程度
	投资者对 IPO 信息披露方式、内容等方面的改善意愿
投资者权益的保护	投资者对自身权益保护渠道的了解程度及相关缘由
	投资者对受信息欺诈而寻求的司法救济状况及相关缘由
	投资者对 IPO 机制、权益保护措施的改善意愿

为了使投资者回答问卷问题时能够集中注意力并认真填写，个别问题设立了互相矛盾的选择项。如果有投资者选择了两个互相矛盾的选项，此问卷回复就被认为是无效的。例如以下情况。

（1）问卷第二部分"投资者对 IPO 信息的获取情况"的第 9 题"您认为招股说明书'管理层讨论与分析'章节应如何完善？"（多选题）选项 5"应更多地使用较为通俗、易懂的语言，尽量少使用术语和复杂的陈述方式"与选项 6"应更多地使用专业术语，内容更专业化"是意义相反的两个选项。

（2）问卷第三部分"IPO 投资者保护情况"的第 4 题"您知道的投资者诉求提起渠道包括？"（多选题）的选项 5 为"以上均不知道"与前四个选项相互矛盾，不能同时选择。

（3）问卷第三部分"IPO 投资者保护情况"的第 8 题"您对 IPO 注册制改革持何观点？"（多选题）的选项 1"核准制很好，注册制不适于保护投资者权益，我国在未来很长时间内不可推行"与选项 2"核准制问题太多，没有很好地保护投资者权益，还不如推行注册制"和选项 4"应尽快推行注册制，改革要彻底，虽然短期可能引起市场震荡，但利于长远"相互矛盾，不能同时选择。

5.3.1.2　有关投资者对 IPO 信息需求的问卷内容

问卷调查的内容包括投资者的基本信息和投资者对 IPO 招股说明书的阅读情况。其中，本次调查在了解投资者类型、性别、年龄、受教育水平、投资规模、投资经历、损失承受极限、证券投资主要目标等信息的基础上，拟考察各类异质投资者在信息披露需求的以下方面是否存在差异（见表 5 – 2）。

（1）异质投资者对招股说明书的阅读程度。

（2）异质投资者对招股说明书中不同章节影响投资决策程度的判断。

（3）异质投资者对招股说明书中"软信息"的参考价值的认可度判断。

（4）异质投资者对改进招股说明书信息披露形式的需求。

（5）异质投资者对改进招股说明书信息披露流程的需求。

表 5 - 2　　　　　　　　问卷调查对象、投资者异质特征与调查内容

调查对象	调查对象特征	调查内容
异质投资者	性别；年龄；受教育水平；投资规模；投资经历；损失承受极限；证券投资主要目标	对招股说明书的阅读程度； 对招股说明书不同章节投资决策程度的判断； 对招股说明书中"软信息"的参考价值的认可度判断； 对改进招股说明书信息披露形式的需求； 对改进招股说明书信息披露流程的需求

在本书研究中，我们对投资者类型进行了两种分类：第一种分类参考邱和乔（Cho and Jo，2006）的研究，将投资者分为个人投资者和机构投资者，在问卷中设置该选项；第二种分类参考科恩（Cohen，2003）、博尔奇、伦德和蒂默曼等（Gronborg，Lunde and Timmerman et al.，2021）的研究，将投资者分为一般投资者（包括个人投资者与机构投资者中的一般企业、公司等）和专业机构投资者（包括券商、投资基金等），考察投资者"专业"与否这一异质性在信息获取、需求方面的差异。

5.3.2　问卷的发放与回收

5.3.2.1　问卷的发放

2016 年初开始将调查问卷分别以电子版（问卷星平台、微信、QQ、电子邮件）、纸质版的形式进行投放。其中，电子版又包括 Word 版和问卷星平台版，内容均完全一致。发放渠道具有多样化的特点，主要包括以下内容。

（1）对于纸质版问卷，主要是到证券公司营业部直接发放给有过新股申购经历的投资者。本书课题组全体成员均直接发放给自己所认识的亲朋好友中的投资者。

（2）对于 Word 版问卷，主要通过邮件渠道，发送给在网上搜索的证券

投资基金、证券公司、证券投资公司等机构的电子邮箱等公开联系方式的机构投资者。这些公开的联系方式源自机构投资者官方网站，完全准确、可靠。

（3）由于网络通信技术迅速发展，微信和 QQ 等平台使用十分普及，所以我们在问卷星平台制作了适合通过微信和 QQ 渠道发放的电子版，主要由本书课题组成员发放给亲属、同事、同学、朋友中的投资者。

通过多样化渠道的发放，使调查对象尽可能多地包含了各种类别的投资者，以及各个地理区域的投资者，覆盖全国各个省（区、市），这有助于提高各类投资者的代表性，提高所得到的回复来源的普遍性，从而提高问卷结果的可靠性。

为了激励投资者认真回复问卷，我们还采取了向每位回复问卷的投资者发放签字笔、红包等小礼品的措施。

5. 3. 2. 2　问卷的回收

我们从 2015 年底开始设计问卷。经过初步设计、预调查、修订等环节，于 2016 年初确定最终版，并以电子版（问卷星、微信、QQ 等）和打印版的形式分别发放，于 2016 年上半年完成回收。发放对象既包括各种类别的机构投资者，以及为数众多的个人投资者。问卷回收共 1 582 份，剔除无效问卷后得到有效问卷 937 份。[①]

与其他研究相比，本书研究中问卷有效率即有效问卷与回收问卷份数的比例约为 59%，但保留下来的有效问卷有 932 份，数量仍然比较大，能够满足分析的需要。在我们搜阅到的与本书研究相关的问卷调查文献中，有的文献对回收率做了介绍，但没有给出问卷的有效率。与其他文献相比，本书研究的有效问卷数量是比较多的，如表 5 - 3 所示。

---

① 关于我国投资者总数，经查阅，证监会于 2016 年 1 月 29 日的新闻发布会上提道：截至 2016 年 1 月 28 日，投资者总数约为 10 038 万人。在中国证券登记结算有限公司网站有每周更新的投资者数量情况的统计表。相关数据自 2015 年 5 月 4 日开始公布；其中自 2017 年 2 月 6 日之后，该网站未再公布期末持仓投资者数量和期间参与交易的投资者数量。通过该网址数据可看出，总体投资者数量有所增长，2016 年较 2015 年投资者持仓数量有所下降。2016 年 5 月 27 日，即离问卷回收截止时间最近的统计数据显示，总的投资者数量略超过 1 亿人，但持仓投资者总数约为 5 139 万人，仅占投资者总数的 47.4%，而在截止日期附近一周的期间参与交易投资者总数仅约为 1 300 万人，占投资者总数的比例仅为 12.3%。另外，据访谈得知，有些投资者为了提高新股申购的中签率，存在违规借用他人证件开户的情况。因此，实际的投资者数量应该低于有关统计数据。

表 5 - 3 投资者问卷调查文献中的有关份数统计

文献	发放问卷总数	回收问卷总数	回收率（%）	有效问卷份数
本书研究	917（纸质版）	826	90	461
	756（电子版）	756	100	471
	1 673（合计）	1 582（合计）	95（合计）	932
郝旭光, 陈玮, 王旖欢. 证券市场监管者比其他参与者更理性吗 [J]. 财经科学, 2017 (4): 28 - 38.	300	—	—	287
郝旭光, 朱冰, 张士玉. 中国证券市场监管政策效果研究——基于问卷调查的分析 [J]. 管理世界, 2012 (7): 44 - 53.	300	281	94	259
劳可夫. 消费者创新性对绿色消费行为的影响机制研究 [J]. 南开管理评论, 2013, 16 (4): 106 - 113, 132.	939	—		909
黎精明, 田笑丰, 高峻. 上市公司恶意再融资行为研究——基于对投资者的问卷调查分析 [J]. 经济管理, 2010, 32 (6): 135 - 145.	800	800	100	757
李礼, 齐寅峰, 郭莉. 经济制度变迁对我国国有企业融资动机的影响——基于调查问卷的分析 [J]. 南开管理评论, 2007, 10 (1): 54 - 61.	4 324	691	16	670
刘玉珍, 张峥, 徐信忠, 张金华. 基金投资者的框架效应 [J]. 管理世界, 2010 (2): 25 - 37.	10 000	599	6	550
马莉莉, 李泉. 中国投资者的风险偏好 [J]. 统计研究, 2011, 28 (8): 63 - 72.	1 355	—	—	860
裴平, 张谊浩. 中国股票投资者认知偏差的实证检验 [J]. 管理世界, 2004 (12): 12 - 22.	180	168	93	123

续表

文献	发放问卷总数	回收问卷总数	回收率（%）	有效问卷份数
沈艺峰，肖珉，林涛. 投资者保护与上市公司资本结构 [J]. 经济研究，2009，44（7）：131 – 142.	1 432（借用 1 432 家上市公司于 2007 年据证监会要求公布的《自查报告和整改计划》）	1 432	100	1 184
王俊飚，池国华，张硕. 上市公司经营业绩评价指标体系构建——基于投资者视角和问卷调查结果 [J]. 经济管理，2008（12）：30 – 35.	200	85	43	85
王晟，蔡明超. 中国居民风险厌恶系数测定及影响因素分析——基于中国居民投资行为数据的实证研究 [J]. 金融研究，2011（8）：192 – 206.	700	561	80	545
杨晓兰，朱建芳，金雪军. 股票市场投资与主观幸福感——基于个体投资者的调查问卷分析 [J]. 浙江大学学报（人文社会科学版），2011，41（2）：42 – 51.	—	432	—	395
杨晔，杨大楷，王佳妮. 信息中介与投资者满意度——基于证券分析师的实证研究 [J]. 当代财经，2013（3）：52 – 63.	1 000	759	76	656
张春霞，刘淳，廖理. 使用 Logistic 回归模型确定投资者的风险资产配置——基于个人投资者问卷调查数据的实证分析 [J]. 清华大学学报（自然科学版），2012，52（8）：1142 – 1149.	120 000	111 268	93	83 845
张辉华，凌文辁. 管理者情绪智力行为模型及其有效性的实证研究 [J]. 南开管理评论，2008（2）：50 – 60.	—	—		629
张腾文，王威，于翠婷. 金融知识、风险认知与投资收益——基于中小投资者权益保护调查问卷 [J]. 会计研究，2016（7）：66 – 73，97.	1 400	1 294	92	905
赵振华，刘淳，廖理. 是谁获得了更高的基金投资收益？——对个人投资者问卷调查的实证分析 [J]. 金融研究，2010（5）：166 – 178.	60 000	56 663	94	35 866

续表

文献	发放问卷 总数	回收问卷 总数	回收率 （％）	有效问卷 份数
周勤业，卢宗辉，金瑛．上市公司信息披露与投资者信息获取的成本效益问卷调查分析［J］．会计研究，2003（5）：3 – 10，65.	（网上向上市公司发放）	—	—	499
	（网上向投资者发放）	—	—	2 763
Berry，Robert H，Fannie Yeung. Are Investors Willing to Sacrifice Cash for Morality［J］. Journal of Business Ethics，2013（117）：477 – 492.	192	106	55	65
Berry，Thomas C，Joan C. Junkus. Socially Responsible Investing：An Investor Perspective［J］. Journal of Business Ethics，2013（112）：707 – 720.	85 000	5 391	6	4 796
Lease，Rondla C，Wilbur G. Lewellen，Gary G. Schlarbaum. The Individual Investor：Attributes and Attitudes［J］. Journal of Finance，1974，29（2）：413 – 433.	2 500	1 300	52	1 260
Sahi，Shalini Kalra，Arora Ashok Pratap. Individual Investor Biases：A Segmentation Analysis［J］. Qualitative Research in Financial Markets，2012，4（1）：6 – 25.	450	405	90	377
Dart，Eleanor. UK Investors' Perceptions of Auditor Independence［J］. The British Accounting Review，2011（43）：173 – 185.	719（发给机构投资者）	113	16	113
	920（发给个人投资者）	254	28	254
Walther，Torsten. Key Investor Documents And Their Consequences on Investor Behavior［J］. Journal of Business Economics，2015（85）：129 – 156.	（通过网页与邮件发放）	137	100	137

注：（1）符号"—"表示文献中未提供相关数据；（2）文献的选取原则是篇幅较长的较高水平的相关学术论文；（3）在本书收集的文献中，仅少数文献计算了回收率（response rate），表中对回收率均进行了计算，但没有计算问卷有效率的，表中也未列出；（4）由于网络应用的普及，电子版的发放对象比较广泛；（5）本书对网络版问卷做了对于封闭式问题回答不完全时无法提交的设置，所以，收到的投资者的网络版问卷回复都是封闭式问题回答完全的，其中的无效问卷是在回答中存在逻辑错误（前后矛盾）的问卷。

5.3.3　问卷的信度与效度

为了促使投资者认真填写问卷，我们对问卷中的个别问题故意设了互相矛盾的回答选项。对于出现自相矛盾的问卷回复，以及除对开放式问题和投资者具体类型（选择了投资者类型是机构或者个人而没有选择具体的哪类机构或是哪类个人）问题之外回答不完整的回复，均予以剔除。这样剔除了一定数量的回收问卷，保证了最终使用的问卷的有效性。

由于问卷是针对 IPO 市场中的十分专业的问题，不同于普通的社会调查，有些非专业的投资者在回答某些问题时感觉存在难度，所以存在许多回答不完整的问卷，这些问卷被严格剔除，保留下来的有效问卷则是非常真实、可靠的。

此外，本书做的效度、信度检验表明问卷设计具有可靠性。

5.3.3.1　问卷的效度分析

问卷具有较可靠的内容效度和建构效度。

（1）内容效度。在问卷设计初期，有 2 位具有 IPO 信息披露与投资者保护研究经验的教授负责调查问卷的设计工作，还有 1 位具有相关知识背景的研究生辅助设计。经过相关的资料收集以及多次交流沟通，3 位问卷初期设计者在历经 3 个月的时间将问卷的初稿设计完成。问卷初稿设计结束后，又聘请 6 位高校相关研究领域的教授对问卷的内容以及问题描述进行了再次核对与修改；之后又就问卷相关问题对某些投资者、发行人进行了实地访谈，再次完善了问卷。在对问卷进行多次修改后，对问卷进行试发放。将问卷试发给问卷主题相关的投资者、专家、从业人员等 30 人[①]，对问卷的问题进行了试答，征求了试答者对回答时间、题目数量、题目内容等各方面的反馈意见，并对问卷问题进行了调整、完善、定稿。问卷设计前后经过总共约 6 个月的时间，经过多次修改、完善，因此，问卷具有较高的内容效度。

（2）建构效度。建构效度是比较严谨且应用较多的一种效度检验方法。对问卷相关矩阵进行 Bartlett 球形检验，得 KMO（Kaiser – Meyer – Olkin meas-

---

①　为从各个角度获取对问卷所调查问题的反馈，问卷试发放的对象包括了 IPO 市场中的相关各方以及有关研究人员，具体发放对象是：证券监管者（中国证监会和上海证券交易所有关工作人员）、投资银行从业人员（IPO 保荐代表人等）、拟上市公司负责人员、上市公司相关人员、证券投资基金和投资公司等机构投资者、各类个人投资者以及从事相关研究的高校教授等。

ure of sampling adequacy）值为 0.861，结果显示题项变量间适合进行因素分析。根据 SPSS 17.0 因素分析法输出结果，本问卷变量共同性都在 0.40 以上，且超过 0.5 的变量数占 81.25%。按 Kaiser 准则，抽取特征值大于 1 的公因子 20 个，累积解释率为 64.041%，大于 60%，因此，问卷的构建效度较好，问卷测验结果的可靠性较高。[1]

5.3.3.2　问卷的信度分析

信度分析采用使用比较广泛的克朗巴哈 α 系数进行信度检验（整体信度以及分维度信度检验）。[2] 检验结果如表 5 – 4 所示。

表 5 – 4　　　　　　　　　信度统计——克朗巴哈 α 系数

分类	克朗巴哈 α 系数	标准化的克朗巴哈 α 系数	项数
问卷整体	0.840	0.821	78
问卷的"投资者信息获取"部分	0.837	0.793	47
问卷的"投资者权益保护"部分	0.719	0.716	43

根据 SPSS 17.0 信度检验，本问卷的整体克朗巴哈 α 系数为 0.840，标准化后的克朗巴哈 α 系数为 0.821，两者均大于 0.8，说明问卷整体内部一致性较高，问卷具有很好的信度。分维度的测量中，投资者对 IPO 信息的获取以及投资者权益保护情况两部分的克朗巴哈 α 系数以及标准化后的克朗巴哈 α 系数均在 0.7 以上，说明两者的信度均达到可靠的范围，问卷的内部一致性可靠。

5.3.4　对接受问卷调查的异质投资者特征的统计

在通过各种渠道发放问卷时，本书课题组均是以比较确定的投资者为发放对象，例如，电子版主要是发放给本书课题组成员的亲朋好友、已在网上查到的有公开联系方式的投资机构等（在机构官方网站公开的联系方式完全准确、可靠）。纸质版主要是在多家证券公司的营业部发放，没有随机向社

---

[1]　问卷共有 29 个变量，151 个选项，因为选项数较多，在此只检验公因子累积解释率。

[2]　一般的态度或心理问卷的信度要求是，其整体问卷的信度系数最好在 0.8 以上，分量表（或分维度）的信度系数最好在 0.7 以上。

会公众发放。所以，发放对象的投资者身份极其可靠。

问卷设计得比较专业，非证券市场投资者对相关问题难以作出确切的回答。我们进行了让非投资者回答问卷的实验，结果是他们说有些问题很专业，无法完成问卷；甚至有的非专业的投资者在回答问卷后反馈说也感到难度很大。此外，如前所述，问卷设置了互相矛盾的问题，如果问卷回复中有自相矛盾之处，我们就剔除这些问卷。所以，问卷设计时，对于非投资者，以及回答不认真的投资者，在专业内容上设置了较高的门槛，对有效问卷是由真正的投资者填写的并且是认真填写的，提供了可靠保障。

问卷内容较多，如果不是真正对调查问卷内容感兴趣的人，不会花费时间去填写自己不了解、不熟悉领域的问卷。根据投资者填写问卷的反馈，多数投资者回答封闭式问卷需要大约 15 分钟的时间，许多投资者需要约 20 分钟的时间才能够回答完毕；有的投资者非常认真完成问卷，尤其是经过认真思考完成开放式问卷，需要 30 多分钟的时间。许多做社会调查的问卷的回复时间只需大约 5 分钟的时间。据我们对填写问卷的投资者的了解，非投资者不会耗费时间作答问卷。在问卷回答时间上，对不是投资者的人又形成一道门槛，进一步保障了回答者投资者身份的可靠性。

问卷的第一部分主要是对于投资者自身特征以及投资者投资情况进行的调查。参与回答问卷的投资者群体在性别、学历、年龄、投资经历等方面的分布很均匀，其大致情况是：在性别方面，男女占比分别约为 3/5、2/5；在年龄方面，约有 4/5 的投资者年龄在 50 岁及以下，其中 30 岁以下的占比最多，约为 1/3；在受教育程度方面，拥有大学本科学历的占比最高，约为 2/5，然后是硕士研究生学历，占 1/3；证券投资经历 5 年以下的占到 1/2，5 ~ 10 年的和 10 年以上的各占 1/5。在个人与机构投资者方面，个人投资者数量占大多数，占比约为 4/5。在投资规模方面，50 万元以下的投资者占比约为 3/5（详细数据见图 5 - 2 ~ 图 5 - 7）。

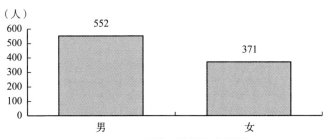

图 5 - 2　不同性别的投资者数量

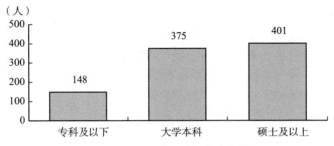

图 5 – 3　不同学历的投资者数量

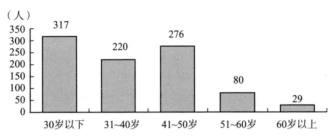

图 5 – 4　不同年龄的投资者数量

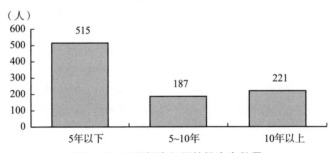

图 5 – 5　不同投资经历的投资者数量

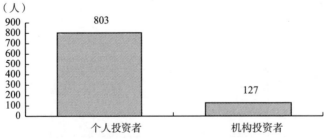

图 5 – 6　不同属性的投资者数量

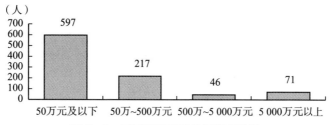

图 5 - 7　不同投资规模的投资者数量

　　为验证本书研究的调查对象具有代表性，我们与某一家证券公司协商，承诺在资料来源中隐去其具体名称，并且说明不需要其全部的客户资料，要求其提供的数据必须是真实的，并且尽可能是有代表性的，为此，要求它们从全部客户中随机抽取一定数量的数据。它们安排信息管理人员，按我们的要求，随机抽取了某一营业部，对其全部数据进行了整理。剔除休眠账户后，得到的投资者样本总数为 25 600 个，相关比例如表 5 - 5 所示。①

表 5 - 5　　　　　投资者特征数据抽样数据与问卷结果数据对比

投资者类别		抽样数据中各类投资者占投资者总数的比例（%）	问卷结果中各类投资者占投资者总数的比例（%）
个人与机构	个人	99.61	86.34
	机构	0.39	13.66
性别	男性	54.49	59.16
	女性	45.51	39.76
年龄	30 岁及以下	10.23	34.38
	31 ~ 40 岁	21.05	23.86
	41 ~ 50 岁	19.10	29.93
	51 ~ 60 岁	21.49	8.68
	60 岁以上	27.59	3.15

---

　　①　我们通过联系中国证监会派出机构、证券业协会以及多家证券公司，发现它们没有对各类投资者的详细类型进行统计，没有现成的数据可以提供。其中，证券公司的投资者账户资料是有的，但没有我们所需要的统计数据。多数证券监管人员、证券公司称客户资料属于商业秘密，不便于提供。

续表

投资者类别		抽样数据中各类投资者占投资者总数的比例（%）	问卷结果中各类投资者占投资者总数的比例（%）
学历*	专科及以下	56.81	16.02
	大学本科	38.66	40.58
	硕士及以上	4.53	43.40
投资经历	5 年及以下	31.01	56.41
	5~10 年	26.81	20.48
	10 年以上	43.76	24.21
投资规模	50 万元及以下	97.83	64.12
	50 万~500 万元	2.06	23.31
	500 万~5 000 万元	0.13	4.94
	5 000 万元以上	0.01	7.63

注：*表示因早期开户的投资者不需登记学历信息，故其中有 9 917 个投资者无学历信息，学历占比数据是根据有学历信息的投资者总数进行的计算；各类投资者比例相加后并非正好是 100%，是由于计算过程中四舍五入所致。

资料来源：某证券公司随机抽取其一家营业部全部账户中剔除休眠账户后的投资者样本，共 25 600 个。

在表 5-5 统计的数据中，投资规模在 50 万元以下的投资者占比为 97.83%，这高于中国证券业协会于 2016 年发布的对 2015 年证券公司投资额在 50 万元以下的客户统计占比为 88% 的数据，说明该抽样数据中的中小投资者占比较多。该证券公司有关负责人解释说，主要原因是其营业部以散户客户为主，机构客户偏少。但此比例比中国证券业协会于 2017 年发布的 2016 年底持股市值在 50 万元以下的投资者 93.61% 的占比更为接近，主要原因应该仍然是股市持续低迷导致投资者持股市值普遍降低所致。

由表 5-5 可知，问卷样本与抽样样本相比，前者的机构投资者占比较高，这是因为需要对一定数量的机构投资者作为调研对象进行调研；前者的男性占比略高；前者的学历水平和投资规模明显较高；前者的投资经历整体上低于后者，这应该是前者的年龄整体上比后者低所致。可见，这符合我们对问卷调查对象的界定——成熟度较高的投资者。

5.4　异质投资者的 IPO 信息需求差异：基于调查结果的分析

本章着重分析投资者的 IPO 信息需求差异，所以，基于问卷调查结果中与此相关的内容，分别从投资者对招股说明书的阅读程度、对不同 IPO 信息重要程度的判断差异、对 IPO "软信息" 参考价值的认可度差异、对改进招股说明书披露形式需求的差异、对 IPO 信息披露流程以及对实地调研的需求差异等方面考察不同类别的投资者对 IPO 信息的不同需求状况。

5.4.1　投资者对招股说明书的阅读程度差异

对于投资者在新股认购前即事前对招股说明书等信息的利用情况，问卷设计了五个选项（单选）：选项 1，仔细阅读；选项 2，大体浏览；选项 3，只阅读招股说明书摘要；选项 4，不阅读，但通过网络等查阅发行人情况；选项 5，不查询发行人情况，直接购买。回答本问题的有效问卷数量为 927份，统计情况如表 5–6 所示。

表 5–6　　投资者属性与事前招股说明书等信息查询与阅读情况分析　　单位：%

分类		事前招股说明书等信息查阅程度选项占比					合计
		仔细阅读招股说明书	浏览招股说明书	只阅读招股说明书摘要	不阅读招股说明书，但查阅发行人情况	不查询发行人情况，直接购买	
不同属性投资者占比	个人	25.2	18.8	18.8	17.4	19.9	100.0
	机构	51.2	22.0	13.4	9.4	3.9	100.0
全部有效问卷占比		28.7	19.2	18.0	16.3	17.7	100.0

注：（1）百分比的计算方式为各类投资者对各选项的响应数量总和/该类投资者的总数。
（2）相加后的合计并非正好是 100%，是由于计算中四舍五入所致，本书此类情况同。

对问卷的统计结果显示，从整体来看，投资者利用信息的各种情况所占的比例大致相当，有 28.7% 的投资者会仔细阅读招股说明书；但有多达

17.7%的投资者"不查询发行人情况，直接购买"新股，这个比例并不低。尽管个人投资者中仔细阅读招股说明书的占比在个人投资者阅读招股说明书情况各选项占比中最高，但此占比的绝对数非常低，仅约为1/4；而占比排在个人投资者分类中第2位的招股说明书等信息查阅情况选项是"不查询发行人情况，直接购买"新股的，占比高达约1/5。在机构投资者中，超过半数的仔细阅读招股说明书，但仍然有3.9%的机构"不查询发行人情况，直接购买"新股。

对上述统计结果按照投资者属性进行划分后，可以看出个人投资者与机构投资者在认购新股前阅读招股说明书情况方面存在差异。表5-6的统计结果显示，选择"在认购新股前仔细阅读招股说明书"的个人投资者的比例，远低于选择该选项的机构投资者，而选择"不查询发行人情况，直接购买"的个人投资者，远高于选择该选项的机构投资者。

将"认购新股前对招股说明书的阅读情况"设置为被解释变量，衡量投资者在IPO前的信息获取情况。为便于分析，设置三个程度的阅读情况差别：将选项1、选项2合并为"仔细阅读招股说明书或大体浏览招股说明书"，将选项3、选项4合并为"阅读招股说明书摘要或通过网络等查阅发行人情况"，选项5仍为"不查询发行人情况，直接购买"。变量说明与赋值情况如表5-7所示。

表5-7　　　影响投资者对招股说明书阅读情况的 Logistic 回归变量

变量类型		变量名称	变量值及变量值含义
被解释变量		认购新股前对招股说明书阅读情况（read）	仔细阅读招股说明书或大体浏览招股说明书； 阅读招股说明书摘要或通过网络等查阅发行人情况； 不查询发行人情况，直接购买
解释变量	投资者异质特征	投资者类型（type）	个人投资者； 机构投资者
		投资者受教育水平（education）	专科或以下； 大学本科； 硕士； 博士
		性别（sex）	男； 女

续表

变量类型		变量名称	变量值及变量值含义
解释 变量	投资者 异质特征	年龄（age）	30 岁以下； 31～40 岁； 41～50 岁； 51～60 岁； 60 岁以上
		投资规模（size）	50 万元以下； 50 万～100 万元； 100 万～500 万元； 500 万～1 000 万元； 1 000 万～5 000 万元； 5 000 万～1 亿元； 1 亿～5 亿元； 5 亿元以上
		投资经历（time）	1 年以下； 1～5 年； 5～10 年； 10 年以上
		投资目标（goal）	获得上市公司分红； 赚取短期买卖差价； 赚取中期买卖差价； 获得股价长期稳步上涨的投资收益
		损失承受极限（loss）	10% 以下； 10%～20%； 20%～30%； 30%～40%； 40%～50%； 50% 以上

表 5-8 是变量的描述性统计，由于有投资者未对诸变量涉及的题目逐一回答，各变量观察值不完全一致。将代表不同投资者异质特征的变量与投资者阅读招股说明书情况进行 Mlogit 回归。[①] 结果显示，以投资者"不查询发行人情况直接进行新股申购"为对照组，投资者"仔细阅读或大体浏览招股说明书"与"阅读招股说明书摘要或通过网络查询"的回归结果在 5% 的显著性水平上，只有投资者类型 type 通过检验，即机构投资者较个人投资者更

---

① Mlogit 是多项 Logistic 回归模型，用于检验不同因素在多项互斥事件中做出选择的概率。

倾向于阅读招股说明书，故保留该变量作为对投资者异质特征进行分类的依据（见表5-9）。

表5-8 招股说明书的阅读情况变量描述性统计

变量名	观察值	平均值	标准误	最小值	最大值
sex	923	1.402	0.491	1	2
age	922	2.223	1.107	1	5
type	930	1.137	0.344	1	2
education	924	2.379	0.875	1	4
size	931	1.956	1.769	1	8
time	923	2.478	1.066	1	4
goal	930	2.654	0.901	1	4
loss	930	2.689	1.351	1	6

表5-9 关于招股说明书阅读情况的 Mlogit 回归分析

解释变量	仔细阅读招股说明书或大体浏览招股说明书	阅读招股说明书摘要或通过网络等查阅发行人情况
type	2.007 *** (3.17)	1.494 ** (2.26)
sex	0.272 (1.33)	0.034 (0.16)
age	0.097 (0.86)	0.094 (0.81)
education	0.247 ** (2.14)	0.117 (0.98)
size	0.081 (0.78)	-0.042 (-0.38)
time	-0.143 (-1.11)	-0.163 (-1.22)
loss	-0.089 (-1.19)	-0.095 (-1.23)

续表

解释变量	仔细阅读招股说明书或 大体浏览招股说明书	阅读招股说明书摘要或通过 网络等查阅发行人情况
goal	−0.153 (−1.36)	−0.025 (−0.22)
截距	−1.486 * (−1.87)	−0.616 (−0.75)

注：括号内为 t 值，＊$p < 0.05$，＊＊$p < 0.01$，＊＊＊$p < 0.001$，对照组是 read = 3。

　　个人投资者与机构投资者，在招股说明书阅读程度上差异显著，这一调查结论与胡莹和仲伟周（2010）运用实验研究法得到的结论相似。该研究对其进行了行为金融学解释：个人投资者之所以对信息披露的关注和敏感度不高，是因为存在过度自信心理。本书认为，个体投资者与机构投资者都是理性的，其 IPO 招股说明书阅读情况的差异主要取决于双方理解、吸收、内化信息的能力差异，即同样的招股说明书对双方投资决策所具有的参考价值不同。而受教育水平、投资规模、投资经历等在解释招股说明书阅读需求方面不显著，则说明，发行市场的进入管制导致的一级、二级市场之间的价格差降低了新股认购风险，使建立在获取信息基础上的决策的边际收益不明显，因此即使有能力负担信息获取成本的投资者，也缺乏获取信息的激励。

　　进一步地，将机构投资者按照是否"专业"划分为专业机构投资者（包括券商、投资基金等）与一般机构投资者（包括一般企业、公司等）[①]。卡方检验显示，一般机构投资者在招股说明书的阅读方面，与个人投资者无显著差异，因此将其合并，称为一般投资者。将一般投资者与专业机构投资者对比后发现，两者在招股说明书的阅读情况方面存在显著差异（见表 5 - 10）。这说明，投资者"专业"与否，对该差异具有解释力。

---

　　①　区分机构投资者的异质性，从研究目的出发，可以有不同的角度，例如，按照机构投资者与上市公司是否存在商业往来，将机构投资者划分为压力敏感型与压力抵制型；按照持股比例，将机构投资者划分为稳定型与交易型；按照投资期限，将机构投资者划分为长期机构投资者与短期机构投资者。

表 5 - 10　　　　　　　　一般投资者与专业机构投资者对招股
说明书阅读情况的卡方检验

卡方检验分类	检验值	自由度	渐进显著性（双侧）
皮尔逊卡方	40. 544 *	2	0. 000
似然比	44. 600	2	0. 000
线性和线性组合	37. 068	1	0. 000

注：＊最小单元格（0.0%）的期望计数少于 5，期望计数为 16.12。

　　产生个人投资者与机构投资者在招股说明书阅读程度上差异显著的原因可能有以下方面：一是在我国目前实行核准制，证券发行主管机关对证券发行规定了实质性条件，故投资者会认为，对于通过发行审核的公司，政府部门对其业绩进行了"隐性担保"；二是投资者阅读并正确解读公开披露的信息需要具备一定的专业知识，对于多数个人投资者而言，其在收集、阅读、处理信息方面的专业知识储备弱于机构，而通过其他途径获取、核实发行人的信息也存在成本。综合以上两者，更高比例的个人"不获取发行公司信息而直接购买新股"就是理性的选择。由于机构相对更加专业化、信息甄别能力更强，且投资规模更大，仔细阅读信息带来的潜在收益更高，故选择在认购新股前仔细阅读招股说明书的比例高于个人。此外，我们将投资者区分为包括个人与普通企业等的一般投资者和包括证券公司、投资基金等的专业机构投资者，研究发现，投资者的专业化程度显著影响其 IPO 信息阅读程度，而投资经历等因素的作用则不显著。这表明与信息获取相比，信息利用对有关投资者自身能力的要求更高。

　　另外，核准制下我国的 IPO 供给在价格和数量上均受到抑制，IPO 抑价率很高，使新股投资几乎没有风险。在这种状况下，有一定比例的投资者（17.7%），甚至是有些机构（3.9%）在不查询发行人信息的情况下直接申购新股也是可以理解的了。但根据有效市场理论，投资者不肯去挖掘企业信息，十分不利于促进市场效率的提高。而要激励投资者去挖掘信息，则需减少新股发行管制、促进市场机制发挥更大的作用。

　　丁慧、吕长江和黄海杰（2018）采纳档案式研究方法，通过考察上交所"上证 e 互动"平台的文本，发现信息技术的应用可提高投资者信息获取和解读能力，可改善市场效率。与其理论贡献不同，本书通过问卷与访谈的方法，从多个更加微观的现实层面对投资者信息获取和利用行为及其作用机理进行更加直接的考察、分析，探究了档案式研究难以直接观察的异质投资者的行为方式差异。由前面分别对投资者的 IPO 信息获取渠道和信息利用程度的分析结果可知，除受投资规模影响之外，投资者的投资经验等属于投资者自身属性的成熟度特征，能够作用于其信息获取行为；而投资者的专业化程度能够作用于其信息利用行为。结合有效市场理论可推知，投资者的专业化程度、投资经验等成熟度特征会间接影响市场效率。这揭示出投资者的成熟度特征对市场效率产生影响的一种重要机制。

5.4.2　投资者对招股说明书中各章节内容的偏好差异

对于 IPO 招股说明书的各个主要构成章节，我们请投资者对其影响自己投资决策的重要性程度进行打分，最高 5 分，最低 1 分，整数递减。卡方检验显示个人投资者与机构投资者对于招股说明书各章节重要性判断的差异（见表 5 – 11）。

表 5 – 11　　　　　　　　个人投资者与机构投资者对招股说明书
各章节重要性打分的差异性

招股说明书中的章节	皮尔逊卡方渐进显著性（双侧）	个人投资者对各章节重要性的排名	机构投资者对各章节重要性的排名
发行人基本情况	0.000	5	8
风险因素	0.224	3	4
业务和技术	0.411	6	2
同业竞争与关联交易	0.000	8	9
高管人员与公司治理	0.000	7	7
财务会计信息	0.019	1	1
管理层讨论与分析	0.197	9	6
业务发展目标/未来发展与规划	0.860	4	3
募集资金运用	0.013	2	5

调查问卷结果显示，个人投资者与机构投资者对于"发行人基本情况""同业竞争与关联交易""高管人员与公司治理""财务会计信息""募集资

金使用"等部分的重要性判断存在显著差异，对"风险因素""业务和技术"
"管理层讨论与分析""业务发展目标/未来发展与规划"四个章节的重要性
判断方面无显著差异。除机构投资者与个人投资者对于招股说明书主要章节
重要程度的判断存在差异外，个人投资者认为招股说明书中重要性排前三的
是"财务会计信息""募集资金使用"与"风险因素"。这主要是由于个人投
资者对专业知识的了解有限，只能对介绍公司客观情况的章节作出一定的判
断，因此对于财务会计信息及资金使用和风险因素的重视程度要高于对其他
因素的重视程度；机构投资者认为重要性排第一位章节的和个人投资者一样，
第二位和第三位分别是"业务和技术"和"业务发展目标/未来发展与规
划"。这可能是由于机构投资者由于拥有更多专业知识，对招股说明书中涉
及公司实质性发展方面的问题偏好程度更高。

同上，将一般投资者与专业机构投资者进行对比后发现：投资者是否
"专业"，对招股说明书各章节重要性判断存在相似差异（见表 5 – 12）。

表 5 – 12　　　　　　一般投资者与专业机构投资者对招股说明书
各章节重要性打分的差异性

招股说明书中的章节	皮尔逊卡方渐进显著性（双侧）	一般投资者对各章节重要性的排名	专业机构投资者对各章节重要性的排名
发行人基本情况	0.001	7	8
风险因素	0.574	3	3
业务和技术	0.092	5	2
同业竞争与关联交易	0.000	8	9
高管人员与公司治理	0.009	6	7
财务会计信息	0.026	1	1
管理层讨论与分析	0.823	9	6
业务发展目标/未来发展与规划	0.706	4	4
募集资金运用	0.083	2	5

5.4.3　投资者对 IPO "软信息"价值的认可度差异

招股说明书中披露的信息，大体上可分为"硬信息"，即以"定量的、

可证实的"等为特征，主要指的是已发生的历史事实、财务信息等，以及"软信息"，即以"不可证实的"为特征，主要指关于未来发展方向、盈利预期等信息，例如"业务发展目标或未来发展与规划"这一部分的内容。针对"如何看待'业务发展目标/未来发展与规划'这一部分内容在投资决策中的作用"这一问题，问卷设计了四个选项（单选）：看法 1，目标或规划十分具体、可行，对投资决策极具参考价值，值得关注；看法 2，目标或规划的内容有虚有实，有的部分不够具体，对投资决策的参考价值有限，阅读时需要自行判断虚实；看法 3，目标或规划的内容虚多实少，对投资决策的参考价值很低，不值得关注；看法 4，目标或规划中定性的内容多，缺少盈利预测的数据等定量的内容（见表 5-13）。

表 5-13　　　　　**个人投资者与机构投资者对"业务发展目标/**
未来发展与规划"的态度　　　　单位：%

投资者类型	业务发展目标披露情况			
	看法 1	看法 2	看法 3	看法 4
个人投资者	25.1	47.1	20.1	7.7
机构投资者	15.3	64.9	15.3	4.5

对问卷的统计结果显示，投资者整体上对 IPO"软信息"价值的认可度较低，仅有 25.1% 的个人投资者和 15.3% 的机构投资者认为公司对发展目标或发展规划的陈述十分具体、可行，对投资决策极具参考价值，值得关注。

其中，个人投资者与机构投资者对看法 2 的选择占比均最高：分别为 47.1% 和 64.9%。但整体来看，机构投资者只有在看法 2 的选择上，比个人投资者占比高，对其他看法的选择占比，都比个人投资者低。皮尔逊卡方检验与似然比卡方检验的结果均在 5% 的显著性水平上拒绝原假设，即可以认为，个人投资者对"业务发展目标/未来发展与规划"的披露情况在投资决策中所起作用的判断，与机构投资者具有显著差异。

同上，将一般投资者与专业机构投资者进行对比后发现：皮尔逊卡方检验与似然比卡方检验的结果均在 5% 的显著性水平上拒绝原假设，即一般投资者对"业务发展目标/未来发展与规划"的披露情况在投资决策中所起作用的判断，与专业机构投资者具有显著差异。因此，投资者的"专业性"解释了投资者对"软信息"在投资决策中所起作用的判断差异。

5.4.4 投资者对改善招股说明书内容的意见差异

针对"招股说明书在形式上应如何改进"这一问题,问卷设计了五个选项(可多选):改进措施1,压缩、删除或合并重复性内容,避免前后章节中的重复性陈述;改进措施2,各章节的内容应有繁有简,突出重点,该深入陈述的部分应更加详尽;改进措施3,语言应更加浅显、简洁、易懂;改进措施4,对证监会反馈意见的回答等内容在披露稿中用加粗字体,提醒投资者关注;改进措施5,其他意见建议请填写(开放式)。调查结果如表5-14所示。

表5-14　　　　　个人投资者与机构投资者对改进招股
说明书形式的需求对比　　　　　　　单位:%

投资者类型	招股说明书改进措施				
	措施1	措施2	措施3	措施4	措施5
个人投资者	57.65	64.4	63.5	50.4	2.7
机构投资者	66.9	77.2	64.6	44.1	1.6

结果显示,个人投资者与机构投资者选择改进措施1、措施2、措施3的比例都较高。其中,首先,对措施2的选择均最为集中;其次,个人投资者更关注措施3,体现了其作为非专业人士对降低阅读招股说明书专业门槛的愿望,而机构投资者其次关注措施1,体现了机构投资者对招股说明书核心信息的把握能力;再其次,个人投资者选择措施1,机构投资者选择措施3;最后,个人投资者与机构投资者关注的是措施4,选择该措施的个人投资者占比比机构投资者要高,显示了个人投资者对招股说明书易读性的需求,以及对证券监管机构审核意见的关注。

将一般投资者与专业机构投资者进行对比后,以上结论依然成立。[1]

---

[1] 为节省篇幅,表略,若需要可向本书作者索要。

5.4.5　投资者对改进 IPO 信息披露流程的意见差异

针对"对改进 IPO 信息披露流程有哪些需求"，问卷设计了四个选项（可多选）：改进1，公开披露从 IPO 准备、申报到挂牌上市的各个环节的信息；改进2，公开披露最终招股说明书与预披露信息的差别并说明原因；改进3，企业上市后 3 年内，应每年披露招股说明书内容中所涉及事项的变化、完成等情况；改进4，其他建议请填写。

问卷的统计结果如表 5 – 15 所示。个人投资者选择改进 3 的比例最高，显示其更注重事后环节，偏好于能获取持续的增量信息；机构投资者对改进 1 的选择比例最高，显示其更注重事中环节，偏好于获取事关信息披露环节质量的信息。个人投资者更注重 IPO 后公司的后续表现，这应与其对 IPO 信息的判断能力低于专业的机构投资者有关。这一结果与凯莉（Kalay，2015）的观点一致。该研究认为，由于专业投资者与非专业投资者对已知信息的阅读能力存在差异，因此在对已获信息之外的进一步的信息需求方面，存在不同偏好。将一般投资者与专业机构投资者进行对比后，结论近似：一般投资者选择改进 3 的比例最高，而专业机构投资者选择改进 1 的比例最高。

表 5 – 15　　　　　个人投资者与机构投资者对于改进 IPO 信息披露流程的需求对比　　　　　　单位：%

投资者类型	IPO 信息披露环节改进措施			
	改进1	改进2	改进3	改进4
个人投资者	60.1	67.1	68.1	2.3
机构投资者	74.8	61.4	61.4	2.4

5.4.6　投资者获取信息的渠道偏好差异

5.4.6.1　投资者获取信息的各种渠道的综合比较

对于"您关注 IPO 信息来源渠道的方式"这一问题，问卷设计了 6 个选项，为多选项，回答本问题的有效问卷数量为 929 份，统计结果如表 5 – 16 所示。

表 5 –16   **投资者属性与 IPO 信息渠道**

异质投资者		投资者关注 IPO 信息来源渠道的方式的选项占比（%）						问卷数量（份）
		发行人披露的信息	实地调研	媒体信息	交易软件信息	内幕消息	他人推荐	
不同属性投资者占比	个人	66.3	10.1	49.6	50.6	15.1	37.7	802
	机构	85.0	53.5	27.6	29.1	31.5	23.6	127
全部有效问卷占比		68.9	16.0	46.6	47.7	17.3	35.7	929

注：百分比的计算方式为各类投资者对各选项的响应数量总和/该类投资者的总数。

对个人与机构不同属性投资者 IPO 信息获取的方式的卡方检验结果显示，在给定显著性水平5%的情况下均拒绝原假设，即不同属性的投资者在信息获取渠道的选择上具有显著的差异性。

投资者最普遍关注的是发行人所披露的信息，然后是交易软件信息和媒体信息；但有近36%的投资者听他人推荐；有约17%的投资者打探内幕信息。这表明 IPO 市场的强制性信息披露未能够满足投资者的全部需求，有一定比例的投资者通过打探内幕信息、媒体信息等渠道作为补充的信息来源。从个人与机构的对比来看，机构投资者更加注重实地调研，而个人投资者选择通过网络媒体、证券交易软件等渠道获取信息的比例显著高于机构投资者；超过半数的机构投资者会进行实地调研。

从投资者的投资规模、投资经历和学历等口径进行统计的结果显示，投资规模较大、投资经历较丰富的投资者，进行实地调研的比例较高；学历因素对个人是否进行实地调研的影响不显著，但拥有较高学历的机构从业者更多地进行实地调研。

以上统计结果基本与假设5中预期的异质投资者获取信息的渠道存在差异相符。有实力的、成熟度高的投资者更会选择利用专业性更强的信息获取渠道。其原因主要是机构投资者比个人投资者更能够负担得起实地调研的成本；而媒体、交易软件等对信息进行解读后更容易被非专业的个人投资者理解吸收，信息获取门槛低。这一统计结果与部分学者（Lease，Lewellen and Schlarbaum，1976）的发现具有相似性。他们通过针对美国个人投资者的问卷调查，发现调查样本中50%的个人投资者花费在收集信息、对股票投资进行决策上的时间，一个月不足5小时，花费的投入一年不足15美元；同时这些投资者认为，在投资决策中，其通过各种渠道得到的私人信息与公共信息具有同等的"可信度与有用性"（credibility and usefulness）。

5.4.6.2　异质机构投资者的实地调研差异

因为实地调研是投资者获取 IPO 公司信息最为直接的方式，所以值得对此作专门分析。

（1）个人与机构投资者进行实地调研的对比分析。通过问卷调查得到需要进行实地调研的投资者的比例，其中约有 53.5% 的机构投资者、10.1% 的个人投资者有进行实地调研的意向。个人投资者的实地调研意向明显低于机构投资者，但前者的比例低于我们的预期，后者的比例比我们预期的要高一些。

机构中约有 53.5% 进行实地调研，这个比例低于预期，主要原因是：①我们访谈过的证券投资基金、证券公司的自营部门以及资产管理部门等大型机构和专业机构，几乎无一例外对 IPO 公司进行实地调研，这种实地调研甚至在公司得到证监会的 IPO 核准之前就已经开始；②机构中有一定数量的规模很小的机构，这些小机构由于投资规模有限或人员有限等原因，许多不做实地调研。

个人投资者中约有 10.1% 进行实地调研，这高于我们预期的比例，主要原因是现在的股票市场中，大户、极其专业的投资者数量已经较多。随着社会财富积累的增多，我国证券市场中已经有相当数量的居民将庞大的自有资金用于股票投资，而申购新股的吸引力极大，所以，申购新股的"大户"也是数量众多。由于资金量大，这些数量不可低估的个人投资者中的"大户"的投资方法必须改进至与机构的投资方法类似，对公司进行基本面分析，开展如实地调研等专业的机构投资者所做的工作。[1]

我们收集了投资者进行实地调研比例的相关文献，问卷结果中的投资者进行实地调研的相关比例与其他相关文献中的数据基本吻合。有关文献情况如表 5 - 17 所示。

---

[1]　此外，企图获取内幕信息也是个人与机构进行实地调研的极大动力。在投资者通过实地调研获取内幕信息、获得信息优势的研究方面有多篇文献，包括曹新伟、洪剑峭和贾琬娇（2015），贾琬娇、洪剑峭和徐媛媛（2015），以及唐松莲、李君和卢婧（2017）等。

表 5 –17　　　　　　相关文献中投资者进行实地调研等信息搜寻情况

文献	样本范围	投资者类型	进行信息搜寻的方式及投资者占比（%）	
本书研究	2016 年发放电子版和纸质版问卷，回收得到 932 份有效问卷	个人投资者	实地调研	10.1
		机构投资者		53.5
陈小林，孔东民. 机构投资者信息搜寻、公开信息透明度与私有信息套利 [J]. 南开管理评论，2012，15（1）：113 – 122.	2006 ~ 2008 年在深交所上市的 1 310 家样本公司披露的投资者来访信息	机构投资者	实地访谈	42.5
			电话咨询	11.3
周勤业，卢宗辉，金瑛. 上市公司信息披露与投资者信息获取的成本效益问卷调查分析 [J]. 会计研究，2003（5）：3 – 10，65.	2002 年向沪市与深市投资者发放调查问卷	所有投资者	以不同的频次直接向上市公司查询过信息	41.6
丁颖颖，惠锋，马晶. 2003 最佳分析师——探寻真实价值 [J]. 新财富，2003（6）：45 – 48.	2003 年向 77 位基金经理发放调查问卷，回收问卷 50 份	机构投资者（基金经理）	70% 的基金经理实地调查了所负责的 80% 上市公司，其中，30% 的调查了所负责的全部上市公司	
宋玉，陈岑. 基于上市公司信息环境的机构投资者实地调研行为研究——来自深市主板市场的经验证据 [J]. 江西财经大学学报，2017（7）：45 – 55.	根据 2012 年深市主板 469 家上市公司年报中有关实地调研的相关数据资料	机构投资者（上市公司接受实地调研的频次）	0	38.8
			1 ~ 10 次	40.7
			10 ~ 34 次	18.3
			35 次及以上	2.2
谭松涛，崔小勇. 上市公司调研能否提高分析师预测精度 [J]. 世界经济，2015，38（4）：126 – 145.	手工收集了 2012 年 7 月至 2014 年 6 月机构进行调研的数据	机构投资者	2012 年 7 月至 2014 年 6 月有 56 397 机构次调研活动	

注：在我们可搜索到的文献中，只有机构投资者和投资者整体进行实地调研的数据，现有文献中缺乏个人投资者进行实地调研的相关数据。

　　在现有文献中，陈小林和孔东民（2012）统计了 2006 ~ 2008 年在深交所上市的 1 310 家样本公司披露的投资者来访信息，实地访谈占比为 42.5%，电话咨询占比为 11.3%，二者合计高达 53.38%。周勤业、卢宗辉和金瑛（2003）在 2002 年向沪市与深市投资者发放调查问卷的结果显示，在所有投资者中，以不同的频次直接向上市公司查询过信息的比例高达 41.6%。这些数据均为二级市场的相关数据，与我们通过问卷调查得到的一级市场数据差距不是特别大，再考虑到本书研究的调研对象的成熟度较高，可说明本书的相关数据具有一定的代表性。

对投资者行为进行考察的文献中，绝大多数是对二级市场投资者进行考察，但其研究结果对于我们仍然有类比价值。现有文献中的相关数据显示，大约超过 40% 的机构投资者进行实地调研，略低于我们问卷调查得到的机构投资者进行实地调研的比例，但差距不大。另外，从有些学者提供的相关数据来看，上市公司接受机构投资者实地调研的频次非常高，在一定时间段内机构的调研活动数量极大，说明机构进行实地调研的范围很广，活动很频繁。其中，业绩优良的上市公司接受实地调研的次数非常多，例如，中兴通讯于 2012 年全年接受实地调研次数达到 127 次。此外，大约 97% 的上市公司有机构持股。换言之，机构的投资范围非常广，绝大多数上市公司中都有机构持股，所以，机构非常有动力进行广泛的实地调研。这也从另外的侧面说明机构进行实地调研的比例比较高。尤其是随着我国投资者投资规模的不断扩大，以及监管层对投资者实地调研实施的鼓励措施（有关监管层等推动的投资者实地调研及相关实地调研的统计数据分析见附录 2），进行实地调研的投资者比例应该也在相应提高。

在可搜索到的现有文献中，未发现有提供个人投资者进行实地调研比例的，说明这方面的研究还比较匮乏。

本书研究的调查问卷通过多渠道、宽范围的方式进行发放，尽可能多地覆盖各种类型的投资者，使获取的数据真实、准确。我们对于个人投资者在 IPO 信息获取和个人投资特征等方面的考察，弥补了现有文献对 IPO 领域投资行为研究的不足，也弥补了对个人投资者行为研究的不足。

（2）各类投资者进行实地调研的细分差异。由问卷回复结果中可统计出进行实地调研的投资者的投资规模、学历、投资经历及投资目标特征，由此也可以进一步判断各类细分异质投资者进行实地调研的需求状况。

①不同投资规模的投资者进行实地调研的差异。从对不同投资规模的投资者搜寻信息的情况来看，500 万元以上的投资者中，个人投资者中进行实地调研的数量占此投资规模中所有投资者数量的比例是 20%；机构投资中进行实地调研的比例达 74.2%。这两个比例都高于同一投资者类型中低于 500 万元投资规模的投资者进行实地调研的比例。从投资规模反映的投资者进行实地调研的比例来看，投资规模越大，进行实地调研的投资者比例越大（见表 5 - 18）。

表 5-18   投资者类型与投资者投资规模交叉制表

项目			size					合计
			未选择	50 万元及以下	50 万~500 万元	500 万~5 000 万元	5 000 万元以上	
个人投资者	不进行实地调研	计数	1	537	167	12	4	721
		size 中的百分比（%）	100.0	92.1	84.3	80.0	80.0	89.9
	进行实地调研	计数	0	46	31	3	1	81
		size 中的百分比（%）	0	7.9	15.7	20.0	20.0	10.1
机构投资者	不进行实地调研	计数	0	8	13	21	17	59
		size 中的百分比（%）	0	66.7	72.2	67.7	25.8	46.5
	进行实地调研	计数	0	4	5	10	49	68
		size 中的百分比（%）	0	33.3	27.8	32.3	74.2	53.5
进行实地调研投资者占比		计数	0	50	36	13	50	149
		投资者总数中的百分比（%）	0	5.4	3.9	1.4	5.4	16.0

注：（1）size 是指投资者的投资规模；size 中的百分比是同一投资规模和同一投资者类型中是否进行实地调研的投资者占比。（2）"未选择"是指投资者对投资者类型做了回答而没有对投资规模进行回答。（3）个人和机构的总数是 929，与有效问卷的总数 932 份差 3 份，原因是对其他问题做了有效回答而没有选择投资者类型。

　　投资规模大的投资者，尤其是机构投资者，在关注 IPO 信息方面，许多会采取实地调研的方式。这与我们进行访谈时得到的结果一致：投资规模大的投资者，尤其是机构投资者在进行新股申购时，并不是单纯地考虑中签与否，还会考虑中签后持有时间、卖出价位等，使自己的收益最大化，为了达到这个目的，实地调研就是很好的方式。通过实地调研，投资者了解到更多 IPO 信息，对将要投资的拟上市公司的真实情况有更准确的把握，使投资收益更大。

　　②短期及中长期投资投资者均进行实地调研的差异。从 IPO 后市的换手率来看，也并非大部分投资者在企业上市之后就选择卖出股票，相反，许多

投资者会至少在中短期内一直持有股票。换言之，许多投资者需要对 IPO 后市的股票价格走势作出判断，而这就需要投资者关注 IPO 公司的信息，甚至需要深度关注，通过各种渠道联系 IPO 公司的董事、监事、高级管理人员，乃至承销商、会计师、律师等其他人员做访谈，到公司现场做实地调研。据我们访谈所知，有的散户也会在条件允许的情况下，去 IPO 公司进行实地调研。

据我们对 2014～2016 年 575 家 IPO 公司后市表现统计，挂牌首日换手率自 0.007%～84.37% 不等，但超过 10% 的公司只有 19 家。这意味着投资者在成功申购到新股之后，大多会在挂牌首日选择持有，而非卖出。同样，从挂牌之后不同时间段的换手率情况来看，有些投资者也非在短期卖出，而是选择中期甚至长期持有（见表 5–19）。

表 5–19　　　　　　**2014～2016 年 IPO 后市换手率统计**　　　　　单位：%

项目	首日	5 日	10 日	20 日	3 个月	6 个月	12 个月
日均换手率均值	1.36	4.18	8.00	14.37	—	—	—
累计换手率均值	1.36	20.88	80.03	287.49	900.49	1 502.48	2 350.44

资料来源：根据东方财富网 Choice 数据计算；符号"—"表示数据库中缺乏相关数据。

至于新股挂牌之后多日出现涨停板的现象，也存在着何时涨停板结束、结束之后是否会再次出现甚至反复出现的问题。IPO 后市累计涨停板的天数也是不尽相同。即使对于短期持有的投资者，在后市哪个交易日卖出，就要真正对上市公司的基本面情况进行关注，其中一个方式是实地调研。

即使对于短期持有的投资者，在选择卖出时间点上，由于 IPO 刚挂牌交易，无股票历史走势可循，无法使用技术分析，只能进行基本分析，所以，只有搜阅 IPO 公司信息，才能作出卖出决策。对于中长期持有的投资者，则更会认真考察公司信息，其中包括实地调研。而对于有些即使未中签的投资者，尤其是机构和专业投资者，不管中签与否，均随时跟踪关注证券市场中新出现的交易产品，对各种交易产品进行筛选，做投资组合，这仍有实地调研的必要。

③不同学历投资者进行实地调研的差异。从对不同学历的投资者搜寻信息的情况来看，在个人投资者中，进行实地调研在不同学历投资者之间的差别不是很大；在同一学历水平中，不进行实地调研的个人投资者的数量远高

于进行实地调研的个人投资者的数量。

而在机构投资者中，进行实地调研的机构从业者学历是硕士及以上学历的人数要高于本科及以下学历的人数，并且机构投资者中，硕士及以上学历的从业者进行实地调研的投资者占比（62.9%）高于不进行实地调研的从业者占比（37.1%）。这说明，在机构投资者中，拥有较高学历从业人员的机构，在投资时表现得更加专业，进行实地调研的比例较高，如表 5 – 20 所示。

表 5 – 20　　　　　　　　投资者类型与投资者学历交叉制表

项目			degree				合计
			未选择	专科及以下	本科	硕士及以上	
个人投资者	不进行实地调研	计数	3	125	314	279	721
		degree 中的百分比（%）	100.0	89.9	90.2	89.4	89.9
	进行实地调研	计数	0	14	34	33	81
		degree 中的百分比（%）	0	10.1	9.8	10.6	10.1
机构投资者	不进行实地调研	计数	0	7	19	33	59
		degree 中的百分比（%）	0	87.5	73.1	37.1	46.5
	进行实地调研	计数	4	1	7	56	68
		degree 中的百分比（%）	100.0	12.5	26.9	62.9	53.5
进行实地调研投资者占比		计数	4	15	41	89	149
		投资者总数中的百分比（%）	0.4	1.6	4.4	9.6	16.0

注：（1）degree 是指投资者的学历，degree 中的百分比是同一学历和同一投资者类型中是否进行实地调研的投资者占比。（2）"未选择"是指投资者对投资者类型做了回答而没有对学历进行回答。（3）机构投资者的学历是指填写问卷的机构投资者从业人员的学历。

④不同投资经历投资者进行实地调研的差异。从对不同投资经历的投资者搜寻信息的情况来看，个人投资者与机构投资者进行实地调研的比例随投

资经历的增加而变大，说明投资者投资时间越长，对拟上市公司真实情况的
关注程度就越大。所有进行实地调研的投资者中，投资时间在 10 年以上的占
的比例最大，为 6.8%，如表 5-21 所示。

表 5-21　　　　　　　　投资者类型与投资者投资经历交叉制表

项目			time				合计
			未选择	5 年以下	5~10 年	10 年以上	
个人投资者	不进行实地调研	计数	6	437	140	138	721
		time 中的百分比（%）	100.0	91.0	88.6	87.3	89.9
	进行实地调研	计数	0	43	18	20	81
		time 中的百分比（%）	0	9.0	11.4	12.7	10.1
机构投资者	不进行实地调研	计数	1	23	16	19	59
		time 中的百分比（%）	33.3	67.6	57.1	30.6	46.5
	进行实地调研	计数	2	11	12	43	68
		time 中的百分比（%）	66.7	32.4	42.9	69.4	53.5
进行实地调研投资者占比		计数	2	54	30	63	149
		投资者总数中的百分比（%）	0.2	5.8	3.2	6.8	16.0

注：（1）time 是指投资者投资经历（投资时间）；time 中的百分比是同一投资经历和同一投资者
类型中是否进行实地调研的投资者占比。（2）"未选择"是指投资者对投资者类型做了回答而没有对
投资经历进行回答。

　　⑤不同投资目标的投资者进行实地调研的差异。从对不同投资目标的投
资者搜寻信息的情况来看，投资目标是赚取中短期买卖差价的投资者，进
行实地调研的有 10.2%，高于投资目标是长期投资收益的 5.7%（见表
5-22）。这一结果与进行长期投资的投资者更倾向于进行实地调研的预期不
一致，但说明有一定数量的中短期投资者也进行实地调研，其调研动力可能
是多方面的，例如，需考虑卖出价位和时点，甚至考虑何时再买入等；另外，

有些进行中短期交易的机构和个人"大户"在成功申购到新股后，也很有动力去进行实地调研。

表 5 – 22 投资者类型与投资者投资目标交叉制表

项目			goal			合计
			未选择	长期投资收益	赚取中短期买卖差价	
个人投资者	不进行实地调研	计数	0	190	531	721
		goal 中的百分比（%）	0	86.8	91.1	89.9
	进行实地调研	计数	0	29	52	81
		goal 中的百分比（%）	0	13.2	8.9	10.1
机构投资者	不进行实地调研	计数	0	29	30	59
		goal 中的百分比（%）	0	54.7	41.1	46.5
	进行实地调研	计数	1	24	43	68
		goal 中的百分比（%）	100.0	45.3	58.9	53.5
进行实地调研投资者占比		计数	1	53	95	149
		投资者总数中的百分比（%）	0.1	5.7	10.2	16.0

注：goal 是指投资者的投资时间；goal 中的百分比是同一投资目标和同一投资者类型中是否进行实地调研的投资者占比。"未选择"是指投资者对投资者类型做了回答而没有对投资目标进行回答。

综合观察进行实地调研的投资者的投资规模、投资时间、学历、投资经历及投资目标特征，可以看出，投资规模大的个人和机构投资者，进行实地调研的比例均较高。如果把学历和投资经历情况类似地看作投资者的投资专业程度，那么，投资者进行实地调研的学历和投资经历特征表明，越专业的投资者，进行实地调研的比例越高。从投资目标来看，尽管进行长期投资的投资者的比例低于进行中短期投资的投资者，但仍然有一定的比例，前者比后者更有理由进行实地调研，但后者也存在进行实地调研的需求。

5.5　本章小结

IPO 公司证券信息的有效传递、扩散、解读能够提升证券市场的效率。对异质投资者的 IPO 信息需求差异进行广泛的调查，能够深入了解市场中异质投资者的各种信息需求状况，挖掘 IPO 信息供给的不足。

通过考察各类异质投资者对 IPO 信息披露的需求情况，对所提出研究假设的各个方面逐一进行检验，得到以下主要研究结论：不同受教育水平、不同投资规模、不同投资经历、不同损失承受极限、不同投资目标的异质投资者对信息披露需求未呈现显著差异，而个人投资者与机构投资者之间，进而一般投资者与专业机构投资者之间对信息披露的需求差异显著。

这些异质投资者的 IPO 信息需求差异具体表现在以下方面。

（1）个人投资者在认购新股前对信息的获取程度显著低于机构投资者。

（2）个人投资者对招股说明书中部分章节重要性程度的评价显著异于机构投资者。

（3）个人投资者对"软信息"在投资决策中参考价值的认可度异于机构投资者，前者更加注重"软信息"在投资决策中的参考价值。

（4）个人投资者与机构投资者对 IPO 招股说明书改进的需求方面存在差异：在信息披露形式上，前者更注重易读性需求，后者更注重核心信息的披露；在信息披露流程上，前者更注重事后环节，偏好于获取增量信息，后者更注重事中环节，偏好于获取信息披露环节质量的信息。

（5）投资规模较大的个人和机构投资者，进行实地调研的比例均较高。如果把学历和投资经历等情况类似地看作投资者的投资专业程度，那么，投资者进行实地调研的学历和投资经历特征表明，越专业的投资者，进行实地调研的比例越高。

从整体上看，投资者的专业化程度、投资经验等成熟度特征影响其信息获取和利用行为，其具体体现主要包括：个人投资者选择通过网络媒体、证券交易软件等渠道获取信息的比例更高；个人对经过媒体或网络解读过的"二手"信息十分依赖，而对招股说明书等关于发行人直接提供的"一手"信息的关注不足；机构获取招股说明书信息、进行实地调研的占比远高于个人；投资规模较大、投资经历较丰富的投资者进行实地调研的比例较高；机构从业者中学历越高的进行实地调研的比例越高。换言之，投资者的专业化程度、投资经验等成熟度特征能够影响其信息获取和利用行为。有效市场理论论证了信息传递与市场效率之间的关系，而投资者自身的专业化程度、投资经验等成熟度特征影响着信息的传递，因此，投资者的成熟度特征影响着 IPO 市场的效率。

以上分析的政策意义是：要实现信息有效传递的信息供给，需考虑异质投资者对信息需求的差异，在不增加信息供给成本的前提下，提高信息传递的有效性。

第 6 章 投资者权益保护：对异质投资者的比较研究[*]

注册制改革的核心内容是强化 IPO 信息披露，要解决的关键问题是如何更有效地保护投资者的权益。投资者如何能够保障其权益的有效维护是改革的一个焦点问题。异质投资者对 IPO 的信息披露需求是有差异的，那么，其维护自身权益的方式情况如何，不同的投资者对维权的需求是否有差异？通过问卷调查、实地调研与访谈，我们获取了来自投资者对其自身权益保护的需求信息。[①] 据此，我们分析不同类型投资者对投资者保护措施需求的差异性，探索投资者保护政策的有效性与投资者的构成特征之间的关系，为投资者保护的研究开拓新的视角，为相关政策制定提供参考借鉴。

6.1 投资者权益保护方式研究的理论基础及研究假设

投资者保护是证券市场运作及发挥资源配置功能的重要制度性保障。在证券市场规模逐渐扩大、证券发行日趋市场化的背景下，研究如何完善投资者保护制度，有效保护投资者利益，具有紧迫的现实意义。而有效的投资者保护需要考虑投资者群体的特征。相比于成熟市场，我国当前证券市场发展阶段的显著特点之一是众多的中小投资者直接从事证券投资活动，而不是通过专业的投资机构间接持股，因而从投资者构成上看，表现为中小投资者占比较高。这一投资者构成特征对评价投资者保护制度的有效性是否产生影响？

---

* 本章的主要内容已经发表，详见：孙莉，陈静，黄方亮，杨敏. 投资者群体对投资者保护实施方式的需求差异性调查分析——基于投资者问卷调查 [J]. 制度经济学研究，2018（4）：161 – 175.

① 本章仍以前面问卷调查、实地调研及访谈的结果为分析依据。

由于不同的投资者群体，对投资者保护方式的需求可能存在差异，因而了解投资者对投资者保护制度的需求是对投资者保护实施方式有效性进行评价的重要前提。不同类型的投资者对投资者保护实施方式的需求是否存在差异？导致该差异的成因是什么？该差异是否对投资者保护实施方式的选择产生影响进而导致不同的投资者保护实施方式的效率存在差异？本章尝试对上述问题进行探究。

6.1.1　有关投资者权益保护实施方式的研究进展

有效的投资者保护制度，可以通过其不同的直接或间接作用机制的发挥而提升证券市场资源配置效率，促进实体经济增长，这一功能已经为诸多学者的研究所论证（Brockman and Chung，2008；Castro and Clementi，2009；Hairdar，2009；Ševčík，2012；Mclean，Zhang and Zhao，2012；Ghosh and He，2015；Huang，Kong and Tsang，2019；鲁桐和党印，2015）。投资者保护的目标可以通过不同的实施主体以不同的实施方式得以实现：政府行政部门的事前监督审核与事后处罚、司法救济、媒体的监督、市场的优胜劣汰等。各实施方式具有不同的特征，例如，行政监督审核具有强制性、主动性、自上而下性，司法监管具有事后性、被动性（即"不告不理"）等。

那么，有效的投资者保护制度应如何界定投资者保护的不同实施主体——行政、司法与媒体、市场等发挥作用的边界？有学者对 49 个国家的证券市场的投资者保护情况进行了考察。他们按照证券类法律法规发挥作用的方式不同，将通过法律法规来实施的对投资者的保护分为公共实施（public enforcement）与私人实施（private enforcement）。前者主要是指，通过成立独立的政府监管者，利用行政制裁手段来对证券市场进行监督管理，维护投资者利益，即公共监管力量的介入。后者主要涉及披露要求（disclosure requirements）与证明负担（burden-of-proof）[①]，即法律法规旨在强调信息披露、增加规则的透明度，从而降低私人缔约成本，充分发挥司法与市场机制维护投资者权益的作用。通过将法律法规的实施方式进行分解，他们研究发现，证券法规的制定与实施能够促进一国的证券市场发展，而该促进作用之所以能得以发挥，

---

① 即法律法规是否规定信息供给成本最低的人应该收集与供给信息，并为信息的遗漏与误导负责；当投资者因为信息披露中的遗漏或误导而遭受损失时，是否降低处于信息劣势的原告的举证负担，例如规定举证责任倒置等。

主要是通过证券法规的私人实施方式而非公共实施方式，即投资者保护私人
实施比公共实施更为有效：相比于行政监督，司法救济与市场力量更能有效
地保护投资者利益（La Porta，Lopez-de–Silanes and Shleifer，2006）。这一研
究结论也在一定程度上由霍、胡和李等（Haw，Hu and Lee et al.，2012）的
研究得到了类似的验证。他们的研究发现，更高质量的信息披露、更便捷的
信息辐射途径与包含更多未来收益的股票价格相关，而更严格实施的内幕交
易法律与包含更少未来收益信息的股票价格相关。

　　以司法与市场作为实施主体的投资者保护私人实施方式，比以行政力量
为实施主体的公共实施方式更加有效，这一研究结论与成熟证券市场上的投
资者机构化相适应。以美国为例，从 20 世纪 50 年代开始，共同基金、养老
金信托、保险公司等就开始逐渐成为美国证券市场上的主体。1961～1971
年，纽约证券交易所的机构投资者交易的成交量从 39% 上升到 68%。总体上
从 1959 年起个人投资者就开始成为公司普通股票的净卖出方。有学者分析了
这一投资者机构化增强（increasing institutionalization）的原因：（1）个人投
资者往往缺乏投资组合管理的必需技能；（2）个人投资者难以在与机构投资
者同样基准水平上获取所需信息；（3）成为掌握信息与技巧的投资者所需付
出的时间与精力成本过高。机构投资者占据投资者的主体，降低了通过私人
实施来实现投资者保护的成本（Lease，Lewellen and Schlarbaum，1976）。

　　此外，前面的检验证明，投资者对金融知识的掌握程度、投资经验的积
累等因素会影响其对证券信息的获取与利用，而这进而又会影响其投资预期
与投资行为（Drake，Roulstone and Thornock，2015），也会影响其对自身的
权益保护。尤其是对于许多中小投资者，由于其对投资方法的掌握与运用程
度、对风险的认知能力及股东意识等均有限，所以其权益保护问题更为突出。
吉噢弗莱（Giofré，2017）发现，掌握较多金融知识的投资者会通过更加多元
化的投资组合来提高收益，这在投资于投资者保护水平较弱的国家的证券市
场时表现得更为明显。张腾文、王威和于翠婷（2016）及杜征征、李云峰和
闫彬（2017）指出，让投资者学会进行自我保护是保护投资者权益的基础。
他们的实证检验结果表明，金融教育培训、投资者自身的金融知识积累能够
增强投资者自身的权益保护水平。丁慧、吕长江和黄海杰（2018）通过对上
交所"上证 e 互动"平台的考察，发现利用此平台能够使投资者的信息获取
和解读能力有所提高，这有利于降低市场的信息不对称程度。

　　现有的相关研究多是考察二级市场中异质投资者的权益保护情况，而对

一级市场中相关情况的考察还较少。我国证券一级市场的投资者构成比重与成熟市场的不同，那么，投资者保护实施方式的有效性特征是否与之一致呢？由于我国对投资者的保护不仅表现在司法措施上，也体现在行政渠道上，并且后者经常发挥极为重要的作用。那么，异质投资者选择进行权益保护的意愿是否有差异？异质投资者对进行权益维护的行政渠道的了解、利用程度是否有差异？

我们通过问卷调查，探究不同类型的投资者对投资者保护的需求情况，并在此基础上探索适合我国证券市场的投资者保护实施方式。

与以往的研究相比，本书的主要贡献在于：（1）通过向投资者发放、回收调查问卷，直接获取投资者对自身权益维护的需求状况；（2）对不同类型的投资者对投资者权益保护措施的需求做比较研究；（3）探索投资者保护政策的有效性与投资者的构成特征之间的关系，为投资者保护的研究开拓新的视角；（4）在调查问卷分析的基础上，提出投资者保护的公共实施与私人实施应随投资者构成的变化而调整其各自的角色权重，有效的投资者保护制度是一个随证券市场发展而动态调整的过程，为相关政策制定提供参考。

6.1.2 有关投资者权益保护的研究假设

本次调查在了解投资者类型、性别、年龄、受教育水平、投资规模、投资经历、损失承受极限、证券投资主要目标等信息的基础上，考察不同类型的投资者在权益保护需求上表现出的不同状况：不同类型的投资者在对表达利益诉求的渠道了解方面是否存在差异；当遭受欺诈而利益受损时，在利用司法渠道、寻求救济方面是否存在差异；在受损时，难获赔偿原因方面是否存在差异；对行政力量保护自身利益的依赖性方面是否存在差异；对防止信息披露失实的措施方面的看法是否存在差异。

问卷之所以设计相关问题对投资者以上几个方面的行为或看法进行考察，主要理论依据有：根据皮斯托（Pistor, 2000）的研究，法律具有书面的法律（law on the books）与法律制度的有效性（effectiveness of legal institutions）之分，即法律条文并不等同于可以实施的、具有实际效力的法律。在我国证券法规中，虽然规定了投资者具有在利益受到侵害时，诉诸司法救济的权利（即书面的法律），但是，从投资者角度来看，其在自身利益受到侵害时，决定是否寻求司法救济以维护自身利益（即法律制度的有效性），会受多方面因素的约束，例如：（1）投资者是否了解维护自身利益的制度渠道；（2）利用该渠道维护自身利益的成本（包含经济成本与时间成本）；（3）获得利益赔偿的可能性以及金额大小。而不同类型的投资者，其在信息搜寻费用、利用权益维护渠道的成本等方面存在差异，这可能会导致投资者对利益保护不同方式的需求。

　　从投资者寻求司法救济维护权益的成本角度来看，首先，由于遭受信息欺诈而寻求司法救济，需要诉讼前置程序。① 前置程序的设置虽然有助于减少不必要的滥讼，但是缩小了投资者诉讼的范围。其次，在级别管辖方面，此类案件实行集中管辖，即省（区、市）人民政府所在的市、计划单列市和经济特区中级人民法院拥有管辖权，而基层人民法院对于此类案件没有管辖权。而且除了《关于审理证券市场因虚假陈述引发的民事赔偿案件的若干规定》（以下简称《规定》）中指定的部分中级人民法院外，其他中级人民法院也没有管辖权；另外，在地域管辖方面，《规定》指出，对发行人或者上市公司以外的虚假陈述行为人提起的诉讼，由被告所在地有管辖权的中级人民法院管辖。最后，在因果关系的举证方面，存在着障碍，极大地限制了投资者利用司法渠道维护权益。《规定》中指出，"被告举证证明原告在虚假陈述揭露日或者更正日之前已经卖出证券的，人民法院应当认定虚假陈述与损害结果之间不存在因果关系"。综上所述可以推断，由于投资者面临着利用司法渠道维护权益的成本，那么如果获得利益赔偿的可能性比较小或赔偿金额比较低，投资者利用司法渠道寻求权益保护的意愿就会比较弱。

　　同时，中小投资者相对于机构投资者而言，由于其投资规模小，遭受权益侵害发生利益损失时，损失金额也相对较小，在寻求司法救济、维护权益的成本一定的情况下，其选择寻求司法救济的可能性要小于机构投资者，选择不寻求司法救济、默认损失的可能性要大于机构投资者。

　　如果上述假设成立，那么中小投资者主动自发地利用司法等途径维护权益的能力相比机构投资者而言就会比较弱，因而可能就会更加希望通过统一的公共监管部门对证券市场的监督、对侵害投资者权益的行为进行制裁这种形式，来实现对自身权益的维护、避免侵害行为的发生。因此，在投资者保护的实施方式方面，中小投资者可能比机构投资者更依赖于来自行政监管者

---

　　① 根据最高人民法院《关于审理证券市场因虚假陈述引发的民事赔偿案件的若干规定》第六条的有关规定，人民法院受理的虚假陈述民事赔偿案件，其虚假陈述行为，须经中国证监会及其派出机构、财政部以及其他有权机构做出行政处罚决定或人民法院做出刑事裁判文书。

对投资者保护的公共实施；相比较而言，机构投资者由于投资规模大、专业性强，对侵害权益的行为具有事前的制约能力，而且事后在利益受到侵害时，具有更强的动力与能力利用市场、司法途径维护自身权益，因而对行政监督机构对投资者保护的公共实施的依赖性较弱。

基于以上分析，我们对于 IPO 市场中异质投资者的权益保护问题提出本章的研究假设，如图 6-1 所示。

假设 6-1：IPO 市场中的异质投资者在寻求权益保护方面存在差异，具体表现在：（1）异质投资者对于表达利益诉求渠道的了解存在差异；（2）异质投资者在遭受欺诈导致损失时是否寻求司法救济的行为选择上存在差异；（3）异质投资者在受损时难获赔偿原因上存在差异；（4）异质投资者在通过行政措施寻求权益保护的行为选择上存在差异；（5）异质投资者在应对预防信息披露失实的措施选择上存在差异。

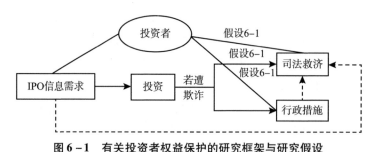

图 6-1   有关投资者权益保护的研究框架与研究假设

注：图中有关投资者 IPO 信息需求等的研究假设分别在第 5 章、第 7 章提出并验证。

6.2   投资者权益保护需求的考察与分析：基于问卷调查

如果 IPO 信息披露有误，投资者在认购新股后即事后发现遭受信息欺诈，其权益是否能够得到有效维护？有哪些权益维护渠道，投资者利用这些渠道的情况如何？投资者权益受损时的求偿权是问卷调查关注的另一个重要问题。我们对回收的有效调查问卷中有关投资者权益保护需求状况的结果进行比较分析。

6.2.1　投资者受损时是否寻求司法救济

对于"遭受欺诈行为、导致投资损失时，是否考虑寻求司法救济"，问卷设计了三个选项（单选）：选项 1：是，会寻求司法救济；选项 2：不一定，取决于具体情况；选项 3：否，默认损失。在全部 937 份有效问卷中，有 15 份针对本题目的回答有缺失，在回答此问题的 922 份问卷中，投资者选择"是，会寻求司法救济"的比例是 35.6%；选择"不一定，取决于具体情况"的比例为 53.0%；有 9.7% 的投资者选择了"否，默认损失"的选项（见表 6 -1）。

表 6 -1　　投资者关于遭受欺诈导致损失时是否寻求司法救济的统计描述

分类	选项	频数	百分比（%）
有效问卷	是，会寻求司法救济	334	35.6
	不一定，取决于具体情况	497	53.0
	否，默认损失	91	9.7
	合计	922	98.3
缺失		15	1.6
合计		937	100.0

在按照个人投资者与机构投资者对投资者的类型进行区分后，统计结果显示，个人投资者与机构投资者相比，选择"是，会寻求司法救济"的比例明显较低，选择"否，默认损失"的比例明显较高（见表 6 -2）。

表 6 -2　　　　　　　　　投资者类型与寻求司法救济情况　　　　　　　单位：%

项目		是否寻求司法救济		
		是	不一定，取决于具体情况	否，默认损失
投资者类型	个人投资者	35.6	53.6	10.8
	机构投资者	40.0	56.0	4.0
合计		35.6	53	9.7

卡方检验的结果显示，在5%的显著性水平下，皮尔逊卡方检验结果接受原假设，而似然比卡方检验的结果拒绝原假设（见表6-3）。总体来说，应该拒绝原假设（有拒绝的条件，就不可以接受原假设），即认为不同类型的投资者在"遭受欺诈行为时是否寻求司法救济"选择方面存在显著性差异。这与我们在假设6中提出的相关预期相符。

表 6 - 3 卡方检验结果

项目	值	df	渐进 Sig. （双侧）
皮尔逊卡方值	5.771 *	2	0.056
似然比	7.022	2	0.030
线性相关卡方检验	3.468	1	0.063

注：＊单元格（0.0%）期望计数少于5，最小的期望计数为12.36。

选择寻求司法救济的个人投资者低于机构投资者，选择默认损失的个人远高于机构。与个人相比，机构表现出更强的权益保护意愿，换言之，个人在遭受IPO信息欺诈时其权益更不容易得到维护。

6.2.2 投资者受损时难以获得赔偿的原因

对于调查问卷中"利益受到损失时，为何难以获得赔偿"这一问题，我们设计了四个选项（可以多选）：原因1：不了解司法救济的渠道、程序；原因2：诉讼成本太高、举证困难；原因3：耗时太长、太占用精力；原因4：能否得到赔偿不确定，而且赔偿金额有限。针对本问题回答的有效问卷数量为923份。

表6-4报告的统计分析显示，无论个人投资者还是机构投资者均认为，在利益受到侵害时难以获得赔偿的最主要原因是诉讼成本太高、举证困难。然后是耗时太长、太占精力，即经济费用与时间成本太高，而且能否获得赔偿不确定，即使能获得赔偿，金额也较为有限，可能不足以覆盖成本。另外，个人投资者面临较高的信息费用问题，即不了解司法救济途径。

表6-4		投资者类型与难获赔偿原因的列表			单位：%
项目		难获赔偿原因*			
		原因1	原因2	原因3	原因4
投资者类型	个人投资者	50.6	71.1	71.0	50.1
	机构投资者	33.9	81.1	65.4	49.6
合计		48.3	72.5	70.2	50.1

注：＊表中百分比计算是根据响应得分问卷占合计问卷数的比例。

在此基础上，我们对"利益受到损失时，为何难以获得赔偿"这一问题中的原因"诉讼成本太高、举证困难"进行了 Logit 回归分析，并根据参数估计，只选取显著性通过5%的变量项，得到方程（6-1）：

$$Logit = -1.683 + 1.296degree(1) + 0.673time(1) + 0.589time(2)$$

$$发生比 \quad (3.656) \quad (1.960) \quad (1.802) \qquad (6-1)$$

在5%的显著性水平上，学历为"专科及以下"的投资者比学历为"硕士及以上"的投资者使 Logit 平均增长 1.296 个单位，学历为"专科及以下"的投资者的发生比是"硕士及以上"投资者的 3.656 倍。投资经历在 5 年以下的投资者相比投资经历在 10 年以上的投资者使 Logit 平均增长 0.673 个单位，发生比为 1.960 倍；投资经历在 5~10 年的投资者相比 10 年以上的投资者使 Logit 平均增长 0.589 个单位，发生比为 1.802 倍。综上所述，学历越低的投资者，选择"诉讼成本太高、举证困难"的可能性也越大；同样，投资经历越少的投资者，认为"诉讼成本太高、举证困难"的可能性也越大。

6.2.3 投资者通过行政措施寻求权益保护的行为选择

投资者在寻求司法救济方面的权益保护具有较大的局限性，那么，是否能够寻求有关行政措施的保护呢？我们对此予以统计和分析。

6.2.3.1 投资者对各类权益保护诉求提起渠道的了解比较

对于投资者是否了解利益受损后的行政诉求渠道，问卷设计了 5 个选项

（可多选）。选项 1：证监会主席邮箱或证监会公众留言；选项 2：证监会监督信箱、邮箱、电话；选项 3：中国证券投资者保护网邮箱，或中国证券投资者保护网留言；选项 4："12386"热线；选项 5：以上四个诉求表达渠道均不了解。对本问题回答的有效问卷为 925 份①。将我们得到的调查数据与投资者的个人和机构属性做列联表，如表 6 – 5 所示。

表 6 – 5　　　　　　　　　　　投资者对行政诉求渠道的了解情况

分类		投资者了解的诉求提起渠道的选项占比（%）					问卷数量（份）
		主席邮箱或证监会公众留言	证监会监督信箱、电话	投资者保护网邮箱、留言	"12386"热线	均不知道	
不同属性投资者占比	个人	25.7	37.3	29.1	25.8	33.0	798
	机构	44.1	74.8	72.4	48.0	11.0	127
全部有效问卷占比		28.2	42.5	35.0	28.9	29.9	925

注：百分比的计算方式为各类投资者对各选项的响应数量总和/该类投资者的总数。

统计结果表明，有约 30% 的投资者不了解利益受损后的行政保护渠道，这个比例很高。个人投资者对于 4 种行政渠道的了解程度远低于机构投资者，对所有行政渠道都不知道的个人比例（达 33.0%）远高于机构比例（为 11.0%）。

我们到证券监管者进行实地访谈得到的信息也表明，由于许多投资者不了解正常的利益诉求渠道，所以倾向于直接到中国证监会、当地证监局或地方政府机构"上访"。根据投资者对"12386"热线了解程度的统计结果，有约 70% 的投资者不知道该渠道；机构利用热线的程度显著高于个人；个人对于"拨打过，对处理结果很满意"的选择比例只有 0.6%。

表 6 – 6 报告的差异性检验显示，个人投资者与机构投资者在四个利益诉

① 证监会于 2013 年 9 月开通"12386"热线，负责受理投资者的建议、诉求等。在证监会公布热线后最初的大约 2 年时间里，"12386"热线的拨打次数基本呈增长趋势，说明越来越多的投资者知道并使用了"12386"热线。证监会做到只要收到投诉必有确切回复，有需相关部门调查与核实情况的，相关部门切实负责。尽管证券监管机构的有关人员反映存在有些投资者提起不合理、不合法诉求的情况，有关部门在调查、核实、回复中占用了有限的监管资源，但该热线的便捷、低成本特征还是非常有助于维护投资者权益。证监会及投保基金官网公布的"12386"热线拨打情况如附录 3 所示。

求渠道的了解方面，均存在显著差异。这验证了我们在假设 6 中提出的相关预期，异质投资者对行政保护渠道的了解和利用程度差异显著。

表 6 - 6　　　　　投资者类型对利益诉求渠道了解情况的差异性

利益诉求渠道	显著性情况（5% 的显著性水平）
证监会主席邮箱，或证监会公众留言	存在显著性差异
证监会监督信箱、邮箱、电话	存在显著性差异
中国证券投资者保护网邮箱，或中国证券投资者保护网留言	存在显著性差异
"12386" 热线	存在显著性差异

个人投资者对行政保护渠道的了解、利用程度远低于机构，原因应该是许多个人投资者并非以证券投资活动作为自己专业从事的职业，与机构投资者相比，其对证券投资活动中涉及股东权益侵害、维护等了解和接触少。

6.2.3.2　投资者对权益保护专业机构的了解程度

关于投资者对权益保护的专业机构——中国证券投资者保护基金有限责任公司（以下简称"投保基金"）的了解情况，我们在问卷中设置了四个选项（单选），与投资者属性做列联表分析，有效问卷共 926 份①。

表 6 - 7 中的统计结果显示，有约 50% 的投资者不知道并不了解投保基金；35% 的投资者虽然知道，但是并不了解；只有 3% 的投资者认为投保基金在保护投资者权益方面做了许多工作，说明投资者对权益保护专业机构的了解很少。而个人投资者对投保基金的了解情况要远低于机构投资者，说明个人投资者在对专业权益保护机构的了解上与机构投资者相差很大。

---

① 中国证券投资者保护基金有限责任公司于 2016 年 5 月 26 日发布"中国证券投资者保护网更名公告"，自该日起，原"中国证券投资者保护网"正式更名为"中国证券投资者保护基金有限责任公司"，网站域名（www.sipf.com.cn）不变且仅为此公司所有。详见：http://www.sipf.com.cn/sy/ttzyxw/2016/05/6537.shtml。

表 6－7   **不同属性的投资者对投保基金的了解情况**   单位：%

分类		投资者对投保基金了解情况的选项占比				合计
		不知道有此机构，不了解	知道此机构，但不了解	此机构做了点投资者保护工作	此机构做了许多投资者保护工作	
不同属性投资者占比	个人	53.1	34.3	10.9	1.8	100.0
	机构	19.7	40.9	28.3	11.0	100.0
全部有效问卷占比		48.5	35.2	13.3	3.0	100.0

注：百分比的计算方式为各类投资者对各选项的响应数量总和/该类投资者的总数。

6.2.3.3 投资者对权益保护热线的了解及利用程度

对于投资者了解和利用"12386"权益保护热线的情况，我们在问卷中设置了 5 个选项（单选），将此问题与投资者属性做列联表分析，有效问卷共 919 份。

表 6－8 的统计结果显示，有超过 60% 的投资者对投资者保护热线不知道、不了解，其中的个人投资者比例高于机构投资者比例。在利用程度上，投资者整体上利用热线的程度很低，其中的机构投资者利用程度高于个人投资者。个人投资者对于"拨打过，对处理结果很满意"的选择比例只有 0.6%。

表 6－8   **投资者对权益保护热线的了解及利用程度**   单位：%

分类		投资者对权益保护热线的了解情况选项占比					合计
		不知道，不了解	知道，但不了解	了解，但没拨打过	拨打过，处理结果不理想	拨打过，对处理结果很满意	
不同属性投资者占比	个人	63.5	19.1	11.6	5.2	0.6	100.0
	机构	44.1	20.5	18.1	9.4	7.9	100.0
全部有效问卷占比		60.8	19.3	12.5	5.8	1.6	100.0

注：百分比的计算方式为各类投资者对各选项的响应数量总和/该类投资者的总数。

6.2.4 投资者对应对预防信息披露失实的措施选择

在问卷中关于"如何才能有效预防信息披露失实"的部分设计了8个措施（可以多选）。措施1：监管部门有能力严格把关，保护好投资者权益；措施2：出现信息披露问题时，监管部门要承担核查失职的责任；措施3：由保荐机构、会计师、律师等中介机构承担相关责任；措施4：发行人缴纳防欺诈保障金，若发生欺诈等行为则给予没收等处罚；措施5：将信息欺诈列为公司退市触发条件之一；措施6：发生欺诈行为时可要求公司回购股票；措施7：简化投资者追偿程序，提高投资者赔偿金额；措施8：其他建议请填写（开放式）。针对该问题回答的有效问卷数量为922份。

表6-9报告的统计结果显示，个人投资者对措施2"出现信息披露问题时，监管部门要承担核查失职的责任"选择比例最高，而机构投资者中对措施3"由保荐机构、会计师、律师等中介机构承担相关责任"选择的比例最高。这说明机构投资者更加注重通过市场参与主体之间权责利的制约关系来避免信息欺诈现象的产生，而个人投资者更加注重监管部门的审核监督责任。

表6-9　　　　　　投资者类型与预防信息披露不实措施的统计

分类	投资者类型（%）		合计（%）
	个人投资者	机构投资者	
措施1	48.8	25.2	45.6
措施2	57.5	69.3	59.1
措施3	55.3	72.4	57.7
措施4	50.6	39.4	48.7
措施5	56.4	67.7	57.9
措施6	47.0	43.3	46.5
措施7	44.9	71.7	48.6
措施8	2.8	1.6	2.6
合计（份）	795	127	922

注：表格中的百分比根据各个选项的响应值为1进行统计计算。

差异性检验结果也显示，个人投资者与机构投资者在措施1、措施2、措施 3、措施 4、措施 5、措施 7 的选择方面，都存在显著性差异（5% 显著性水平），如表 6 - 10 所示。

表 6 - 10 投资者类型与预防信息披露不实措施的选择差异性

预防信息披露不实措施	显著性情况（5%）
监管部门有能力对 IPO 申请材料严格把关，保护好投资者权益	存在显著性差异
出现 IPO 信息披露问题时，监管部门要承担核查失职的责任	存在显著性差异
由保荐机构、会计师、律师等中介机构承担相关责任	存在显著性差异
发行人交纳防欺诈保障金，若发生欺诈等行为则给予没收等处罚	存在显著性差异
将 IPO 信息欺诈列为公司退市触发条件之一	存在显著性差异
发生欺诈行为时可要求公司回购股票	不存在显著性差异
简化投资者追偿程序，提高投资者赔偿金额	存在显著性差异

个人投资者作出的第二位、第三位选项分别是"将 IPO 信息欺诈列为公司退市触发条件之一""由保荐机构、会计师、律师等中介机构承担相关责任"。而机构投资者作出的第二位选项是"简化投资者追偿程序，提高投资者赔偿金额"，比例高达 71.7%，反映出机构大多投资规模大，一旦遭受损失，受损程度高，所以很希望能够便利地获得足够的赔偿。机构投资者作出的第三位选项才是"出现 IPO 信息披露问题时，监管部门要承担核查失职的责任"，但比例仍然较高，为 69.3%。

6.3 本章小结

推行注册制改革要解决的关键问题是如何更有效地保护投资者的权益。通过问卷调查、实地调研与访谈，我们获得了来自投资者关于其自身权益保护状况的"一手"资料，并对不同类型投资者的权益保护差异进行了检验，得出了以下主要结论。

（1）投资者通过司法救济和行政诉求等各种渠道维权的比例均不高。在遭遇信息欺诈后，近 10% 的投资者选择默认损失。其中，个人投资者比机构投资者更倾向于默认损失而不是积极寻求司法救济。

（2）多数机构与个人均认为诉讼成本高、举证困难，或耗时长、太占精力。在表达利益诉求方面，个人投资者比机构投资者面临更高的信息费用问题，学历越低、投资经历越短的个人投资者所面临的表达利益诉求的成本越高。过半数的个人投资者表示不了解司法救济程序，这远高于机构投资者的占比。对行政诉求情况的考察结果显示，有约30%的投资者表示不了解有哪些具体的行政诉求渠道。拨打过"12386"热线的投资者占比不到10%。其中个人投资者对行政渠道的了解、利用程度比机构投资者更低。

（3）在利益保护的实施主体方面，个人投资者比机构投资者更依赖来自行政监管部门的公共实施。

（4）个人与机构投资者均认为权益受损时难获赔偿的最主要原因是诉讼成本太高、举证困难及耗时太长，而个人投资者面临较高的信息费用即对司法救济途径的了解程度较低，学历越低的投资者及投资经历越少的投资者越认为"诉讼成本太高、举证困难"。

（5）在预防信息披露失实应采取的措施方面，个人投资者与机构投资者的看法存在差异。

以上研究结论说明，个人与机构投资者由于在成本和收益方面面临着不同的约束，因而在对投资者保护制度的需求方面，也存在着明显的差异性。该调查结论对于从投资者构成特征角度完善投资者保护制度具有十分重要的现实意义。尽管以成熟资本市场为研究对象的研究结论是：在维护投资者利益、保障证券市场运行方面，旨在降低私人缔约成本的证券法律法规的私人实施比依赖监管者行政监督的公共实施更为有效，但这是以证券市场上富有投资经验的专业投资机构的普遍存在为前提的。我国目前证券市场上投资者结构的特点决定了在现阶段我们不能照搬别国经验。问卷分析结果表明，受制于诉讼成本等因素，个人投资者对通过司法救济来维护自身权益这种投资者保护的实施方式的需求较低，其维护自身利益的重要倚仗是，通过监管部门实施的审核、监督、处罚，来预防侵害投资者权益的行为发生，并影响潜在的侵害投资者权益行为的预期。因此，一味地强调以事后司法处置的方式来维护投资者利益，会因为投资者诉诸司法救济的高成本，而导致投资者权利被实质性虚置，这反过来又会进一步影响侵权行为的预期，从而无法改善投资者保护的实施效果。在现阶段，有效的投资者保护需要发挥法律法规在公共实施与私人实施方面的共同作用，将行政的事前监督、市场的优胜劣汰、司法的事后处罚有机结合，以适应不同类型投资者维权权益的需要，提高投资者保护的效率。

同时，有效的投资者保护制度，应该是一个随不同实施方式的交易费用变化而动态优化的过程。一方面，上市公司数量不断增加，证券市场规模不断扩大，使行政监管的实施越来越力有不逮，并导致监管者自身的膨胀，监管成本越来越高；自上而下的监管模式由于信息传递链条长，导致监管行为相对于侵权行为的滞后；监管部门拥有过大的事后自由裁量权而导致权力寻租、运动式监管等。另一方面，成熟市场国家的经验表明，随时间推移，个人投资者将逐渐以持有基金的形式间接持股，证券投资活动必然趋于专业化、机构化。投资者结构的变化将导致投资者保护私人实施的成本不断呈下降趋势：机构投资者投资规模大、承担受托责任等特点使其不但自身通过"用脚投票"而在事前对侵权行为有更强的制约能力[①]，而且在事后寻求司法救济时的举证、质证等程序性上，具有更大的专业优势。因此，投资者队伍的专业化、机构化过程，使使用市场制约力量与司法救济来实施投资者保护的优势逐步呈现。

综合上述结论，可以认为，随证券市场的发展，行政监管的边际成本逐步上升，而市场激励与司法惩罚发挥作用的边际收益逐步凸显，因而有效的投资者保护制度应该因时而异，体现为公共实施与私人实施此消彼长的过程，即适时调整行政与司法力量在维护投资者权益方面所起的作用权重，逐步缩小行政监督（公共实施）在投资者保护方面的作用，渐次扩大媒体、市场与司法力量在投资者保护中的角色参与。

---

① 有学者从不同角度探讨了机构投资者持股对投资者保护水平的促进效果。例如梅洁和杜亚斌（2012）研究发现，基金对持股公司的信息披露有改善作用，而且基金持股公司的信息披露质量随基金持股比例的增加而提高；魏志华、吴育辉和李常青（2012）研究发现，机构投资者持股比例高的上市公司，具有显著更高的现金股利支付意愿和支付水平。同时，王咏梅和王亚平（2011）研究发现，机构投资者持股比例越高，信息效率越高，市场稳定性越好。

第7章 投资者 IPO 信息获取与权益保护：关联性分析[*]

IPO 信息披露与投资者的权益保护，作为推行注册制所需关注的核心内容与所需解决的关键问题，这两者之间是否存在一定的内在关联？在制定深化新股发行体制改革的具体措施时，如何统筹考虑这两个方面的问题？本章对问卷调查、实地调研及访谈相关结果进行进一步的分析[①]，以期为投资者知情权、求偿权的制度完善及注册制改革提供依据。

7.1 IPO 信息披露与投资者保护关联的研究意义及研究基础

注册制改革的核心内容，是强化 IPO 信息披露；要解决的关键问题，是如何更有效地保护投资者的权益。这两者之间，是否存在一定的关联？在酝酿改革措施时，如何系统地将两个方面的问题结合考虑？在我国深化新股发行体制改革的进程中，有必要对这些问题作出解析。

从现有的理论与实证研究来看，有一定数量的文献考察了证券信息披露和投资者权益保护两者的关系。这些文献分别从不同的侧面展开研究，得出了相应的政策启示。有关证券信息披露和投资者保护关系的理论和实证研究的主要研究目标、研究结论等如表 7 - 1 所示。

---

* 本章的主要内容已发表，详见：黄方亮，孙莉，陈静，吴超鹏. 投资者 IPO 信息获取与权益保护：基于成熟投资者问卷调查的研究 [J]. 南开管理评论，2019（1）：181 - 193.

① 本章仍以前面的问卷调查、实地调研及访谈的结果为分析依据。

表7-1 证券信息披露和投资者保护关系的主要文献内容归纳

相关文献	研究对象、研究目标	研究结论
国内区域的、公司层面（firm-level）的理论与实证研究		
郭思永、李佳瑜和李淑一（2015）	从上市公司信息披露、流动性约束与投资者保护角度，构建监管模型，提出投资者权益保护的理论研究框架	改善投资者保护环境的制度安排应该完善信息披露制度建设，以低成本提供信息，权衡信息披露成本和流动性约束成本
李强、朱杨慧和冯波（2015）	2010～2012年沪市重污染行业362家上市公司；采用樊纲等发布的指数衡量投资者保护水平，检验投资者保护等因素对环境信息披露质量的影响	投资者保护水平与环境信息披露质量正相关；强投资者保护地区的高管政治关联与环境信息披露质量的正相关性更显著。建议加强投资者法律保护、环境信息披露的执法力度
刘彬（2014）	深交所2008～2011年主板上市公司1895家；采用樊纲等项目评分结果表示投资者法律保护程度，考察不同地区投资者法律保护环境下审计委员会特征与公司信息披露质量的相关性	审计委员会特征与信息披露质量正相关，但不显著；在引入投资者法律保护程度与审计委员会特征的交叉变量以后，审计委员会特征与信息披露质量显著正相关；投资者得到有关法律保护的程度越高，此相关性在不同区域的差异越显著
刘斌和吴娅玲（2007）	2005年深交所A股500家上市公司；考察股权集中度、投资者保护程度及信息披露质量间的关系	投资者保护程度对公司信息披露质量有正影响；当投资者保护程度变低时，大股东对信息披露的监督作用变大
刘阳和马永强（2012）	2005～2008年A股1986家上市公司；考察信息披露（信息质量、披露内容、披露方式、披露时间等）对投资者保护水平的影响	未预期盈余增加与投资者保护水平改善正相关；信息披露越晚的公司，投资者保护水平越高；披露频率与改善投资者保护水平的相关性不显著
闫华红和包楠（2015）	2007～2012年深交所的A股1902家上市公司；考察会计信息披露与投资者利益保护的相关性	会计信息的改善能降低公司与投资者之间的信息不对称程度，起到保护投资者的作用；提高会计信息的价值相关性能促进投资者保护
张程睿和蓝锦莹（2011）	对2007～2009年沪深A股违规披露上市公司及其配对样本各103家进行比较，研究不同公司信息披露质量对投资者保护效果的差异	违规披露公司及其配对公司的不同信息质量对投资者的保护效果存在差异；高信息披露质量公司信息披露前的累积超额收益率低，信息泄露值低，投资者保护效果更好
赵丽锦（2015）	检验2011年284家上市公司内部控制信息披露质量与代理成本之间的关系	内控信息披露质量越高的公司的代理成本越低，越有利于提高投资者保护水平

续表

相关文献	研究对象、研究目标	研究结论
跨国或国家层面（country-level）的理论与实证研究		
迪舫、马克和洪等（DeFond, Mark and Hung et al. , 2007）	考察 26 个国家 53 197 份年度盈利公告，基于各国投资者保护情况，检验公告信息含量的结构性影响因素	在盈利公告质量高的国家、在内幕交易法（insider trading laws）执行情况好的国家，以及在拥有较强投资者保护机构的国家，公告的信息含量更高；在中期财务报告频次比较高的国家，公告的信息含量较低
珐澈、玛崆和米欧（Fasan, Marcon and Mio, 2016）	以 2009 年和 2013 年参加国际综合报告理事会试点项目（IIRC Pilot Program）的来自 23 个国家 76 家公司发布的 152 份 IR 为样本，检验制度背景对 IR 披露质量的影响	在民法系国家的 IR 披露质量较好；在雇员保护水平较高、市场调节作用较强、股权集中度较高、公司发挥社会责任较多的国家，IR 披露质量也较好。换言之，在重视雇员等利益相关者权益保护的国家 IR 披露质量较高。与之相比，在投资者保护水平较高的国家 IR 披露质量较低
沣恩、瑜科特和苏等（Fung, Yu-Kit and Su et al. , 2013）	选取中国 1999 年颁布《证券法》前后各 5 年的时间区间制造业的 218 家 H 股和 1 813 家港股上市公司，考察在同一个证券市场中上市的来自"一国两制"的不同投资者保护制度背景中公司经理的财务报告信息披露行为	处于投资者保护水平较低环境中的 H 股公司比香港当地公司进行盈余管理的程度更高，在中国实施《证券法》之后 H 股公司的盈余管理程度变弱，表明投资者法律保护程度能够对公司经理进行财务报告信息披露的行为产生影响，证明投资者保护水平能够影响信息披露质量
郝、胡和李等（Haw, Hu and Lee et al. , 2012）	以 1991～2003 年 32 个国家上市公司的 55 900 个观测值为研究样本，分析影响股票价格反映公司未来盈利水平的信息含量的结构性因素	在投资者保护机构较强的国家，信息含量较高；结构性因素在保护机构与信息含量之间起到传导作用。这为国家层面的结构性因素能够通过影响信息含量并从而影响资源配置提供了证据
赫达、泰勒和闻特伯澈姆（Herda, Taylor and Winter-botham, 2014）	从投资者角度考察 2005～2009 年 35 个国家的 618 家公司发布的 1 482 份可持续发展报告和相应的可靠性保证声明，检验国家层面的投资者保护水平对公司自愿做出使用可持续发展报告可靠性保证决定的影响	在投资者保护水平越低的国家，公司越倾向于自愿采取使用可持续发展报告可靠性保证，并且越倾向于使用高质量的可靠性保证。可持续发展报告可靠性保证的投资者驱动而非利益相关者导向特征是相关机构在制定综合的信息披露制度时需充分考虑的因素
侯科、逸斯滕和訾吉尔（Houqe, Easton and Zijl, 2014）	考察大陆法系中投资者保护水平低的法国、德国和瑞典三国在强制采纳 IFRS 后各国信息披露质量的变化	所考察低投资者保护水平国家在采纳 IFRS 后其上市公司预测性信息披露的准确度和分散度均提高，这与之前的一些研究发现相反，意味着低投资者保护水平国家采纳 IFRS 能够改善其证券信息披露质量，获得更好的政策效果

续表

相关文献	研究对象、研究目标	研究结论
跨国或国家层面（country-level）的理论与实证研究		
吉拉撒库尔戴科、都德尼和藻恩等（Jirasakul-dech, Dudney and Zorn et al. , 2011）	使用 1995 年 CIFAR 指数和 2006 年世界银行投资者保护指数作为衡量公司财务信息透明度和投资者权益保护的替代变量，检验这 2 个变量和 16 个国家市场收益的相关性	在高质量信息披露国家的证券市场波动幅度较小，信息披露质量低的国家容易出现市场大幅波动情况。提高信息透明度和投资者保护水平，能够降低市场波动幅度，并且能够降低市场大幅波动的频率
劳誉、南达和威藻科（Leuz, Nanda and Wysocki, 2003）	选取 1990～1999 年 31 个国家 8 616 家非金融类上市公司 70 955 个公司一年度观测值，从不同国家外部投资者法律保护对内部人约束的角度，考察内部人进行盈余管理信息披露的差异	聚类分析结果显示，外部投资者法律保护比较强的英美国家的盈余管理程度比较低，内部人控制特征较强的欧洲大陆和东亚国家盈余管理程度较高；回归分析显示，盈余管理程度与小股东权益保护及法律执行力负相关，意味着投资者保护的立法和执法机构能够影响信息披露质量

注：（1）为尽可能完整表述文献内容，表中的有些内容直接摘录自文献原文。（2）来自中国香港地区的作者对中国内地和中国香港两地上市公司相关比较研究的文献列在了表中跨国或国家层面的理论和实证研究部分。

从已有文献来看，国内的相关研究集中在对中国上市公司层面、不同地区层面的研究。主要的研究发现有：公司层面的信息披露与投资者保护水平之间存在着相互影响的关系；国内不同区域间的投资者保护水平存在差异，投资者保护程度对信息披露起到制约、引导作用。不同学者的研究得到多个角度具有现实意义的政策启示。例如，对我国上市公司层面的理论和实证研究结果表明，保护投资者的一个重要方面就是强化信息披露，即强调对投资者知情权的保护。张宗新（2009）、姚颐和赵梅（2016）认为，信息披露的质量与公司市值和公司盈利能力呈正相关关系，企业价值的真正体现能够起到保护投资者权益的作用。提高信息披露的可靠性、及时性，能够减少信息泄露，会起到加强投资者保护的作用（闫华红和包楠，2015；张微微和姚海鑫，2019）。对上市公司会计信息可比性的公司治理功能的考察发现，会计信息可比性与投资者保护之间具有替代关系（袁媛、田高良和廖明情，2019）。

反过来看，在严格的投资者保护体系中，公司会被迫主动降低其与投资者之间的信息不对称程度；在投资者保护较弱的环境中，证券交易中的信息不对称程度更高（汪宜霞，2004；向凯和陈胜蓝，2008；张程睿和蓝锦莹，2011；北京大学课题组和吴志攀，2014；李强、朱杨慧和冯波，2015）。在我国投资者保护水平较高的区域，上市公司（尤其是非国有控股上市公司）会计信息的可比性更高（袁知柱和侯乃堃，2017）。再如，在有些学者得出的研究结论中，强调考虑监管环境在信息披露成本和流动性约束成本之间权衡；加强投资者法律保护和环境信息披露的执法力度；将投资者法律保护程度与审计委员会制度建设结合起来考虑等（刘斌和吴娅玲，2007；刘阳和马永强，2012；刘彬，2014；郭思永、李佳瑜和李淑一，2015；赵丽锦，2015；李树根，2016）。

国外的相关研究集中在对不同国家或地区的跨区域比较。主要研究的是在具有不同投资者保护背景的大陆法系和英美法系国家或地区，投资者保护水平与某个方面的信息披露质量的相关关系。例如，对国别层面的研究显示，在投资者保护水平越高的国家，上市公司的信息披露越能够反映企业价值；反之，在投资者保护制度越不完善、执法力度越弱的国家，信息披露的质量越差，盈余管理越为严重（Habib，2007；Daske，Hail and Leuz et al.，2008；Jiao，Koning and Mertens et al.，2012；Horton，Serafeim and Serafeim，2013；Gotti and Mastrolia，2014）。① 对于交叉上市的研究显示，母国的投资者保护水平会对上市公司的信息披露质量产生影响（Leuz，Nanda and Wysocki，2003；Lang，Raedy and Wilson，2006；Gong，Ke and Yu，2013）。在投资者保护水平越低的国家，投资者对获取公司自愿性可持续发展审计报告的要求越高，表明公司经理层把花费成本提供自愿性可持续发展审计报告作为了公司进行信息供给、消除信息不对称、增强企业可信度和接受社会监督的一种替代措施（Herda，Taylor and Winterbotham，2014；Hooghiemstra，Hermes and Emanuels，2015）。

还有相关研究发现，在盈利公告质量高的国家，在内幕交易法执行情况好的国家，以及在拥有强有力的投资者保护机构的国家，盈利公告的信息含量更高；在重视雇员等利益相关者权益保护的国家中，其综合报告（Integrated Reports，IR）披露质量较高，而在投资者保护水平较高的国家 IR 披露质量较低；可持续发展报告的可靠性保证是由投资者驱动的，而非利益相关者导向的；提高信息透明度和投资者保护水平，能够降低市场波动幅度，并且能够降低市场大幅波动的频率等（DeFond，Hung and Trezevant，2007；

---

① 也有少数研究发现存在相反的情况，投资者保护水平低的国家在采纳 IFRS 后，信息披露质量的改善反而更为显著（Houqe，Easton and Zijl，2014）。

Jirasakuldech, Dudney and Zorn et al. , 2011；Haw, Hu and Lee et al. , 2012；Fung, Su and Gul, 2013；Houqe, Easton and Zijl, 2014；Fasan, Marcon and Mio, 2016）。

对信息的供给方即上市公司微观层面的国外相关研究显示，美国1929年大萧条之前公司经理层能够尽力满足投资者的信息需求而披露较高质量财务报告的公司，在大萧条爆发后的股票价格下跌幅度较小，表明高质量信息披露有助于在股灾时减轻投资者的损失（Barton and Waymire, 2004）。

这些跨国的研究发现，为各个国家或地区根据各自的法制环境等特点，制定相应的信息披露及投资者保护制度，提供了决策依据。

从国内外考察证券信息披露和投资者权益保护二者关系的文献来看，国内的研究集中于公司层面，国外的研究集中于国家层面，但大多都是以二级市场的上市公司为研究样本，并且大多研究二者关系的某个侧面，得出了各个侧面的结论与政策建议。而对IPO市场上二者的关系，国内外的研究还都有不足。

本书的研究贡献主要在于：通过针对投资者层面问题的问卷调查、实地调研和访谈展开研究，检验证券一级市场上投资者事前的"知情"状况和事后的"求偿"状况之间的关联性，弥补这个领域研究的不足。

7.2　IPO 市场投资者信息获取与权益保护的相关性检验

我们通过问卷调查以及辅助进行实地调研和访谈的方式，直接获取来自投资者的一手信息，验证有关研究所发现的普遍存在于证券二级市场的投资者信息获取与权益保护之间的关联性在IPO市场中的存在状况，并得出推进改革的启示与建议。

7.2.1　投资者 IPO 信息获取与权益保护关系的研究假设

有些"坏"公司会设法进行自我"包装"，以满足进入IPO市场的条件。这种信息欺诈会损害投资者的权益。有学者研究发现系统的信息披露要求与规范的投资者损失赔偿责任追究机制有利于促进市场的发展（La Porta, Lopez-de – Silanes and Shleifer，2006）。还有学者考察了股权结构、证券分析师研究报告、投资者保护和公司估值之间的关联情况，发现在投资者保护较弱的国家，家族或管理层控制程度及分析师的报告对公司价值有更强的正向交互作用。他们指出，分析师发布报告可被视为一种公司治理措施，由此可推测在投资者保护较弱的国家，分析师提供的信息有利于保护中小投资者的权益（Lang，Lins and Miller，2004）。哈比伯（Habib，2007）、张宗新（2009）、闫华红和包楠（2015）、姚颐和赵梅（2016）以及北京大学课题组和吴志攀（2014）等多位学者从信息供给的角度验证了证券二级市场的信息披露质量与投资者保护水平呈正相关关系。那么，在一级市场中，从投资者这一微观层面的信息需求的角度去看，投资者的信息获取与权益保护决策之间是否也存在着正相关的关系？我们从两个方面作出预期：投资者的 IPO 信息获取程度与寻求司法救济决策之间具有相关性；除受信息获取能力影响之外，投资者对行政诉求渠道的了解及利用程度能够影响其作出是否寻求司法救济的决策。因此，提出以下假设。

假设 7 – 1a： 投资者 IPO 信息获取程度与选择寻求司法救济的意愿正相关。

假设 7 – 1b： 投资者对行政诉求提起渠道的了解程度与选择寻求司法救济的意愿正相关。

投资者对权益的保护可以通过行政、司法等外部力量，还可以通过对自身投资行为的调整。那么，投资者事前对 IPO 信息的搜寻、利用程度方面存在差异，是否不仅导致其对投资者保护外部力量利用的差异，而且会导致其自身投资行为调整的自我保护差异呢？从现实状况来看，在公司上市后"变脸"和造假上市等情形中，是否更加具有信息优势的投资者能够对此类公司提前作出辨别，并在新股申购中进行风险规避呢？换言之，是否存在"坏"公司被大多数中小投资者申购了的"赢者诅咒"现象呢？从理论上看，具有更大信息优势的投资者应该在申购新股时具有更高的风险规避能力。但在新股供给的数量与价格均受到不同程度的控制、市场供给与需求失衡的现实状况下，IPO 的后市收益率大幅提高，申购新股的风险大幅下降，这导致各类投资者均会追逐新股的超额收益。因此，提出以下假设。

假设 7 – 2： 投资者的信息获取程度存在差异，但在 IPO 市场失衡的状况下具有一致性的行为选择，即其在投资过程中的自我保护行为无显著差异。

有关投资者 IPO 信息需求和权益保护二者之间关系的研究框架和研究假

设如图 7 - 1 所示。

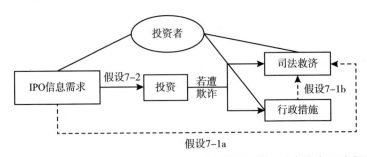

图 7 - 1 有关投资者 IPO 信息需求和权益保护关系的研究框架与研究假设

注：图中有关投资者 IPO 信息需求的研究假设、有关权益保护的研究假设分别在第 5 章、第 6 章提出并验证。

7.2.2 投资者遭信息欺诈时寻求司法救济意向的 **Mlogit** 回归模型检验

通过构建 Mlogit 回归模型分别检验假设 7 - 1a 和假设 7 - 1b。选取的因变量类型为分类变量。回归涉及的变量主要包括四个方面：投资者基本情况、IPO 信息获取情况、对诉求提起渠道的了解情况以及寻求司法救济情况。投资者基本情况包括投资者属性、受教育程度、年龄及证券投资规模，其中，个人投资者和机构投资者分别赋值 1、2。对于具有递进特征的变量从小到大依次向上赋值。其中，投资者的 IPO 信息获取情况包括投资者是否进行实地调研，对未进行实地调研赋值为 0，对进行实地调研赋值为 1；对招股说明书的阅读情况，按选项从 1 开始依次向上赋值，分别代表"不查阅发行人情况直接购买""阅读招股说明书摘要或通过网络查询发行人情况""阅读招股说明书全文"。投资者对诉求提起渠道了解情况包括"是否知道"，对"不知道"赋值为 0，对"知道"赋值为 1；对权益保护专业机构以及权益保护热线的了解程度，按投资者的了解程度，由"不知道""不了解至知道""了解并认为其发挥了很大作用"等分别从 1 ~ 5、从 1 ~ 4 赋值。司法救济情况是指投资者在进行投资时，发现存在 IPO 信息欺诈等造成自身损失时，对寻求司法救济的选择，变量选项包括"否""不一定"和"是"，依次赋值为 1 ~ 3。

7.2.2.1 投资者 IPO 信息获取对其寻求司法救济影响的检验

关于投资者因 IPO 信息存在误导、遗漏、欺诈等情形而导致投资损失时是否会根据相关法规寻求司法救济问题的问卷回复选项，是衡量投资者对自身权益保护的重要指标。回归方程中，被解释变量为投资者是否寻求司法救济，其中以"不一定"作为参考组。自变量选取情况如下：控制变量为投资者属性、年龄、学历、投资规模；解释变量为是否进行实地调研、招股说明书等信息查阅情况以及进行实地调研和阅读招股说明书情况的交互项。

回归结果如表 7 - 2 中的投资者 IPO 信息获取程度回归栏所示。投资者实地调研与否对寻求司法救济的影响不显著。阅读招股说明书与实地调研交互项对是否寻求司法救济的影响不显著，说明这两个表示投资者 IPO 信息获取情况的变量之间没有相互加强或减弱的关系。

表 7 - 2　　　　　投资者信息获取、对行政渠道的了解程度与
寻求司法救济与否的回归结果

变量	投资者信息获取与寻求司法救济与否的回归		投资者对行政渠道了解程度与寻求司法救济与否的回归	
	是否寻求司法救济		是否寻求司法救济	
	是	否	是	否
机构投资者（个人投资者）	- 0.582 (- 1.84)	- 0.394 (- 0.64)	- 0.644 ** (- 2.03)	- 0.227 (- 0.36)
学历（专科或以下）	- 0.215 * (- 2.02)	0.246 (1.44)	- 0.195 (- 1.78)	0.177 (1.00)
年龄（30 岁及以下）	- 0.0696 (- 0.99)	0.350 *** (3.14)	- 0.050 (- 0.70)	0.199 (1.66)
投资规模（50 万元及以下）	0.143 (1.17)	- 0.473 * (- 2.06)	0.175 (1.35)	- 0.277 (- 1.15)
进行实地调研（未实地调研）	0.625 (0.62)	0.738 (0.60)	0.740 ** (3.23)	0.857 * (2.07)
阅读招股说明书摘要或查询发行人情况（不查阅，直接购买）	0.498 * (2.13)	- 0.680 * (- 2.30)	0.485 * (2.06)	- 0.651 * (- 2.14)

续表

变量	投资者信息获取与寻求司法救济与否的回归		投资者对行政渠道了解程度与寻求司法救济与否的回归	
	是否寻求司法救济		是否寻求司法救济	
	是	否	是	否
阅读招股说明书全文（不查阅，直接购买）	0.520 * (2.19)	− 0.968 ** (− 3.06)	0.484 * (2.10)	− 0.879 ** (− 2.81)
招股说明书阅读 ×实地调研交互项	0.0592 (0.16)	− 0.0671 (− 0.14)		
知道行政诉求渠道（不知此渠道）			0.295 (1.54)	− 1.349 *** (− 4.52)
对投保基金的了解程度（不知有此机构，不了解）			− 0.161 (− 1.35)	− 0.518 * (− 2.12)
对"12386"热线的了解程度（不知，不了解）			0.166 (1.81)	0.174 (0.82)
常数项	0.118 (0.29)	− 1.398 (− 1.89)	− 0.150 (− 0.34)	− 0.207 (− 0.26)
样本数量	902		895	

注：括号内为 t 值，* $p < 0.05$，** $p < 0.01$，*** $p < 0.001$。

阅读招股说明书摘要或查询发行人情况的投资者与不查阅、直接购买的相比，对寻求司法救济的选择概率提高了 13.09%，对不寻求司法救济的选择概率降低了 9.81%；阅读招股说明书全文的投资者与不查阅发行人情况直接购买的相比，对寻求司法救济的选择概率增加了 14.47%，对不寻求司法救济的选择概率降低了 12.00%。这些方面验证了假设 7 – 1a，即投资者 IPO 信息获取程度与寻求司法救济的意愿正相关。

7.2.2.2 投资者对行政渠道的了解及利用对其寻求司法救济影响的检验

投资者在选择是否采取司法救济来维护自身权益时，除受投资者是否进行实地调研和招股说明书等信息查阅情况的影响外，可能也与对行政诉求渠道、权益保护专业机构的了解程度有关。因此，仍选择投资者是否进行司法救济为被解释变量，进一步考察投资者对行政渠道的了解程度对其寻求司法救济的影响，解释变量为在原有信息获取变量的基础上增加是否知道行政诉求提起渠道、对投保基金及"12386"热线的了解程度。

回归结果如表 7 – 1 中的投资者对行政渠道了解程度回归所示。在投资者信息获取对其寻求司法救济影响的回归中，阅读招股说明书情况与是否进行实地调研的交互项对解释变量的影响不显著，因此，在投资者对行政诉求渠道了解程度对其寻求司法救济影响的回归中去掉了该交互项。对投资者对行政诉求渠道了解程度的回归显示，招股说明书阅读情况的影响方向和显著性不变，但因行政渠道了解程度的变量的加入，使招股说明书阅读情况的作用减小；但投资者实地调研与否对寻求司法救济的影响变得显著，进行实地调研与不进行实地调研的投资者相比，对寻求司法救济和不寻求司法救济选择的系数分别为 0.740 和 0.857，说明加入投资者对行政渠道的了解程度使进行实地调研的投资者更不会寻求司法救济；与不知道行政渠道的投资者相比，知道行政渠道的投资者对不寻求司法救济的选择概率降低 11.79%；对投保基金的了解程度每加深一个层次，对不进行司法救济的选择概率减少 3.74%。换言之，除投资者信息获取程度能够对其寻求司法救济的行为产生影响之外，投资者对行政渠道的了解程度也产生了影响作用，假设 7 – 1b 得到验证。

7.2.3　投资者遇业绩"变脸"等情形时的权益保护行为检验

投资者事前对 IPO 信息的搜寻、阅读程度有差异，那么，在公司上市后"变脸"等情形中，是否更加具有信息优势的投资者能够对此类公司提前作出辨别，并在新股申购中进行风险规避、保护自我权益呢？

为对投资者 IPO 信息搜寻、阅读程度与其投资行为之间的关系进行检验，我们选取 2014 ~ 2016 年上市的 477 家公司（不包括金融及房地产类等公司），通过考察其中上市后业绩"变脸"等特殊情形的公司，检验假设 7 – 2。[①]

在目前的 IPO 市场中，发行市盈率受到控制，发行数量仍有限，导致供需失衡，需求相对旺盛，其结果就是 IPO 后市表现相对较好，尤其是初始收益率和短期收益率。在这种特殊状况下，申购新股的风险很低，所以，不管机构还是个人，在申购新股时不会因判断出哪些公司可能有财务造假或上市

---

① 为节省篇幅，此处未列出有关的详细数据，若有需要，本书作者可提供。

后业绩可能会"变脸"而不申购。

从现实情况来看，通过考察 2014~2016 年上市的 477 家公司（不包括金融及房地产类等公司），发现上市次年营业收入较当年下滑幅度为 10%、20% 和 30% 的分别有 48 家、22 家和 6 家；上市次年营业利润较当年下滑幅度为 10%、20% 和 30% 的分别有 137 家、110 家和 81 家。这些"变脸"公司里只有 2~3 家上市首日涨幅未达到 44% 的涨幅限制，涨停板天数的平均值均在 10 天以上；上市后 30 日的收益率比较高，到 90 日降低，然后到 180日趋于稳定。这些情况说明，"变脸"公司的后市表现对各类投资者仍均较具吸引力，投资后即使持有到第 180 个交易日，收益率大多能在 200% 左右。这应该是不管网下配售还是网上发行都有大量个人与机构参与的主要原因。

从网下配售数量来看，A 类、B 类机构投资者网下申购数量占网下有效申购的比例在三种不同"变脸"程度的公司中平均值均超过 50%；其中，"变脸"程度最大的 6 家公司上市次年较上市当年业绩均出现超过 30% 的下滑，除海南矿业在上市后 30 日、90 日和 180 日均出现负的收益率之外，其余 5 家公司 30 日、90 日和 180 日的收益率均为正，并且每家公司的涨停板天数也较多，除海南矿业的 A 类、B 类机构申购占比为 40% 之外，其他占比均超过 50%，最高的是东方新星，约达 84%。

为了进一步验证机构投资者的 IPO 申购行为，以上市次年较当年的营业收入增长率小于 0 与大于或等于 0 将 477 家公司进行分组，对两组公司进行方差分析，结果表明，除上市后 90 日和 180 日收益率数据间的差异较显著之外，其余包括机构投资者申购情况等的数据在正、负增长两组公司间差异均不显著。另外，以营业利润的正、负增长率进行分组做方差分析，结果显示两组数据间差异均不显著。

对于造假上市的企业，机构是否尽量避免进行新股申购呢？在 477 家公司中，从证监会网站上查到只有欣泰电气因上市前财务造假而受证监会行政处罚。另外，京天利在 2014 年上市，上市次年较当年营业利润呈负增长；2016 年因在其招股说明书中存在未披露关联关系等问题而受证监会处罚。欣泰电气和京天利的机构投资者网下申购占比分别约为 76%、60%。

以上情况说明，机构投资者在申购新股时未特意辨别或未能够辨别出正增长公司还是负增长公司；在 IPO 后市表现极佳情况下，机构未特意辨别的可能性更大；但在卖出时间点的选择上，由个别案例知，机构表现出更强的信息优势。

以上各种情形表明假设 7 - 2 成立，即具有不同信息获取程度的投资者，在 IPO 市场供给不足的状况下具有一致性的行为选择，投资行为未呈现出显著差异，也即其在投资过程中的自我保护行为未呈显著差异。"坏"公司多被处于信息劣势的中小投资者申购的"赢者诅咒"理论在市场失衡的特殊前提下不再成立。

7.3　本章小结

通过考察、剖析我国投资者的 IPO 信息收集、利用以及权益维护状况，检验二者之间的关联性，发现投资者事前信息获取与其事后权益维护存在一定程度的关联。这一研究结论可为改善投资者的知情权和求偿权、深化二者之间的政策措施匹配、推进注册制改革等提供来自投资者层面现实状况的直接依据。

归纳起来，我们的主要研究发现包括以下内容。

（1）在对投资者的自身特征进行控制的基础上，对投资者在遭受信息欺诈时是否寻求司法救济影响因素的实证检验发现，在 IPO 信息获取方面，投资者阅读招股说明书程度越深，寻求司法救济的概率越大；而投资者实地调研与否对寻求司法救济的影响不显著；招股说明书阅读与实地调研的交互项对寻求司法救济的影响不显著。

（2）在投资者行政诉求渠道方面，在投资者信息获取产生影响的基础上，对行政渠道了解情况变量的加入，使招股说明书阅读程度的作用减小，但不影响其对司法救济的正向影响和显著性。

（3）实地调研与否这一变量变得显著，进行实地调研的投资者更不会寻求司法救济。

（4）对行政诉求渠道、权益保护专业机构的了解程度越深的投资者对不寻求司法救济选择的概率更大。

（5）在业绩"变脸"公司及存在信息欺诈问题的公司的情形中，在 IPO 市场供求失衡的特殊状况下，投资者信息获取程度对其投资行为选择即投资过程中的自我保护行为无显著影响，处于信息劣势的低成熟度投资者申购到"坏"公司的"赢者诅咒"理论不再成立。

以上研究结论对于 IPO 市场改革的启示是，在进行注册制的机制设计时，需加强对投资者知情权和求偿权的协同维护。

第8章 IPO信息披露与投资者保护：机制完善与改革深化

进行IPO机制改革，由实行核准制到推行注册制试点，要重点考虑的是如何保证信息披露的质量，要着重解决的是如何保护投资者的权益。对此，本书对我国IPO制度变迁进行了演化博弈分析；对IPO信息供给的核心文件招股说明书的文本内容做了可读性分析和语调分析；着重就IPO信息需求问题做了问卷调查、实地调研和访谈；然后，以此为基础对异质投资者的知情权和求偿权进行分析，并检验了二者之间的关联性。通过这些探讨，我们发现IPO信息披露与投资者保护的实践中尚存在一些问题，深化新股发行体制改革仍需进行一些制度安排的优化与改进。①

8.1 IPO信息的供给与需求问题回顾

IPO招股说明书是发行人向投资者提供的最主要的法定公开信息文件。从发行人所披露的信息形式来看，达到证监会的信息披露要求比较容易。发行人与中介机构一起，根据相关法规要求的格式，并参考其他公司披露的信息，"按图索骥"，即可起草信息披露的文件。所以，发行人能够比较容易地做到信息披露在形式上完整、规范。但是，IPO信息在内容上具体是怎么表述的呢？我们选取招股说明书中"管理层讨论与分析"即MD&A和"业务发展目标"（或称"未来发展规划"）两个存在较多主观阐释内容的核心章节，

---

① 本部分是归纳、总结前面各章节的研究发现，所以，会涉及前面的许多核心内容，同时，也就涉及包括我们已经发表的学术论文等的课题阶段性成果中的许多内容，在前面涉及的相关的阶段性成果已在相关章节中的脚注里注明。由于我们取得的阶段性成果比较多，为避免赘述，这里就不逐一列举。

应用内容分析法，对其可读性和语调进行考察、检验。

8.1.1　发行人的 IPO 信息供给问题

IPO 招股说明书是发行人向投资者提供的最重要的信息披露文件。我们通过考察招股说明书中的两个重要章节："管理层讨论与分析"和"业务发展目标"，分析其可读性与语调，检验 IPO 信息的供给问题。

招股说明书可读性的高低能够影响投资者获取信息的快慢、多寡。我们的问卷调查结果显示，近 2/3 的投资者认为招股说明书应浅显、简洁、易懂，这反映出多数投资者对提高招股说明书易读程度的要求。我们通过设计可读性指标，构建了结构方程模型，对可读性的影响因素和市场效应进行了检验。

招股说明书的可读性主要由语言表述的专业程度和复杂程度决定。对可读性的检验主要是对措辞形式的考察。而对语调的检验则是对措辞内容的考察。IPO 的信息文本除了可能存在的利润操纵等造假情形之外，还存在措辞操纵的可能性。因此，我们根据我国招股说明书的措辞特征，对 IPO 信息的语调进行了比较全面的类别划分，考察了各类语调的情况，并检验了语调的影响因素以及市场效应。

8.1.1.1　IPO 信息披露的可读性问题

（1）不同章节的可读性差异及其反映出的问题。财务信息与非财务信息在不同章节的分布比较极端化。MD&A 部分的会计术语密度较高，这与该章的内容特点有关。但与之相比，业务发展目标部分的会计术语密度极低，后者在讨论公司未来发展时提供的财务目标信息明显偏少。

业务发展目标章节的篇幅较短，但其平均句长高于 MD&A 章节，在一定程度上反映出发展目标章节的信息披露可读性较低，所披露信息的充分性也相对不足。

（2）IPO 信息可读性未呈现出逐年改善的趋势。根据可读性分析结果，发行人招股说明书内容的易读程度在不同的年份没有呈现出明显的差异。这说明可读性没有随时间推移而改善，也从一个侧面说明发行人等主体对 IPO 信息披露中的可读性问题关注度还有待提升。

（3）可读性受公司偿债能力、成长能力和公司规模等因素影响。在整体影响因素方面，我们发现发行人盈利能力越好，招股说明书可读性越好。但是，偿债能力、成长能力和公司规模对可读性构成负向影响。

不同板块影响因素方面的检验显示，各板块招股说明书可读性的影响因素有着不同的特点。中小企业板招股说明书可读性的影响因素检验结果与整体样本最为相似，即盈利能力越好，招股说明书可读性越好。偿债能力、成长能力和公司规模与可读性均呈负相关关系；对于在创业板上市的公司，偿债能力越好，招股说明书的可读性越差；在主板方面，公司规模越大，招股说明书的可读性越差。

（4）创业板的 IPO 信息可读性与后市表现关系不显著。可读性与后市表现之间整体呈显著正相关关系，即招股说明书的可读性水平越高，后市表现越好。此结果与黄和金（Hwang and Kim，2017）的提高年报可读性能够增加企业市场价值的研究结论一致，说明发行人存在着为吸引投资者而对招股说明书可读性进行措辞操控的"嫌疑"。我们分不同市场板块的检验发现中小企业板和主板的情况均为可读性水平越高，则后市表现越好。而创业板 IPO信息可读性与后市表现没有显著关系，部分可能是因为创业板公司多是创新型高科技企业，需要有更多的高新技术术语的表述。

8.1.1.2　IPO 信息披露的语调问题

（1）招股说明书中的"正面"信息偏多，存在"美化"的倾向。通过对招股说明书信息表述中显性内容（包括明确语调与模糊性语调，前瞻语调与其他时态语调）与隐性内容（包括积极与消极语调，肯定与否定语调，强态与弱态语调）的考察，发现 MD&A 章节中的积极语调和肯定语调数值较高，即 MD&A 章节内容中体现的积极性和肯定性内容较多，说明存在管理层避免使用消极性、否定性表述的倾向。明确语调数值较低，模糊性表述很多，部分的原因可能是由于公司经营中总会面临一些不确定性因素。但根据我们的问卷调查结果，有46.2%的投资者认为 MD&A 部分不能只是提供公司的"正面"信息，还要对公司存在的问题进行深入剖析。

在业务发展目标章节中，积极语调和强态语调数值较高，远高于 MD&A的积极语调和强态语调，说明业务发展目标章节的叙述中体现出的积极性内容很多、表达比较强烈的措辞很多。可以理解的是，业务发展目标章节内容的性质就是对公司的未来进行表述，而大多数公司对未来的设想是积极的、美好的，所以积极语调、强态语调数值极高。明确语调数值较低，这与MD&A 的类似。这种状况在我们的问卷调查结果中也有反映。有 37.6% 的投资者认为"目标或规划的内容有虚有实，有的部分不够具体，对投资决策的参考价值有限，阅读时需要自行判断虚实"，此外还有 14.5% 的投资者认为"目标或规划的内容虚多实少，对投资决策的参考价值很低，不值得关注"。

（2）各类语调随时间推移的变化趋势大多不明显。在我们所考察时间区间的后期 MD&A 的积极语调、肯定语调数值略微减少，应该是监管机构在 IPO 审核过程中对夸大、渲染式的表述监管更加严格的结果。与 MD&A 的类似，业务发展目标章节后期积极语调有略微减少的趋势，但强态语调没有随时间的推移而发生明显变化。前瞻语调值较高，明显高于 MD&A 的前瞻语调，这与业务发展目标章节所述公司未来的内容特征有关。肯定语调数值也较高。前瞻语调、肯定语调随时间推移的变化趋势不明显。

（3）不同类别的语调受各种因素影响的情况不同。对于 MD&A 语调，盈利能力高、增长性好、短期偿债能力强的以及董秘学历高的公司的招股说明书中使用的积极语调更多；公司的短期偿债能力对积极语调、强态语调及前瞻语调均有正向影响；董事长学历与明确语调正相关。强态语调受公司盈利能力、偿债能力和成长能力的影响比较明显。与在主板、中小企业板上市的公司相比，在创业板上市的公司的 MD&A 各类语调受不同解释变量的影响更多一些。

对于业务发展目标章节，资产负债率高、流动比率较高的公司，其积极语调值略高；除积极语调之外的其他语调受各种因素影响不明显。这应该是因为业务发展目标章节篇幅较短，并且不同的公司发展目标各异，所涉及的语调词汇频数有限。不同上市板块业务发展目标语调受影响因素的作用也大多不显著。

（4）不同类别的语调对新股后市表现产生影响的程度存在差异。MD&A 强态语调呈现出负向的市场效应，说明过于夸大其词的叙述对投资者的新股购买决策起负向作用。与 MD&A 章节不同，业务发展目标的肯定语调与初始收益率呈显著负相关关系，这应该与业务发展目标章节的内容特点有关。该章节应阐述 IPO 公司的未来发展状况，因此对未来不确定性的表述应该更多，而过多使用肯定性措辞进行表述会对投资者获取公司发展前景的信息造成负面影响。

多数类别的 MD&A 语调对 IPO 初始收益率的影响不显著。究其原因，应该是我国初始收益率长期居高不下导致投资者容易在一级市场获利，从而在新股上市初期容易忽略 IPO 公司的基本面信息。这与我们的问卷调查结果比较吻合：有高达 34% 的投资者在申购新股时不阅读招股说明书。但是，我们的问卷调查结果显示，仅有 5.7% 的投资者认为招股说明书中"管理层讨论与分析"部分的信息披露不重要，仅有 4.0% 的投资者认为"业务发展目标"的信息披露不重要。绝大多数投资者认同招股说明书中的重要性，却有相当一部分投资者不去阅读，主要原因除初始收益率异常高之外，就是信息披露质量不高，仅有 16.3% 的投资者认为这两部分信息能够反映出企业的投资价值，说明投资者对信息披露质量并不是十分满意。

（5）IPO 招股说明书信息披露的语调对股票收益率的影响存在时效性。随着时间的推移，MD&A 章节的肯定语调变得与 IPO 后市表现显著正相关，业务发展目标章节的积极语调变得与后市表现正相关。究其原因，应该是随着新股上市后在二级市场不断交易，价格波动频繁，投资者需作出买入和卖出决策并争取盈利，就需要对公司信息予以关注。其中，MD&A 章节的肯定语调能够向投资者传递有关企业价值的确切信息，提升投资者对发行人的信心，因而购买意愿和持有意愿增强；而业务发展目标章中的积极语调引起了投资者的更多关注，增强了投资者对公司发展前景的信心。但在公司上市大约一年后，这种市场效应明显减弱。

8.1.2 投资者的 IPO 信息需求问题

通过对投资者进行较大规模的问卷调查，并辅助以到拟上市公司、中介机构和监管机构进行实地调研、访谈，我们获取了来自市场第一线的投资者对 IPO 信息披露需求的情况，较为系统地剖析了投资者的 IPO 信息需求偏好和信息需求缺口等问题。

（1）投资者对招股说明书的关注度不高。对问卷调查的统计结果显示，从整体上看，投资者利用信息的各种情况所占的比例大致相当。有 28.7% 的投资者会仔细阅读招股说明书；但有多达 17.7% 的投资者"不查询发行人情况，直接购买"新股。尽管个人投资者中仔细阅读招股说明书的占比在个人投资者阅读招股说明书情况各选项占比中最高，但此占比的绝对数非常低，约为 1/4；而占比排在个人投资者查阅招股说明书等信息情况分类中第 2 位的选项是"不查询发行人情况，直接购买"新股，占比高达约为 1/5。在机构投资者中，超过半数的仔细阅读招股说明书，但仍然有 3.9% 的机构"不查询发行人情况，直接购买"新股。

（2）个人投资者对招股说明书的阅读程度远低于机构投资者。选择"在认购新股前仔细阅读招股说明书"的个人投资者的比例，远低于选择该选项的机构投资者的比例，而选择"不查询发行人情况，直接购买"的个人投资者，远高于选择该选项的机构投资者。我们认为，个体投资者与机构投资者都是理性的，其 IPO 招股说明书阅读情况的差异主要取决于双方理解、吸收、内化信息的能力差异，即同样的招股说明书对双方投资决策所具有的参考价值不同。而受教育水平、投资规模、投资经历等在解释招股说明书阅读需求方面不显著，说明发行市场进入管制导致的一级、二级市场之间的价格差降低了新股认购风险，使建立在获取信息基础上决策的边际收益不明显，因此即使有能力负担信息获取成本的投资者，也缺乏获取信息的激励。

（3）低专业化程度的一般机构投资者对招股说明书的阅读程度低于高专业化程度的机构投资者。将机构投资者按照是否"专业"，划分为专业机构投资者（包括券商、投资基金等）与一般机构投资者（包括一般企业、公司等）。本书的卡方检验结果显示，一般机构投资者在招股说明书的阅读方面，与个人投资者无显著差异。我们将一般机构投资者与个人投资者合并，称为一般投资者，将其与专业机构投资者对比检验后发现，两者在招股说明书的阅读情况方面存在显著差异，前者低于后者。

（4）不同投资者对招股说明书中不同章节的信息需求程度不同。本书通过考察投资者对招股说明书不同章节重要程度的认识，来获取不同投资者对招股说明书中的各章节信息的需求程度。机构投资者与个人投资者对于"发行人基本情况""同业竞争与关联交易""高管人员与公司治理""财务会计信息""募集资金使用"等部分的重要性判断存在显著差异，对"风险因素""业务和技术""管理层讨论与分析""业务发展目标/未来发展与规划"四个章节的重要性判断方面无显著差异。除机构投资者与个人投资者对于招股说明书主要章节重要程度的判断存在差异外，个人投资者认为招股说明书中重要性排前三的是"财务会计信息""募集资金使用""风险因素"。这主要是由于个人投资者对专业知识的了解有限，只能对介绍公司客观情况的章节作出一定的判断，因此对于财务会计信息及资金使用和风险因素的重视程度要高于对其他因素的重视程度；机构投资者认为重要性排第一位的章节和个人投资者一样，第二位和第三位分别是"业务和技术"和"业务发展目标/未来发展与规划"。这可能是由于机构投资者由于拥有更多专业知识，对招股说明书中涉及公司实质性发展方面的问题需求程度更高。同上，将一般投资者与专业机构投资者进行对比后发现：投资者是否"专业"，对招股说明书各章节重要性判断存在相似差异。

（5）投资者对 IPO "软信息"价值的认可度较低。从招股说明书中披露的"硬信息"（以"定量的、可证实的"等为特征的历史、财务等信息）与"软信息"（以"不可证实的"为特征的关于未来发展方向、盈利预期等信息）来看，投资者整体上对"软信息"价值的认可度较低；个人投资者更加注重"软信息"在投资决策中的参考价值。

问卷调查结果显示，分别有 25.1% 和 15.3% 的个人和机构认为公司对发展目标或发展规划的陈述十分具体、可行，对投资决策极具参考价值，值得关注；而分别有高达 47.1% 和 64.9% 的个人和机构认为目标或规划的内容有虚有实，有的部分不够具体，对投资决策的参考价值有限，阅读时需要自行判断虚实。另外，分别有 20.1% 和 15.3% 的个人和机构认为目标或规划的内容虚多实少，对投资决策的参考价值很低，不值得关注；分别有 7.7% 和 4.5% 的个人和机构认为目标或规划中定性的内容多，缺少盈利预测的数据等定量的内容。皮尔逊卡方检验与似然比卡方检验的结果显示，个人和机构对业务发展目标的信息在投资决策中所起作用的判断存在显著差异；一般投资者与专业机构投资者之间也存在显著差异。投资者的专业化程度能够解释投资者对"软信息"价值的判断的差异。

（6）投资者要求改善招股说明书内容的意愿较强。对于招股说明书在形式上应如何改进，分别有超过半数的个人和机构投资者选择了 3 项改进措施：措施 1：压缩、删除或合并重复性内容，避免前后章节中的重复性陈述；措施 2：各章节的内容应有繁有简、突出重点，该深入陈述的部分应更加详尽；措施 3：语言应更加浅显、简洁、易懂。其中，对"各章节的内容应有繁有简、突出重点"措施的选择最为集中。这些投资者的选项占比反映出 IPO 信息供给的不足，以及投资者对信息需求的强烈性。

分别有 50.4% 和 44.1% 的个人和机构选择了第 4 项改进措施：对证监会反馈意见的回答等内容在披露稿中用加粗字体，提醒投资者关注，显示了个人投资者对招股说明书表达形式上易读性的需求，以及对证券监管机构审核意见的关注。

（7）投资者对 IPO 信息披露流程的改进意愿。有高达 68.1% 的个人投资者和 61.4% 的机构投资者认为，企业上市后 3 年内，应每年披露招股说明书内容中所涉及事项的变化、完成等情况。这显示个人投资者更注重事后环节，偏好于获取持续的增量信息，并且反映出个人投资者对招股说明书中信息存在一定程度的不信任感。

分别有高达 60.1% 和 74.8% 的机构投资者认为公开披露应该涵盖从 IPO 准备、申报到挂牌上市的各个环节的信息，显示出机构投资者更注重事中环节。而个人投资者更注重 IPO 后公司的后续表现，这应与其对 IPO 信息的判断能力低于专业的机构投资者有关。

另外，分别有 67.1% 和 61.4% 的个人和机构投资者认为应公开披露最终招股说明书与预披露信息的差别并说明原因。这体现出投资者对监管机构审核内容的关注，以及对 IPO 公司所披露的信息的合理性、真实性的关注。

（8）投资者对不同信息获取渠道的需求与偏好。投资者最普遍关注的是发行人的法定信息披露渠道，然后是交易软件和媒体渠道；但有 35.7% 的投资者听他人推荐；有 17.3% 的投资者打探内幕信息。这表明，IPO 市场的法定信息披露渠道未能够满足投资者的全部需求，有一定比例的投资者通过打探内幕信息、媒体信息等渠道作为补充的信息来源。

从整体上看，投资者的专业化程度、投资经验等成熟度特征影响其信息获取和利用行为，具体体现有：个人投资者选择通过网络媒体、证券交易软件等渠道获取信息的比例更高；个人对经过媒体或网络解读过的"二手"信息十分依赖，而对招股说明书等关于发行人直接提供的"一手"信息的关注不足；机构获取招股说明书信息、进行实地调研的占比远高于个人；投资规模较大、投资经历较丰富的投资者进行实地调研的比例较高；学历越高的机构从业者进行实地调研的比例越高。换言之，投资者的专业化程度、投资经验等成熟度特征能够影响其信息获取和利用行为。

对于实地调研，机构比个人投资者更能够负担得起实地调研的成本；而媒体、交易软件等对信息进行解读后更容易为非专业的个人投资者理解吸收，信息获取门槛低。

有效市场理论论证了信息传递与市场效率之间的关系，而投资者自身的专业化程度、投资经验等成熟度特征影响着信息的传递，因此，投资者的成熟度特征影响着 IPO 市场的效率。由问卷调查结果来看，我国投资者成熟度的局限性对 IPO 市场效率也构成了制约。

8.2　投资者权益保护问题回顾

怎样能够有效维护投资者的权益是证券市场改革的一个焦点问题。通过问卷调查、实地调研与访谈，我们就 IPO 市场上投资者权益的保护状况进行了考察，并就相关问题进行了剖析。

8.2.1　投资者（尤其是个人投资者）利益受损时寻求司法救济的比例较低

在遭受信息欺诈时，投资者在权益受损时确定寻求救济的比例仅约为 1/3，选择"不一定，取决于具体情况"的超过半数，比例为 53.0%。选择寻求司法救济的个人投资者低于机构投资者，选择默认损失的个人远高于机构。与个人相比，机构表现出更强的权益保护意愿，换言之，个人在遭受 IPO 信息欺诈时其权益更不容易得到维护。

8.2.2　投资者利益受损时难获赔偿的主要原因是经济费用与时间成本太高

无论个人投资者还是机构投资者均认为，在利益受到侵害时难以获得赔偿的最主要原因是，诉讼成本太高、举证困难，然后是耗时太长、太占精力，即经济费用与时间成本太高。而且能否获得赔偿不确定，即使能获得赔偿，金额也较为有限，可能不足以覆盖成本。同时，50.6% 的个人投资者表示不了解司法救济的渠道、程序，因而面临较高的信息费用问题。

另外，本书通过 Logit 模型分析，发现学历越低的投资者，选择"诉讼成本太高、举证困难"的可能性也越大；同样，投资经历越少的投资者，认为"诉讼成本太高、举证困难"的可能性也越大。

8.2.3　投资者对行政保护渠道的寻求有限

投资者在寻求司法救济方面的权益保护具有较大的局限性，那么，是否能够寻求有关行政措施的保护呢?

8.2.3.1　投资者对各种行政诉求提起渠道的了解与利用均有限

我们在问卷中向投资者提供了四种可选的行政诉求提起渠道:(1)证监会主席邮箱或证监会公众留言;(2)证监会监督信箱、邮箱、电话;(3)中国证券投资者保护网邮箱,或中国证券投资者保护网留言;(4)"12386"热线。个人和机构投资者了解最多的均是证监会监督信箱、邮箱及电话的诉求提起渠道,了解人数占比分别为 37.3% 和 74.8%。但有高达约 1/3 的个人投资者对以上四种诉求表达渠道均不了解。机构投资者对各种利益诉求表达渠道的了解均优于个人投资者。与机构投资者相比,个人投资者在利益诉求的表达方面,比机构投资者面临更高的信息费用。

我们到证券监管机构进行实地访谈得到的信息也表明,由于许多投资者不了解正常的利益诉求渠道,所以倾向于直接到中国证监会、当地证监局或地方政府机构进行"上访"。

8.2.3.2　投资者对权益保护专业机构的了解有限

对于投资者对权益保护的专业机构——中国证券投资者保护基金有限责任公司(以下简称"投保基金")的了解情况,问卷调查结果显示,有约 50% 的投资者不知道且并不了解投保基金;35% 的投资者虽然知道,但是并不了解;只有 3% 的投资者认为投保基金在保护投资者权益方面做了许多工作。这说明投资者对权益保护专业机构的了解很少。而个人投资者对投保基金的了解情况要远低于机构投资者。

8.2.3.3　投资者对权益保护热线的了解及利用程度较低

由于"12386"热线具有使用方便的特点,我们在问卷中单独对投资者对此热线的了解和利用情况做了调查。结果显示,有超过 60% 的投资者对投资者保护热线不知道、不了解,其中的个人投资者比例高于机构投资者比例。在利用程度上,投资者整体上利用热线的程度很低,其中的机构投资者利用程度高于个人投资者。个人投资者对于"拨打过,对处理结果很满意"的选择比例只有 0.6%。

8.2.4 投资者对应对预防信息披露失实措施的选择意愿

投资者在应对预防信息披露失实的多种措施选择上，整体上对"出现信息披露问题时，监管部门要承担核查失职的责任"选择比例最高，比例为59.1%；位居第二和第三的选项分别是"将信息欺诈列为公司退市触发条件之一"和"由保荐机构、会计师、律师等中介机构承担相关责任"，比例也均较高，分别为57.9%、57.7%。

但从个人与机构投资者不同的选择检验结果来看，二者的意愿存在显著差异。个人投资者对措施"出现信息披露问题时，监管部门要承担核查失职的责任"选择比例最高，达57.5%；而机构投资者中对措施"由保荐机构、会计师、律师等中介机构承担相关责任"选择的比例最高，达72.4%。这说明机构投资者更加注重通过市场参与主体之间"权、责、利"的制约关系来避免信息欺诈现象的产生，而个人投资者更加注重监管部门的审核监督责任。

位于个人投资者选择第二位的选项是"将信息欺诈列为公司退市触发条件之一"，比例为56.4%；位居第三的选项是"由保荐机构、会计师、律师等中介机构承担相关责任"，比例为55.3%。而位于机构投资者选择第二位的选项是"简化投资者追偿程序，提高投资者赔偿金额"，比例高达71.7%，反映出机构大多投资规模大，一旦遭受损失，受损程度高，所以很希望能够便利地获得足够的赔偿；位居第三的选项才是"出现信息披露问题时，监管部门要承担核查失职的责任"，但比例仍然较高，为69.3%。

8.3 IPO 信息披露与投资者权益保护的关联性问题回顾

注册制改革的核心内容，是强化 IPO 信息披露；要解决的关键问题，是如何更有效地保护投资者的权益。这两者之间，是否存在一定的关联？从国内外的相关研究大多都是以二级市场的上市公司为研究标的，验证了二者之间关系的存在。而对 IPO 市场上二者的关系，国内外的研究还都很不足。我们根据问卷调查、实地调研和访谈得到的数据，对此问题展开研究。

8.3.1　投资者 IPO 信息获取对其寻求司法救济的影响

在因 IPO 信息存在误导、遗漏、欺诈等情形而导致投资损失时，"事前" IPO 信息获取程度不同的投资者，其在事后寻求司法救济的选择上是否也不同？

我们对投资者 IPO 信息获取程度与其寻求司法救济的回归分析结果表明，阅读招股说明书摘要或查询发行人情况的投资者与不查阅、直接购买的相比，对寻求司法救济的选择概率提高了 13.1%，对不寻求司法救济的选择概率降低了 9.8%；阅读招股说明书全文的投资者与不查阅发行人情况直接购买的相比，对寻求司法救济的选择概率增加了 14.5%，对不寻求司法救济的选择概率降低了 12.0%。这些方面的验证表明投资者 IPO 信息获取程度与寻求司法救济的意愿正相关。

但投资者实地调研与否对寻求司法救济的影响不显著；阅读招股说明书与实地调研交互项对是否寻求司法救济的影响不显著，说明这两个表示投资者 IPO 信息获取情况的变量之间没有相互加强或减弱的关系。

8.3.2　投资者对行政渠道的了解及利用对其寻求司法救济的影响

投资者在选择是否采取司法救济来维护自身权益时，除受投资者是否进行实地调研和招股说明书等信息查阅情况的影响外，是否也与对行政诉求渠道、权益保护专业机构的了解程度相关？

在上述投资者 IPO 信息获取与其寻求司法救济回归分析的基础上，本书加入投资者对行政渠道了解程度作为解释变量做进一步的回归分析，结果显示，招股说明书阅读情况的影响方向和显著性不变，但招股说明书阅读情况的作用减小。另外，投资者实地调研与否对寻求司法救济的影响变得显著，进行实地调研与不进行实地调研的投资者相比，在加入投资者对行政渠道的了解程度后使进行实地调研的投资者更不会寻求司法救济；与不知道行政渠道的投资者相比，知道行政渠道的投资者对不寻求司法救济的选择概率降低 11.8%；对投保基金的了解程度每加深一个层次，对不进行司法救济的选择概率减少 3.7%。换言之，除投资者信息获取程度能够对其寻求司法救济的行为产生影响之外，投资者对行政渠道的了解程度也产生了影响。

8.3.3 投资者遇业绩"变脸"等情形时的权益保护行为

由于我国 IPO 公司上市后业绩"变脸"的情形时有出现，所以我们做更进一步的考察，在此情形中，更加具有信息优势的投资者能否对此类公司提前作出辨别，并在新股申购中进行风险规避、保护自我权益呢？

我们对公司上市次年的营业收入较当年下滑幅度分别为 10%、20% 和 30% 的情形进行检验，发现"变脸"公司具有良好的后市表现，对各类投资者仍均较具吸引力。投资后持有到第 180 个交易日，收益率大多还是能达到 200% 左右。这应该是不管网下配售还是网上发行都有大量个人与机构参与的主要原因。

从网下配售数量来看，A 类、B 类机构投资者网下申购数量占网下有效申购的比例在三种不同"变脸"程度的公司中平均值均超过 50%。为了进一步验证机构投资者的 IPO 申购行为，以上市次年较当年的营业收入增长率小于 0 与大于或等于 0 将 477 家公司进行分组，对两组公司进行方差分析，结果表明，除上市后 90 日和 180 日收益率数据间的差异较显著之外，其余包括机构投资者申购情况等的数据在正、负增长两组公司间差异均不显著。另外，以营业利润的正、负增长率进行分组做方差分析，结果显示两组数据间差异均不显著。

以上情况表明，具有不同信息获取程度的投资者，在 IPO 市场供给不足的状况下具有一致性的行为选择，投资行为未呈现出显著差异，即其在投资过程中的自我保护行为未呈显著差异。"坏"公司多被处于信息劣势的中小投资者申购的"赢者诅咒"理论在 IPO 市场供求失衡的特殊前提下不再成立。

8.4 IPO 信息披露与投资者保护：对策措施与政策建议

基于对我国 IPO 制度变迁进行的演化博弈分析，对 IPO 招股说明书的可读性和语调的考察，以及就投资者信息获取和权益保护需求层面展开的问卷调查、实地调研和访谈，针对我们发现的相关问题，提出相关的对策措施，并就 IPO 注册制改革的深化提出政策建议。

8.4.1　IPO 信息披露的完善措施

提高 IPO 招股说明书的信息传递功能有助于提高一级市场的效率，因此，提高招股说明书的可读性，规范招股说明书内容中有关语调的显性和隐性内容的表达，有助于投资者快速、准确地获取信息，从而提高市场效率。

8.4.1.1　重视招股说明书的可读性问题，提高 IPO 信息的易读程度

通过中国证监会不断对《公开发行证券的公司信息披露内容与格式准则第 1 号——招股说明书》进行修改可以看出，证监会越来越重视招股说明书中的信息披露。值得关注的是，证监会通过法规文件不仅对招股说明书所披露的内容作出了相应的规定，其中部分章节也对招股说明书的语言规范作出了要求。我国《首次公开发行股票并上市管理办法》自 2006 年首次推出以来作为 IPO 公司首次发行股票的法律规范之一，受到了各市场主体的重视。《首次公开发行股票并上市管理办法（2018 年修订)》第四十三条规定发行人及其董事、监事和高级管理人员应保证招股说明书内容的真实、准确、完整。保荐人及其保荐代表人应核查招股说明书的真实性、准确性、完整性。[①]此外，深交所在《深圳证券交易所股票上市规则（2018 年修订)》第 2.5 条规定信息披露的语言应该明确、贴切、简明、易懂，不可有宣传性、恭维性、夸大性的陈述。上交所在《上海证券交易所股票上市规则（2018 年 11 月修订)》第 2.12 条做了与深交所类似的规定。通过这些规定可发现，我国证监会、深交所、上交所对 IPO 信息披露的内容及其表述方式作出了较为明确的规定。

但是，我们对 IPO 信息的可读性分析表明，IPO 信息可读性未呈逐年改善的趋势，不同章节的有关术语分布比较极端化，发行人在撰写招股说明书时，在可读性方面仍然有些需要注意的方面。

（1）发行人及中介机构应重视并改善招股说明书的可读性。虽然证券监管部门对招股说明书的内容与格式均有规定，但招股说明书中如果存在较多

---

① 该法规中此项规定的内容与 2014 年修订版中的相关规定相同。

专业术语、长句等可读性低的表述，就对投资者，尤其是许多个人投资者的阅读构成了一定程度的障碍。我们对问卷调查结果中有关投资者对招股说明书里各章节信息重要性的判断的分析表明，不同"专业化"程度的投资者在对招股说明书各章节重要性的判断上存在显著差异；有超过半数的投资者认为招股说明书各章节的内容应有繁有简、突出重点、避免重复，语言应更加浅显、简洁、易懂。复杂的表述、重复的内容容易使投资者产生阅读疲劳，并削弱其对不同部分信息重要性程度的甄别能力。因此，发行人及中介机构在起草招股说明书等文件时，有必要提高其可读性，满足投资者，尤其是低专业化程度投资者的阅读需求。

此外，有些可读性指标与后市表现显著正相关，说明投资者应该是对简明易懂的信息的关注度更高，并且更容易因此作出买入的投资决策，所以，发行人可以充分利用这两章的特点，提高信息披露文本的可读性，达到吸引投资者进行投资的目的。

（2）不同上市板块的公司应根据自身的特征改善招股说明书的可读性。在主板、中小企业板和创业板上市的公司一般具有不同的特征，其招股说明书可读性影响因素有着各自的特点，发行人可以根据所在板块可读性影响因素的不同，找出准备 IPO 申请文件时容易存在的可读性问题，有针对性地提高招股说明书的可读性水平。

与在主板和中小企业板上市的 IPO 公司的信息可读性对后市表现有显著正向影响不同，在创业板上市的公司，其信息可读性与后市表现之间未呈现出显著的相关关系。而黄和金（Hwang and Kim，2017）对年报的研究也发现，提高易读程度能够增加企业市场价值。尽管创业板公司的信息可读性与后市表现没有显著关系的原因可能很多，例如可能与创业板公司多是创新型高科技公司的特点有关，需要在对具有科技语言特征的陈述中使用较多的术语，但拟在创业板上市的公司仍需尽可能在其他方面提高易读程度，这会有助于提高企业价值。

（3）有关部门应制定相应的规则，为改善可读性提供指引。我国已有对 IPO 信息可读性的原则性要求，但发行人在撰写招股说明书时具体怎么能够做到提高易读程度，尚无指导性规定可依。在信息披露格式方面，监管层可以考虑修改招股说明书及其摘要格式以及内容的呈现方式，使一般投资者更加便捷地获取有利于作出投资判断的信息。在语言表述方面，美国等国家有较为详细的法规对 IPO 信息披露的语言使用规范进行指导。例如，美国证券交易委员会制定的 C 条例就规定：信息披露需使用短句及日常用语。我国监管机构也应该采取类似的做法，制定符合中文表述特点的信息披露可读性规范文件。监管机构也需要有法规依据，针对信息披露的可读性给予足够的监督。

（4）对于可读性差的信息披露，需有一定的监督与约束机制。根据问卷调查活动结果可知，投资者对招股说明书可读性有要求，希望招股说明书内容更加简洁、易懂。但从我们的实证检验结论中可知，发行人或因各种因素主动使招股说明书复杂化，这意味着监管机构有必要制定 IPO 信息披露可读性的约束性制度，对故意使招股说明书内容表述复杂化的行为采取必要的惩罚措施。

8.4.1.2　重视招股说明书的语调问题，规范相关的语言表述

（1）发行人既要披露正面信息，也要披露负面信息。"金无足赤，人无完人"，IPO 公司也一样。尽管能够申请上市的公司大多是盈利能力高、成长性好、偿债能力强、员工素质高的质地良好的公司，应该有较多的正面信息披露，但每家公司也会存在各种各样的一些问题，这些问题也需如实披露。现有的招股说明书中积极、肯定、强态的语调较多，消极、否定、弱态的表述很少，并且在过去很多年中没有明显的改善。如果投资者在发行人公开披露的信息中看不到公司存在的问题，就只好自己想方设法去挖掘，这样的结果反而可能对发行人不利。我们对语调的市场效应的实证检验证实了这一点，有些夸大其词的叙述对投资者的新股购买决策起到显著负向作用。我们的问卷调查结果也证明，投资者希望拟上市公司能够客观分析本公司的实际情况，而不是刻意夸大、美化。所以拟上市公司既要披露公司的正面信息，也要披露公司的负面信息。

（2）发行人需更多地披露确切的"实"信息，提高投资者的关注度。招股说明书中明确语调数值较低，模糊性表述很多。尤其是对未来发展前景的表述，不够确切。对于此问题的合理解释是由于公司经营中总会面临一些不确定性因素。但我们的问卷调查结果显示，投资者希望能够得到具体的、对投资决策有较高参考价值的信息，即投资者会更加关注明确的"实"信息，而不是晦涩的"虚"信息。

另外，我们对 IPO 信息披露市场效应的时效性检验表明，在公司上市大约 1 年后部分 IPO 信息语调对后市的影响存在减弱的趋势；其实，在新股购

买时，就有 17.7% 的投资者"不查询发行人情况，直接购买"新股；投资者，尤其是个人投资者对招股说明书中关于未来发展方向、盈利预期等"软信息"的价值的认可度较低。"软信息"具有模糊性与主观性的特点，在信息传递过程中容易发生耗损，在不同投资者的理解上容易出现歧义。如果发行人披露充足的"实"信息，对未来几年发展前景的陈述比较确切、充分，那么，就可以吸引更多的投资者，尤其是个人投资者更早、更持久的关注。

当然，在发行人所披露的未来发展规划方面过于强调"实"信息，很有可能会导致有关公司发展前景的信息披露不足。而各国所推行的强制性信息披露制度，就容易导致发行人对有些历史信息披露较多，而对未来信息披露较少（Haeberle and Henderson，2018）。而有关公司未来发展的信息对于投资者的价值判断非常重要，所以，要求发行人提供"实"信息，也是要求其提供真正有利于投资价值判断的信息。

（3）针对 IPO 信息中的语调倾向，监管机构在审核时需更加重视。由于语调披露的主观性较强，是否真实符合客观事实不容易界定，所以监管机构对于各类语调的判断、监督存在难度，但监管层仍需对此予以足够的重视，尽可能使发行人的信息披露真正做到表述规范，不渲染、不夸大、不避实就虚。更加严格的监管有助于在未来的 IPO 信息披露中，各类语调倾向呈现出明显改善的趋势。

（4）以投资者信息需求为导向，拓宽投资者的信息获取渠道，提高投资者信息获取的便利性。不同披露方式的信息能够使不同成熟度的投资者受益，即存在信息披露的投资者成熟度效应（Kalay，2015）。基于我国异质投资者信息获取与利用差异明显的状况，IPO 公司应该针对不同特征的投资者提供差异化的信息内容；监管机构也需重视不同信息渠道的充分利用。

由我们的问卷调查结果可知，投资者最普遍关注的是发行人的法定信息披露渠道，但法定信息披露渠道未能够满足投资者的全部需求。由于交易软件和媒体等渠道的便利性，有一定比例的投资者是通过交易软件和媒体查阅 IPO 信息的；还有的投资者甚至听他人推荐或者打探内幕信息。许多"二手"信息渠道成为投资者的重要辅助信息来源。因此，监管机构应该考虑法定信息渠道的便利性，如何让更多的投资者更加方便地查看最权威、最全面的"一手"信息。

针对差异化的信息需求，监管层可以考虑拓宽 IPO 信息披露的渠道，允许发行人在非专业的投资者易接触到的媒体披露招股说明书摘要等文件，而非只能在监管机构指定媒体进行信息披露。[①]

另外，辅助渠道有时能够起到非常关键的作用，例如，有些涉及 IPO 公司比较严重的问题是由媒体等渠道曝光的。但也存在借助媒体等渠道的广泛影响力故意发布误导性信息、操纵股价的违法违规现象。所以，这些辅助渠道的作用不可小觑，值得保护并规范。

（5）发挥专业信息媒介的信息传递、解读作用。大众媒体上的有些"二手"信息不只是发行人公开披露的"一手"信息的简单转发，而是有"解读"等的增量信息，对于投资者，尤其是专业化程度低的投资者具有较大的吸引力。有时媒体还能够挖掘出公开信息非完整、非真实披露的问题。因此，监管者需满足投资者对媒体信息的需求，发挥此类渠道的快速、低成本、互补性及连续性等优势，弥补投资者，尤其是个人投资者的信息需求缺口。

监管机构可对提供重要线索者予以奖励，激励社会监督力量对投资者权益保护更好地发挥作用。当然，有关部门也需监督这一类的信息传递渠道，避免"小道"消息、谣言的传播（雷震、杨明高和田森等，2016）。

另外，诸如证券分析师和财经媒体等的专业信息媒介有助于投资者审视和吸收消化信息披露的内容（Armstrong，Guay and Weber，2010）。证券分析师、财经新闻媒体等信息媒介在信息获取、阅读能力方面等同于专业投资者，他们对公开披露信息进行解读后，以非专业投资者更易理解的方式进行供给，有助于降低专业投资者所具有的相对信息优势。由于非专业的投资者占据投资主体的较大比例，发行审核部门应注重发挥独立第三方解读、传递 IPO 信息的作用。

8.4.2 IPO 市场投资者权益保护的完善措施

在 IPO 市场中，投资者面临着所获得的信息不够充分，甚至不够真实的问题。投资者不仅知情权缺乏保障，因知情权遭到侵犯而造成经济损失后的维权状况也不理想。在对于投资者遭受欺诈导致损失时是否寻求司法救济的问卷问题的回复中，仅有 35.6% 的投资者给予了肯定回答，53.0% 的投资者

[①] 据中国证监会于 2007 年颁布的《上市公司信息披露管理办法》，信息披露义务人需要公开披露包括招股说明书等文件；在信息披露义务人网站及其他媒体发布信息的时间不可先于指定的媒体。指定媒体包括《中国证券报》《上海证券报》《证券时报》《金融时报》《经济日报》《中国改革报》《中国日报》和《证券市场周刊》和巨潮资讯网。

的回答是"不一定，取决于具体情况"，9.7% 的投资者不寻求司法救济，默认损失。其中个人投资者寻求司法救济的比例更低。投资者对各种行政保护渠道的了解和利用也不够充分。而投资者保护水平的高低关系到资本市场发展的健康、稳定（Black，2001；La Porta，Lopez-de-Silanes and Shleifer，2006；Gu and Kowalewski，2016）。因此，应采取比较完善的措施加强对投资者权益的保护。

8.4.2.1 增强行政处罚的力度，对潜在的侵害投资者利益的行为形成有效威慑

行政监管在投资者保护方面的事后有效性，体现在其对侵权行为的震慑作用、以儆效尤。目前证券法规对侵害投资者利益的行为处罚力度过轻，造成违法违规成本过低，不但难以发挥行政监督的威慑力，反而纵容、放任了侵权行为。[①] 具体表现为：上市公司的重复违规率比较高。因此，修订证券法规，加大行政处罚的力度，并使证券法规与刑法结合，有助于改变潜在的违法行为的预期。

此外，我们对各市场主体之间的演化博弈行为分析结论还表明，随着低质量发行人由于"事后"监管力度不断提高而承担较高的处罚成本和声誉损失，并被迫放弃欺诈上市，则市场中高质量发行人的占比会逐步提高。

8.4.2.2 发挥证券业协会与证券交易所的自律作用

投资者保护是行政监督、市场制约、司法救济、行业自律、公司治理等一系列共同发挥作用的体系。自上而下的行政监督所具有的不足——信息传递的时滞长、对侵犯投资者利益事件无法迅速反应及处置等，可以通过赋予证券交易所更大的职权，发挥其一线监管职责，以及充分发挥证券业协会的行业自律作用等方式予以弥补。这将有助于快速地解决纠纷，有效减少行政监管负担，弥补行政监管的不足。有学者曾经分析了在法律对投资者保护不足的情况下，英国的金融中介，包括商人银行、证券经纪人、投资信托与证券交易所是如何出于声誉的考虑，而通过自律来实现投资者保护的（Cheffins，2000）。我们可以借鉴一些成熟市场的有效做法。

---

① 例如，《证券法》（2014 年修正）第一百八十九条规定："发行人不符合发行条件，以欺骗手段骗取发行核准，尚未发行证券的，处以三十万元以上六十万元以下的罚款"等。

8.4.2.3　加强投资者保护措施的宣传力度，降低投资者的信息搜寻费用

证券监管部门应利用各种途径加大对投资者保护的方式、渠道的宣传力度，使众多的投资者，尤其是中小投资者知悉、了解并使用表达利益诉求的渠道，能自觉主动地维护自身利益。而投资者自发维护权益的行为，必然会提高权益侵害行为的成本，从而影响侵权者的行为预期。

8.4.3　IPO 机制改革的深化措施

我国实行了较长时间的 IPO 行政审批制、核准制。随着市场化改革的深入，我国没有选择将原有的核准制改为注册制的改革方式，而是另辟蹊径，设立一个崭新的交易市场科创板，并在科创板试行注册制，继而在创业板、北京证券交易所推行试点。我国的改革具有渐进式的特点，制度变迁需要一个过程，有许多机制需要持续完善和优化。

8.4.3.1　改进 IPO 信息披露流程，完善 IPO 信息披露的持续监督和约束机制

有高达 60% 多的投资者认为公开披露应该涵盖从 IPO 准备、申报到挂牌上市的各个环节的信息，发行人应该公开披露最终招股说明书与预披露信息的差别并说明原因。这显示出投资者会在"事中"跟踪相关信息。目前在科创板、创业板和北京证券交易所试点注册制，已经做到申请、审核、批复等环节的高度透明，进一步地公开相关环节的情况，将不但有利于投资者及时获取充足的信息，也有利于形成全社会对拟上市公司的监督，形成对 IPO 信息披露的强有力的"事中"约束。

另外，可以考虑建立发行人与投资者之间信息供给与需求的反馈机制。信息传递不应是信息的单向流动，而应体现信息供给与需求之间的互动，最大化地减弱信息不对称。因此，在 IPO 信息披露环节可建立起信息供给方与需求方之间的沟通机制，使信息供给在得到投资者反馈基础上再次完善，实现信息供给的动态优化。

此外，还有 60% 多的投资者认为，企业上市后 3 年内，应每年披露招股说明书内容中所涉及事项的变化、完成等情况。这是投资者对"事后"信息跟踪的要求，能够迫使发行人在"事前"做信息披露准备时更加审慎，不仅

要考虑信息的真实性、完整性，还要考虑信息的及时性、时效性。

8.4.3.2　改革深化过程中需注意引导投资者信息获取与权益保护行为的调整

更加强调信息披露的注册制的实施，会要求投资者提高对信息披露的阅读与理解程度，减少对监管部门的依赖，但投资者是否能够相应地调整自身行为？我们在问卷调查中设计了关于"注册制推出后，您准备如何维护自己的权益"这一问题，约 2/3 的投资者表示会通过阅读招股说明书、进行投资组合等提升自身应对风险的能力。这说明多数投资者有调整自身行为的意识，但这需要有个过程，尤其是对个人投资者，受制于自身的信息阅读能力，加大阅读力度（投入）并不一定能够增加信息甄别的准确度（产出）。因此，有些专业化程度低的投资者的行为调整是通过减少或不购买新股、转向投资于基金等形式来避险。

在 IPO 制度变革的过程中，监管层需根据不同投资者信息获取和解读能力特征，适当引导投资者调整自身的投资行为，让更多的投资者重视 IPO 信息的获取，提高自身的专业化水平，并采取适当的投资行为调整策略。

8.4.3.3　通过加深市场化改革平衡新股发行的供给和需求，形成投资者搜寻信息的正激励

在核准制下，我国证券一级市场中股票的发行数量和发行价格均经常受到行政控制，因此多年来有极高的 IPO 初始收益率。许多投资者甚至习惯于发行价格低于二级市场的价格，或者说习惯于新股上市后价格大幅度上涨，但这是合理的吗？显然不是。成熟市场中有一定幅度的 IPO 初始收益率，存在着合理的成分，但我国异常高的初始收益率，主要是因市场机制被扭曲以及由此导致的投资者在新股市场"博傻"行为的结果（黄方亮，2004、2008；朱红军和钱友文，2010；彭志胜和宋福铁，2017；冯冠和周孝华，2019）。

异常高的 IPO 初始收益率会导致有些投资者认为没有必要去搜阅信息。根据前面得到的结论，有高达 34% 的投资者在申购新股时不阅读招股说明书，多类语调对 IPO 初始收益率的影响不显著。所以，需让市场机制发挥更大的作用来促使投资者搜阅信息。在采取更加市场化的 IPO 机制改革之后，IPO 供给和需求趋于平衡，IPO 初始收益率下降成为常态，投资者将被逼迫

认真搜寻、阅读信息，判断公司的投资价值，因此，市场化的 IPO 价格发现将会更为合理，一级市场的定价效率也会提高。

8.4.3.4　IPO 供需市场化改革后需应对"赢者诅咒"问题，保护处于信息劣势的低成熟度投资者的权益

在 IPO 供需基本平衡的成熟资本市场中，从进行投资决策的专业程度、信息获取优势来看，机构应该比个人具有更强的识别能力，从而避免申购到"坏"公司，结果是大量的中小投资者或"非专业""不知情"者申购到新股，即出现"赢者诅咒"现象（Rock，1986）。证监会分别在 2009 年、2010 年发布了改革新股发行体制的相关文件，采取了更加市场化的 IPO 询价制，有学者实证检验了此项改革前后的"赢者诅咒"现象，发现改革后部分机构投资者对于后市业绩变脸的公司采取的做法是不参与网下询价或给出低报价，散户则不能识别业绩变脸公司（尹自永和王新宇，2014）；新股发行定价越高，IPO 后市表现越差，出现"赢者诅咒"现象的可能性就越大，中小投资者承担的申购风险加大（刘志远、郑凯和何亚南，2011；黄瑜琴、李莉和陶利斌，2013；张剑，2014）。有别于有些研究得出的结论，我们的分析表明这一现象在 IPO 供给受到行政控制并且需求相对大的情况下，投资者在申购到新股后，由于 IPO 的初始收益率乃至新股上市后一段时间的价格大多极高且经常居高不下，所以，"赢者诅咒"现象未明显出现。

但是，在 IPO 供给和需求机制改革深化之后，低成熟度投资者可能由于难以辨别"好"和"坏"的公司而申购到"坏"公司的股票，即"赢者诅咒"现象将开始显现，针对这样的问题，应该如何应对？相关的措施可以分为四个方面。

（1）有关机构需通过加强投资者教育提高投资者成熟度。投资者自身的专业水平、投资经验等成熟度特征影响着其信息获取和利用能力，即影响其知情权的实现。此外，从投资者信息获取、阅读与其后续权益维护之间存在的关联性可知，提高对投资者知情权的保护还有利于实现其求偿权。由问卷调查结果来看，我国投资者成熟度的局限性对 IPO 市场效率也构成了制约。所以，监管机构可定期组织对投资者，尤其是个人投资者的教育活动，例如可通过录制招股说明书阅读说明视频公开课，组办知识培训班、经验交流班或竞赛等，提高投资者对金融知识的掌握程度，促进投资经验交流，提高投资者进行价值判断、风险评估等方面的专业化水平。为节省投资者教育成本，

充分利用有限的监管服务资源，可以对投资者进行分类管理（Choi，2000），只针对低成熟度的投资者提供培训服务。

（2）投资者的投资行为的调整需及时。如前所述，投资者能够根据有关制度变迁的情况自我进行投资行为的调整，监管机构也需及时地对投资者的行为进行及时的引导。

（3）可根据投资者的承受力分步改进 IPO 供需的机制，主要的保障措施包括完善信息披露追责体系，将发行人信誉与信息披露情况挂钩并限制后续融资；增强对招股说明书所披露事项的持续督导与后续披露监管；完善对投资者权益受损后补偿金额的相关规定，大幅提高补偿金额；加大退市机制的建设等。

（4）为避免出现"赢者诅咒"问题、保护专业化水平低的投资者的权益，还需要避免相关市场主体可能达成利益联盟；可通过全额交款、同比例配售、申购及配售等环节全程公告、设置获配股票锁定期等措施，减轻异质投资者之间的信息不对称现象，使新股定价更为合理，投资者的决策更加慎重，从而限制利益与风险分配上的合谋或人为操纵行为。

8.4.3.5　放宽证券市场的"入门"和"出门"通道，重视设置能够反映投资者认可度的市值因素等上市条件，促进市场及时"注血""换血"[①]

我国的资本市场建设历时尚短，股票二级市场有时较长时间处于低迷状态，有时波动幅度较大，有时甚至出现极度下跌的情况，即所谓"股灾"。与二级市场对应的，一级市场即 IPO 市场也时而出现"断供"现象，新股发行曾有 9 次被暂停。暂停 IPO，调节市场供给，成为监管机构平稳股市价格波动的重要行政手段之一。但监管机构对 IPO 申请审核节奏的控制乃至暂停IPO 的核准容易导致许多企业排队等候审核，引发"堰塞湖"问题。只有建立起完善的、行之有效的市场机制，才能实现市场的自我调整，做到健康平稳运行。

其实，即使在"股灾"或市场交易比较清淡时，如果通过在某些方面放宽 IPO 的"入门"通道，允许更多的申请 IPO 的企业，尤其是具有较强现金分红能力的企业以及其他能够得到投资者认可的企业上市，持续从一级市场

---

① 本小节的部分内容已经作为阶段性成果发表，详见：黄方亮，陈静，韩旭，黄京秋. 我国股灾与 IPO 市场供给研究//公司金融研究［M］. 北京：中国金融出版社，2016.

给二级市场高质量地"注血"，不但不会因分流二级市场的资金而稀释二级市场的价格水平，反而很可能会受投资者更多增量资金的追捧而拉升二级市场的价格水平，从而公司的市值得到提升，同时，能够部分地避免由于暂停IPO而导致"堰塞湖"的形成，可谓"一举两得"。在筛选优质企业时，可审查哪些企业具有分红潜力与分红承诺，并设置有关市值条件（即能够得到足够多的投资者买入的条件），那么，这些优质企业以及有发展潜力的企业的上市，则更能够成为二级市场的"新鲜血液"。

另外，由我们在前面所做的市场主体间的演化博弈模型得到的启示可知，上市条件越低，则低质量发行人为争取上市而披露虚假信息的必要性就越低，但是，在降低企业入市这一"事前"条件后，难免会有高风险的企业进入资本市场。所以，监管机构需严格制定与执行"事后"的退市政策。有58%的投资者认为应加快退市步伐。退市能够使二级市场能够及时"换血"，促进一级、二级市场的良性联动，使证券市场的供给和需求变得更加均衡。在这种情况下，投资者会更加积极地去筛选具有投资价值的股票，同时不会盲目投资。通过这种及时"注血""换血"的市场机制的自我调节可以更低成本、高效率地维持市场的稳定性。

因此，可适时将注册制改革推向市场化程度更加深入的阶段，通过设置包括市值等多种选择的IPO条件，将有发展潜力的优质企业及时"注入"市场；同时，将达不到盈利要求、得不到投资者认可而市值过低、存在欺诈上市或上市后有较严重信息造假行为的上市公司，及时清理"出门"，这一方面是吸引投资者进行交易；另一方面也是通过向投资者提供优质的交易标的来从大局上保护投资者的权益。另外，这也有利于资本市场更好地为实体经济服务，形成二者之间的良性互动。

为稳定二级市场的价格水平，在改革顺序上，可先大幅拓宽上市公司"退市"这一事后约束力极强的"出门"通道，及时淘汰信息披露失实等的不良企业；然后再拓宽企业IPO申请"入门"通道。这也应该是持续推进、深化注册制改革的一条可选路径。

8.4.3.6　降低投资者求偿成本，提高投资者赔偿金额，鼓励更多地利用司法救济渠道

调查结果显示，投资者对诉求提起渠道、司法救济渠道的了解、利用程度有限，其中个人投资者的求偿权保障程度更低；各类投资者均认为求偿成

本较高。监管机构应加大投资者权益保护渠道的宣传，使投资者尤其是个人投资者熟知各种权益保护渠道，探寻降低投资者利益诉求、司法救济的成本的措施，包括简化投资者追偿程序，提高投资者赔偿金额。反过来看，投资者赔偿金额的提高，也有利于激励投资者进行自身的权益维护，从而有利于对信息欺诈等违法违规行为构成较强的约束。

另外，从现阶段来看，鉴于投资者尤其是中小投资者通过行政保护渠道寻求权益保护的成本往往低于司法救济渠道，许多投资者对行政保护渠道还比较依赖，所以，在短期内，有效的投资者保护需要发挥法律法规在公共实施与私人实施方面的共同作用，将行政的事前监督、市场的优胜劣汰、司法的事后约束有机结合，以适应不同类型投资者维护权益的需要，提高投资者保护的效率。

但从长期来看，随着投资者成熟度的提高，在加强行政监督手段作用的同时，应鼓励司法在投资者保护中承担起更加重要的角色，充分发挥"法治"的作用，减轻注册制下的行政力量的监管负担。

8.4.3.7　完善相关立法，全面引入集体诉讼制度与举证责任倒置机制

加大行政处罚力度有助于在事前预防侵害投资者利益的行为发生，但是无补于投资者因为侵权行为业已造成的损失。降低投资者寻求司法救济的成本，使已经蒙受损失的投资者可以获得赔偿，将有利于在事后对投资者权益的维护。现行的有关法规在证券侵权的民事赔偿方面的规定，难以充分满足投资者在提起诉讼、举证、获得赔偿方面的需要，因此需完善立法，全面建立诸如集体诉讼制度、举证责任倒置原则等，并鼓励律师发挥在民事索赔中的代理作用，可以降低投资者寻求司法救济的成本，有助于提高投资者主动维护自身权益的激励。

8.4.3.8　加强对投资者知情权和求偿权的协同维护，完善注册制改革配套措施

投资者知情程度的提高有助于其求偿权的实现，反过来看，对投资者求偿权的良好维护，能够迫使发行人为避免受到赔偿等处罚而主动提高信息披露的质量。所以，投资者的知情权和求偿权状况能够相互影响，需协同维护。

那么，如果加快推行注册制改革，是否会因导致投资者知情权、求偿权受损而不受投资者认可？

我们的问卷调查结果表明，过半数投资者对于推行注册制并不排斥，并且能够采取自我应对措施；近半数的投资者表示若推行注册制则将减少购买新股或次新股，更多地购买基金。已经展开的注册制试点工作也证明，对深化 IPO 市场改革的忧虑不必太大，但改革需多措并举，协同进行，有的配套措施在前面已经提及，主要包括以下内容。

（1）完善信息披露追责体系，将发行人信誉与信息披露情况挂钩并限制后续融资。

（2）加强市场信誉体系建设，例如，引入独立的 IPO 评级机构，评级涉及的对象可以是发行人和各中介机构；另外，通过评级机构对招股说明书进行解读，可以利用专业优势，向投资者，尤其是缺乏信息解读能力的普通投资者传递信息。专业评级机构的解读无形中会增大发行人隐匿信息的压力。[①]

（3）增强对招股说明书所披露事项的持续督导与后续披露监管。由我们问卷调查的结果可知，67% 的投资者希望在企业上市后 3 年内每年披露招股说明书中所陈述事项的变化及完成情况。

（4）完善对投资者权益受损后补偿金额的相关规定，大幅提高赔偿金额。

（5）监管机构需不断提高对中介机构事后监管的严格程度，根据本书的博弈分析结论，中介机构的最优选择就是较少或放弃与发行人进行信息欺诈合谋的策略，最终拒绝利用其专业和经验优势帮助低质量公司造假。

（6）有关机构需维护公平、有序的投资环境，增强投资者维护权益的信心。从投资者在问卷中对开放式问题的回复来看，推行注册制后更加强化投资者风险自担，但不管有何风险，只要监管层能够维护好公平、有序的投资环境，投资者就不会十分担心自己的权益问题。所以，监管机构、司法机构以及其他有关政府部门的重要职责就是维护公平的市场秩序。在良好的市场氛围中，投资者就能够比较安心于投资，在高度市场化的运行环境中能够较情愿地"自担风险"，市场的运行也就会更加平稳、高效。

---

① 为提高普通投资者对低质量 IPO 公司的警惕性，印度证券监管部门于 2007 年开始实施 IPO 评级。有学者对此政策的实施效果进行了研究（Deb and Marisetty，2010），发现评级能够反映 IPO 质量，有助于投资者决策。另外，廷（Thng，2019）检验了 IPO 公司和 SEO 公司的招股说明书中 MD&A 的语调，发现有创业投资基金投资的公司的语调比较保守，原因是公司想尽可能避免诉讼风险，保护在资本市场的声誉；当审计师是大型事务所时，语调更加保守。

附　　录

附录1　IPO造假公司典型案例汇总

IPO造假公司典型案例汇总如附表1-1所示。

附表1-1　　　　　　　　　IPO造假公司典型案例情况汇总

公司名称	案例特征	违法违规情形的发现与查处	行政处罚情况	投资者赔付情况
丹东欣泰电气股份有限公司（简称"欣泰电气"）	首家因欺诈发行而强制退市的公司；首家退市的创业板公司；首起先行赔付案例	2014年1月上市；次年5月辽宁证监局现场检查发现财务造假等问题，7月，证监会立案调查；2016年7月，证监会向该公司发出《行政处罚决定书》及《市场禁入决定书》，认定其欺诈发行，进行行政处罚	2016年7月，证监会对该公司罚款832万元；对相关责任人、中介机构及其责任人处罚。2017年8月该公司被强制退市	2017年6月兴业证券设5.5亿元先行赔付专项基金；10月，中国证券投资者保护基金有限责任公司（简称"投保基金"）作为赔付基金管理人，完成有效申报、与专项赔付基金出资人达成有效和解的适格投资者约1.2万人，占适格投资者总数的95%左右，对适格投资者支付的赔付金额约2.4亿元。专项基金剩余资金返还出资人。因先行赔付的到位时间长，有众多投资者向欣泰电气和兴业证券提起诉讼

公司名称	案例特征	违法违规情形的发现与查处	行政处罚情况	投资者赔付情况
万福生科（湖南）农业开发股份有限公司（简称"万福生科"）	在创业板上市后次年被查出问题欺诈发行问题	2011 年 9 月上市；次年由湖南证监局现场检查发现财务问题；9 月，证监会立案稽查；2013 年 9 月做出行政处罚决定：招股说明书有财务信息虚假记载，2008～2010 年累计虚增销售收入 4.6 亿元，公司不符合发行条件等	2013 年 9 月，证监会对该公司罚款 30 万元；对相关责任人、中介机构及其责任人处罚	2013 年 5 月平安证券设 3 亿元补偿专项基金。截至 2013 年 6 月，完成网签及有效申报、与平安证券达成有效和解的适格投资者约 1.3 万人，占适格投资者总数的 95% 左右，对适格投资者支付补偿金额约 1.8 亿元，占应补偿总金额的 99.6%
深圳海联讯科技股份有限公司（简称"海联讯"）	上市前媒体曾质疑其不符合上市条件，属"带病上市"；首例大股东补偿投资者	2011 年 11 月上市；2013 年 3 月，证监会立案调查，发现虚增营业收入、IPO 申请文件中财务数据有虚假记载等问题	2014 年 11 月，证监会按 IPO 募集资金额的 2% 对公司罚款 782 万元（《证券法》的规定是可处非法所募资金额 1%～5% 的罚款）；对相关责任人、中介机构及其责任人处罚	2014 年 4 月海联讯 4 位大股东主动声明愿出资 2 亿元专项补偿基金；9 月，完成有效申报、与专项补偿基金出资人达成有效和解的适格投资者约 0.98 万人，占适格投资者总数约 96%，对适格投资者支付的补偿金额为 0.89 亿元，占应补偿总金额约 99%
云南绿大地生物科技股份有限公司（简称"绿大地"）	在中小企业板上市后第 2 年被查出问题；首例投资者民事索赔案	2007 年 12 月上市；2009 年云南证监局巡检发现财务信息虚假披露；2010 年证监会立案稽查；2011 昆明市检察机关发出起诉书；2013 年证监会做出行政处罚决定书，认定绿大地在招股说明书中虚增业务收入等	2013 年 5 月，证监会发布行政处罚决定：对该公司予以警告，处 60 万元罚款；因司法机关已对绿大地在招股说明书中虚增收入等行为刑事处罚，不再行政处罚	绿大地欺诈发行受证监会处罚后，陆续有全国多地投资者以及由多家律师代理的投资者向昆明市中院提起诉讼，要求民事索赔。法院判决被告绿大地赔偿经济损失；相关责任人负连带赔偿责任

公司名称	案例特征	违法违规情形的发现与查处	行政处罚情况	投资者赔付情况
北京无线天利移动信息技术股份有限公司（简称"京天利"）	上市后被媒体报道招股说明书存在披露隐瞒关联关系等问题，被证监会立案调查，并被投资者起诉、索赔	2014 年 10 月京天利上市。2015 年 5 月，有媒体刊发京天利有隐瞒问题的报道，并被多家媒体转载；6 月，证监会立案调查。2016 年 1 月，证监会行政处罚事先告知，认定京天利在招股说明书及其后年报中存在未披露关联关系、同业竞争等问题	2016 年 6 月，证监会做出行政处罚决定，对京天利给予警告，处 40 万元罚款；对相关责任人给予警告、罚款处罚	根据 2016 年 12 月京天利发布的公告，在 2016 年 7 月 8 日～2016 年 12 月 30 日期间，京天利共收到北京市中院送达的 123 位自然人的诉讼材料，索赔金额约达 4 200 万元。已有许多投资者胜诉的报道、公告。还有投资者在陆续起诉，累计索赔金额不断上升。根据京天利发布的公告，截至 2018 年 1 月 11 日，法院共收到 296 份诉讼材料，索赔金额合计逾 9 000 万元
山西天能科技股份有限公司（简称"天能科技"）	首起 IPO 公司预披露招股说明书后被媒体报道有造假问题、公司撤回 IPO 申请、撤回后仍受证监会处罚的案例	2011 年 3 月提交 IPO 申请；2012 年 2 月 1 日进行招股说明书预披露后的第 3 天，媒体报道其招股说明书中存在虚增收入等问题；2012 年 4 月公司撤回 IPO 申请；2012 年 8 月，证监会对大信会计师事务所现场检查发现天能科技涉嫌造假；2012 年 9 月，证监会立案稽查	2012 年 4 月证监会终止 IPO 审查；2013 年 5 月证监会发布行政处罚决定，给予公司警告，处 60 万元罚款；对责任人和中介机构及其责任人给予罚款、市场禁入、警告等处罚	—
河南天丰节能板材科技股份有限公司（简称"天丰节能"）	在 IPO 审核期间，证监会实施财务专项现场检查发现问题首起案例	2012 年 4 月报送 IPO 申请；2013 年 4 月，证监会财务专项现场检查，发现造假嫌疑；证监会稽查总队初步调查，发现虚增收入等问题；5 月，证监会立案。2014 年 4 月，证监会终止审查	2014 年 2 月证监会对天丰节能给予警告，罚款 60 万元。对相关责任人、中介机构及其责任人给予警告、罚款、市场禁入等处罚	—

续表

公司名称	案例特征	违法违规情形的发现与查处	行政处罚情况	投资者赔付情况
广东新大地生物科技股份有限公司（简称"新大地"）	在创业板发审委审核通过IPO即过会后被媒体质疑，证监会终止审查，IPO被叫停	2011年3月提交IPO申请；2012年5月18日过会；7月3日公司和保荐机构提交终止发行上市申请；8月28日证监会立案调查，发现虚构收入等问题；中介机构被立案稽查	2013年10月15日证监会发布处罚决定，对新大地给予警告，并处60万元罚款；对相关责任人、中介机构及其责任人给予警告、罚款、市场禁入等处罚	—

注：根据中国证监会官网公布的行政处罚决定书、中国证券投资者保护基金有限责任公司官网公布的投资者补偿专项基金信息等资料筛选、整理；"—"表示不适用，因相关公司未能够发行上市，不涉及投资者权益损害问题，也就不涉及赔偿问题。

附录 2   有关投资者实地调研的数据统计

　　为促进投资者进行实地调研，中国证监会及其派出机构、深圳证券交易所（以下简称"深交所"）和上海证券交易所（以下简称"上交所"）分别组织了大量投资者赴上市公司进行实地调研的活动。其中，深交所自 2012 年 5 月 25 日起组织投资者"走进上市公司"的系列实地调研活动，推动中小投资者从"股民"向"股东"转变，增强中小投资者的股东意识。截至 2017 年 5 月 25 日，即"走进上市公司"实地调研 5 周年，深交所已累计举办 187 期活动，有近 12 000 名中小投资者到深市 192 家上市公司进行了调研。①

　　此外，证券公司、上市公司、媒体等也分别组织了投资者到上市公司的实地调研，如附表 2 - 1 所示。

附表 2 - 1　　　　　**有关机构组织投资者进行实地调研情况的统计**

组织主体	调研标的 （股票代码）	调研时间	调研人数	资料来源
中国证监会派出机构				
吉林证监局	欧亚集团 （600697）； 启明信息 （002232）	2012 - 10 - 09	机构投资者和个人投资者及媒体等 40 余人	高文力. 吉林证监局组织投资者走进上市公司［EB/OL］. http：//finance. sina. com. cn/stock/t/20121009/021913 310275. shtml？bsh_bid = 142739602.
江西证监局	江铃汽车 （000550）	2012 - 10 - 11	投资者、证券经营机构、媒体 20 余人	张斌. 江西证监局开展走进上市公司活动［EB/OL］. http：//epaper. zqrb. cn/html/2012 - 10/12/content_321928. htm.

---

①　深圳证券交易所. 为中小投资者修路搭桥、打造互信共赢资本生态圈——深交所"践行中国梦·走进上市公司"活动迎来 5 周年［EB/OL］. http：//www. szse. cn/main/aboutus/bsyw/39771950. shtml.

续表

组织主体	调研标的（股票代码）	调研时间	调研人数	资料来源
中国证监会派出机构				
中国证监会	NA	2012－08～2012－10	NA	马婧好．"积极回报投资者"主题宣传活动收效显著［EB/OL］．http：//finance. eastmoney. com/news/1353，20121102257367729. html.
辽宁证监局	机 器 人（300024）	2014－03－14	10 名投资者	马智．辽宁证监局组织投资者走进上市公司［EB/OL］．http：//finance. sina. com. cn/stock/t/20140314/040218504280. shtml.
江西证监局、江西省上市公司协会	洪都航空（600316）；泰豪科技（600590）	2014－03－25	部分机构投资者、个人投资者、券商分析师及业内媒体	张志鸿．江西开展投资者走进上市公司活动［EB/OL］．http：//www. cs. com. cn/ssgs/gsxw/201403/t20140325_4344219. html.
新疆证监局、新疆上市公司协会	冠农股份（600251）	2014－09－15	30 余名中小投资者	周鲁．新疆举办中小投资者走进上市公司活动［EB/OL］．http：//finance. sina. com. cn/stock/t/20140915/031120289644. shtml.
贵州证监局、贵州省证券业协会	中天城投（000540）	2014－12－23	30 余名中小投资者	杨晶．贵州证监局举办走进上市公司活动［EB/OL］．http：//money. 163. com/14/1223/06/AE4LISAC00253B0H. html.
大连证监局、大连上市公司协会、大连证券业协会	大连圣亚（600593）	2015－04－11	20 多名中小投资者及证券营业部人员、行业分析师	柴海．大连证监局组织投资者赴大连圣亚调研［EB/OL］．http：//news. 10jqka. com. cn/20150411/c571699340. shtml.
江西证监局	江西长运（600561）	2015－05－05	NA	中国证监会．江西证监局组织投资者走进上市公司活动［EB/OL］．http：//www. csrc. gov. cn/jiangxi/gzdt/201505/t20150522_277634. htm.
中国证监会、新疆证监局	西部牧业（300106）	2015－05－15	深圳证券信息有限公司、中小投资者 40 余人	张亚萍．新疆证监局领导带领中小投资者参观考察西部牧业［EB/OL］．http：//www. ts. cn/shz/2015－05/15/content_11286686. htm.

续表

组织主体	调研标的（股票代码）	调研时间	调研人数	资料来源
中国证监会派出机构				
福建证监局、上海证券交易所、福建省上市公司协会	冠城大通（600067）；福建高速（600033）	2015－06－08	100 余人次的中小投资者和媒体记者	中国证监会．福建证监局开展中小投资者走进上市公司活动［EB/OL］. http：//www. csrc. gov. cn/pub/fujian/gzdt/201506/t20150608_278600. htm.
吉林证监局	NA	2016－05－10	NA	新华网．吉林证监局：抓住机遇开拓创新、持续深入推进投资者教育工作［EB/OL］. http：//finance. eastmoney. com/news/1353，20160511622693935. html.
陕西证监局、陕西上市公司协会	中国西电（601179）	2016－08－01	45 名投资者	刘宁．陕西投资者走进上市公司［EB/OL］. http：//epaper. xiancn. com/xawb/html/2016－08/01/content_438546. htm.
上海证监局、上海上市公司协会	华建集团（600629）	2016－10－21	40 名投资者	李锐．“投资者走进上市公司”活动［EB/OL］. http：//stock. 10jqka. com. cn/20161021/c594130220. shtml.
河北省上市公司协会、上海证券报	常山药业（300255）；以岭药业（002603）；河钢股份（000709）等。	2017－10－23	NA	上海证券报．河北省开展“投资者走进上市公司活动”［EB/OL］. http：//stock. qq. com/a/20171023/002286. htm.
黑龙江证监局、上海证券交易所	珍宝岛（603567）；人民同泰（600829）	2017－11－23	50 余名投资者	张海英．黑龙江证监局组织投资者走进上市公司［EB/OL］. http：//stock. jrj. com. cn/2017/11/23210523687341. shtml.
湖北证监局	葛洲坝（600068）	2018－04－02	30 余家机构投资者	涂堰中．投资者走进葛洲坝［EB/OL］. http：//ggjd. cnstock. com/company/scp_ggjd/tjd_bbdj/201804/4206015. htm.
山东证监局、山东上市公司协会、山东省证券业协会	山东出版（601019）	2018－04－23	40 余位中小投资者、私募基金管理人代表	中国证监会．山东证监局组织投资者走进上市公司［EB/OL］. http：//www. csrc. gov. cn/pub/shandong/gzdt/201804/t20180423_337176. htm.

组织主体	调研标的 （股票代码）	调研时间	调研人数	资料来源
中国证监会派出机构				
宁波证监局	博威合金 （601137）； 宁波港 （601018） 等	2018 - 05 - 04	中小投资者、 新闻媒体等 100 余人	中国证监会. 宁波证监局开展投资者 走进上市公司主题宣传活动［EB/ OL］. http：//www. csrc. gov. cn/pub/ ningbo/gzdt/201805/t20180504 _337656. htm.
陕西证监局	陕西煤业 （601225）	2018 - 07 - 11	30 多名投资者	中国证监会. 陕西证监局开展投资者 走进上市公司活动［EB/OL］. ht- tp：//www. csrc. gov. cn/pub/shanxi- dong/gzdt/201807/t20180711 _341113. htm.
湖北证监局、 湖北省证券期 货业协会、湖 北省上市公司 协会联合长江 证券	健民集团 （600976）	2018 - 08 - 06	20 余名投资者	湖北省证券期货业协会. 《股东来了》 湖北赛区开展投资者走进上市公司活 动［EB/OL］. https：//www. investor. gov. cn/learning _ center/investors _ class- room/hot _ topic/online/jjzcz _ 1236/ 201808/t20180807_313557. shtml.
上海证券交易所				
上交所	上港集团 （600018）	2012 - 07 - 02	30 余名中小投 资者	赵一蕙. 上交所举行中小投资者走进 上市公司活动［EB/OL］. http：// stock. hexun. com/2012 - 07 - 02/ 143101757. html.
上交所	天士力 （600535）	2012 - 11 - 26	上交所、天津 证监局的代表 和 40 名中小投 资者	陈璠. 中小投资者走进上市公司 ［EB/OL］. http：//news. 163. com/12/ 1126/08/8H7LN14E00014AED. html.
上交所	浦发银行 （600000）	2013 - 04 - 19	NA	刘世安. 继续开展中小投资者走近上 市公司［EB/OL］. http：//tv. hexun. com/2013 - 04 - 19/153364003. html.
上交所	民生银行 （600016）	2013 - 05 - 10	40 位中小投资 者和 20 多位记 者	谢利. 上交所启动"中小投资者走进上 市公司"活动民生银行高管对话中小投 资者［EB/OL］. http：//money. 163. com/13/0510/08/8UGJ4UBU00253B0H. html.

续表

组织主体	调研标的 （股票代码）	调研时间	调研人数	资料来源
上海证券交易所				
上交所	宁夏建材 （600449）	2014 - 10 - 02	35 名中小投资者	中材集团. 我是股东系列活动：走进宁夏建材 [EB/OL]. http://www. cce-ment. com/news/content/7627686220706. html.
上交所	科力远 （600478）	2015 - 06 - 17 和 2015 - 06 - 18	60 多名投资者	中国证券业协会. "我是股东——中小投资者走进上市公司"系列活动在湖南举行 [EB/OL]. http://www. sac. net. cn/hyfw/dfxh/gzdt/201507/t20150708_123876. html.
深圳证券交易所				
深交所	西山煤电 （000983）	2012 - 08 - 31	110 名个人投资者	薛皓中. 散户走进西山煤电提问公司高管 [EB/OL]. http://www. sxrb. com/sxwb/aban_0/15/2456007. shtml.
深交所	深圳能源 （000027）	2012 - 10 - 18	60 余名各类投资者	彭超. "小散"走进上市公司 感叹调研才能识牛股 [EB/OL]. http://bus-iness. sohu. com/20121018/n355103613. shtml.
深交所	海南瑞泽 （002596）	2013 - 11 - 21	60 余名投资者	深圳证券交易所. 深交所："认识你的股东——走进上市公司"活动 [EB/OL]. http://stock. cngold. org/szse/c2269962. html.
深交所	双成药业 （002693）； 光迅科技 （002281）	2014 - 01 - 07	NA	马玲玲. 深交所总经理宋丽萍参与走进上市公司活动 [EB/OL]. http://stock. hexun. com/2014 - 01 - 07/161206893. html.
深交所	机器人 （300024）； 沈阳机床 （000410） 等	2014 - 06 - 19	130 余名个人投资者	于涛. 普通股民走进上市公司生产车间实地调研 [EB/OL]. http://news. ifeng. com/a/20140619/40801436 _ 0. shtml.
深交所	中海达 （300177）； 美的集团 （000333） 等	2012 - 05 - 25 至 2014 - 07 - 01	5 000 余名投资者	胡学文. 深交所推动中小投资者从"股民"变"股东" [EB/OL]. ht-tp://www. p5w. net/stock/news/zong-he/201407/t20140701_655690. htm.

续表

组织主体	调研标的 (股票代码)	调研时间	调研人数	资料来源
深圳证券交易所				
深交所	NA	2017 - 05 - 25	80 人	深圳证券交易所．为中小投资者修路搭桥 打造互信共赢资本生态圈 [EB/OL]．http://www.szse.cn/main/abou-tus/bsyw/39771950.shtml.
深交所	奥拓电子 (002587)	2018 - 08 - 10	近 40 位投资者	数字音视工程网．"走进上市公司——大湾区科技创新深圳行"活动对奥拓电子进行实地调研 [EB/OL]．ht-tp://www.dav01.com/article/2018/08/a6223375.html.
媒体、中介机构、上市公司、证券业协会等				
天津上市公司协会、天津市证券业协会	九安医疗 (002432)	2016 - 06 - 03	近百位投资者	证券时报．天津上市公司协会组织投资者走进上市公司九安医疗 [EB/OL]．http://company.stcn.com/2016/0603/12743111.shtml.
奥佳华与招商银行、招商证券及观澜财经	奥 佳 华 (002614)	2017 - 06 - 19	60 余位投资者	奥佳华．"投资者走进上市公司——行业龙头奥佳华"活动圆满落幕 [EB/OL]．http://www.ogawaworld.net.cn/news - 65.html.
海通证券	隆基股份 (601012)	2017 - 06 - 28	20 余位投资者	毋晓妮．"中小投资者走进上市公司——隆基股份"活动顺利举行 [EB/OL]．http://www.sohu.com/a/152700941_263319.
河北省上市公司协会、上海证券报	常山药业 (300255)；以岭药业 (002603) 等	2017 - 10 - 20	NA	王子霖．河北开展"投资者走进上市公司活动"走访 6 家 [EB/OL]．ht-tp://finance.sina.com.cn/roll/2017 - 10 - 20/doc-ifymzzpv7121662.shtml.
中证广州	星辉娱乐 (300043)	2018 - 06 - 07	NA	谢雨婷．中证广州携投资者走进上市公司调研纪实专题——走进星辉娱乐（300043）[EB/OL]．http://www.sohu.com/a/236906065_99913986.

续表

组织主体	调研标的（股票代码）	调研时间	调研人数	资料来源
媒体、中介机构、上市公司、证券业协会等				
江苏证监局、国联证券投资者教育基地	红豆股份（600400）	2018–06–08	NA	国联证券股份有限公司. 国联证券投资者教育基地举办"我是股东"投资者走进上市公司活动——走进红豆股份［EB/OL］. http://tzz. sac. net. cn/zxsd/tjhd/201807/t20180703_135811. html.
证券公司	NA	2015 年全年	据不完全统计17 000 余人	中国证券业协会. 中国证券业发展报告（2016）［M］. 北京：中国财政经济出版社，2016.
证券公司	NA	2016 年全年	据不完全统计13 000 余人	中国证券业协会. 中国证券业发展报告（2017）［M］. 北京：中国财政经济出版社，2017.
证券公司	NA	2017 年全年	据不完全统计47 000 余人	中国证券业协会. 中国证券业发展报告（2018）［M］. 北京：中国财政经济出版社，2018.

注："NA"表示无相关资料。

　　根据中国证券业协会分别于 2018 年、2017 年和 2016 年发布的《中国证券业发展报告》，据其不完全统计的由证券公司组织的投资者实地调研活动，在 2017 年、2016 年和 2015 年分别有 4 000 余次、1 300 余次和 1 200 余次，分别有 47 000 余人、13 000 余人和 17 000 余人参加（此报告中没有提供更加详细的个人与机构参加实地调研的统计数据）。

　　由以上统计资料可知，中国证监会及其派出机构、证券交易所、证券业协会、上市公司协会、证券公司、上市公司、媒体等相关机构为投资者实地调研提供了方便，促进了投资者实地调研活动的开展。

　　另外，Wind 金融终端数据库提供了机构投资者的有关实地调研数据。相关数据主要是从两个侧面做的统计：主板、中小企业板和创业板上市公司接受机构调研的次数；对上市公司进行调研的证券公司、基金公司、保险公司及私募等各类机构的家数。在 Wind 金融终端数据库中未搜索到关于个人投资者进行实地调研的数据。本书分别收集了以上两个侧面自 2015～2017 年的相关数据，并对数据进行了整理，结果如附表2－2所示。

附表2－2　　　　　2015～2017年机构投资者进行实地调研总数

年份	机构调研总次数	各上市板块上市公司接受调研的次数			
		合计	主板	中小企业板	创业板
2015	43 595	36 765	6 356	17 061	13 348
2016	53 385	44 661	8 617	21 191	14 853
2017	56 021	44 878	10 733	19 788	14 357

资料来源：根据 Wind 金融终端资料整理。

从总调研次数来看，2015～2017年机构投资者调研次数逐年增加；从调研的个股数来看，首先是中小企业板上市公司被调研次数最多；其次是创业板；最后是主板，被调研的总次数逐年增加。

其中，2015年进行实地调研总次数最多的是国泰君安证券，共对455家上市公司进行调研643次；2016年进行实地调研总次数最多的是兴业证券，共对536家上市公司进行调研857次；2017年进行实地调研总次数最多的机构是海通证券，共对589家上市公司进行调研881次。在 Wind 金融终端数据库的统计中，进行实地调研最少的为1次，多为私募投资机构。相关数据如附表2－3所示。

附表2－3　　　　机构投资者进行实地调研次数的描述性统计

年份	机构调研次数	均值	标准差	最小值	最大值
2015	56 021	18.21	59.74	1	643
2016	53 385	15.95	59.52	1	857
2017	43 595	14.43	59.10	1	881

资料来源：根据 Wind 金融终端数据库资料整理。

对上市公司进行调研的证券公司、基金公司、保险公司及私募等各类机构的家数如附表2－4所示。

附表 2 – 4   2015 ~ 2017 年上市公司接受各类机构投资者调研的次数和家数

年份	调研总次数	调研机构家数					
		合计	证券公司	投资基金	保险公司和保险资管公司	私募	其他
2015	7 864	39 168	12 383	12 004	1 118	11 440	2 223
2016	8 792	49 007	15 552	12 648	1 422	15 400	3 985
2017	8 950	50 074	16 598	11 202	1 559	15 629	5 086

资料来源：根据 Wind 金融终端资料整理。

从上市公司被机构投资者调研数据来看，2015 ~ 2017 年中各年度调研的总次数已经远超上市公司的总家数；总调研次数逐年增加。证券公司是进行调研次数最多的，基金公司次之，与证券公司比较接近。

其中，2015 年接受实地调研总次数最多的是广汽集团，共接受 235 家机构的实地调研 114 次；2016 年接受实地调研总次数最多的是伊利股份，共接受 102 家机构的实地调研 123 次；2017 年接受实地调研总次数最多的上市公司是广汽集团，共接受 472 家机构的实地调研 534 次。在 Wind 金融终端数据库资料数据库的统计中，接受实地调研最少的上市公司的次数为 1 次。相关数据如附表 2 – 5 所示。

附表 2 – 5   上市公司接受机构投资者实地调研次数的描述性统计

年份	接受调研次数	均值	标准差	最小值	最大值
2015	7 864	5.847	6.808	1	114
2016	8 792	6.063	7.941	1	123
2017	8 950	5.900	15.72	1	534

资料来源：根据 Wind 金融终端资料整理。

根据《中国证券登记结算统计年鉴》（2017 年）统计的数据，2016 年和 2017 年期末已开立 A 股账户的非自然人投资者分别为 30.32 万户和 33.83 万户。[①] 而根据 Wind 金融终端数据库的统计，2016 年和 2017 年进行实地调研

---

① 详见：http：//www.chinaclear.cn/zdjs/tjnb/center_datalist.shtml。

的机构投资者分别为 49 007 家和 50 074 家。如果按此计算，2016 年和 2017 年进行实地调研的机构投资者分别占机构投资者总数的比例约为 16% 和 15%。这远低于现有文献里提供的相关数据（见附表 2 - 6）。

附表 2 - 6　　　　　主要相关文献中投资者调研信息的情况对比

文献	样本范围	投资者类型	进行信息搜寻的方式及投资者占比（%）	
本书研究	2016 年发放电子版和纸质版问卷，回收得到 932 份有效问卷	个人投资者	实地调研	10.1
		机构投资者		53.5
陈小林，孔东民. 机构投资者信息搜寻、公开信息透明度与私有信息套利［J］. 南开管理评论，2012，15（1）：113 - 122.	2006～2008 年在深交所上市的 1 310 家样本公司披露的投资者来访信息	机构投资者	实地访谈	42.5
			电话咨询	11.3
周勤业，卢宗辉，金瑛. 上市公司信息披露与投资者信息获取的成本效益问卷调查分析［J］. 会计研究，2003（5）：3 - 10，65.	2002 年向沪市与深市投资者发放调查问卷	所有投资者	以不同的频次直接向上市公司查询过信息	41.6

注：在我们可搜到的文献中，只有机构投资者和投资者整体进行实地调研的数据，缺乏个人进行实地调研的相关数据。

出现此差异应是两个方面的原因所致：一是有些投资者在通过各种方式联系上市公司之后前去调研，有的调研活动可能不为公司的董秘或证券事务代表所知，所以，公司董秘或证券事务代表向有关机构提供接受的实地调研数据也是不完全的，因此，Wind 金融终端数据库中有关实地调研统计的数据应该是不完全统计。二是《中国证券登记结算统计年鉴》（2017 年）中的相关账户数据，包括了大量的非活跃账户，这也是导致相关比例很低的重要原因。

附录 3 证监会服务热线 "12386" 拨打情况统计

2013 年 9 月~2015 年 6 月 "12386" 热线拨打情况如附表 3-1 所示。

附表 3-1   2013 年 9 月~2015 年 6 月 "12386" 热线拨打情况统计

时间	建议类	资讯类	投诉类	各类诉求合计数
2013 年 9~10 月	1 864	1 664	1 050	4 578
2013 年 11~12 月	4 534	2 526	2 268	9 328
2014 年 1~2 月	4 304	2 098	1 229	7 631
2014 年 3~4 月	2 789	2 955	1 851	7 595
2014 年 5~6 月	2 791	3 018	1 696	7 505
2014 年 7~8 月	1 643	2 967	1 262	5 872
2014 年 9~10 月	1 248	2 690	1 420	5 358
2014 年 11~12 月	2 341	3 580	2 452	8 373
2015 年 1~2 月	2 493	3 483	2 493	8 469
2015 年 3~4 月	3 923	4 888	3 427	12 238
2015 年 5~6 月	8 404	7 511	4 646	20 561

注：根据中国证监会及投保基金网资料整理；相关官网上只公布了 "12386" 热线自 2013 年 9 月~2015 年 6 月的资料。

参 考 文 献

[1] 北京大学课题组，吴志攀. 证券发行法律制度完善研究 [J]. 证券法苑，2014（1）：175－223.

[2] 曹凤岐. 推进我国股票发行注册制改革 [J]. 南开学报（哲学社会科学版），2014（2）：118－126.

[3] 曹新伟，洪剑峭，贾琬娇. 分析师实地调研与资本市场信息效率——基于股价同步性的研究 [J]. 经济管理，2015（8）：141－150.

[4] 曹亚勇，王建琼，于丽丽. 公司社会责任信息披露与投资效率的实证研究 [J]. 管理世界，2012（12）：183－185.

[5] 曹志来. 内容分析法在战略管理中应用的探析 [J]. 时代金融，2010（12）：35－38.

[6] 陈洪杰. IPO核准制与注册制：一个经济社会学视角 [J]. 财经法学，2018（1）：97－107.

[7] 陈炜，袁子甲，何基报. 异质投资者行为与价格形成机制研究 [J]. 经济研究，2013（4）：43－54.

[8] 陈祥有. 主承销商声誉与IPO公司持续督导期间信息披露质量——来自深交所的经验证据 [J]. 经济学家，2009（12）：76－82.

[9] 陈小林，孔东民. 机构投资者信息搜寻、公开信息透明度与私有信息套利 [J]. 南开管理评论，2012，15（1）：113－122.

[10] 陈艺云. 基于信息披露文本的上市公司财务困境预测：以中文年报管理层讨论与分析为样本的研究 [J]. 中国管理科学，2019，27（7）：23－34.

[11] 陈运森，邓祎璐，李哲. 非处罚性监管具有信息含量吗？——基于问询函的证据 [J]. 金融研究，2018（4）：155－171.

[12] 陈志娟，郑振龙，马长峰，等. 个人投资者交易行为研究——来自

台湾股市的证据 [J]. 经济研究, 2011 (S1): 67 – 79.

[13] 陈准, 顾连书. 我国股票发行注册制的制度条件及其政策研究 [J]. 上海财经大学学报, 2012 (2): 43 – 47, 77.

[14] 程茂军, 徐聪. 投资者导向信息披露制度的法理与逻辑 [J]. 证券市场导报, 2015 (11): 64 – 71.

[15] 程新生, 刘建梅, 程悦. 相得益彰抑或掩人耳目: 盈余操纵与 MD&A 中非财务信息披露 [J]. 会计研究, 2015 (8): 11 – 18, 96.

[16] 丁慧, 吕长江, 黄海杰. 社交媒体、投资者信息获取和解读能力与盈余预期——来自"上证 e 互动"平台的证据 [J]. 经济研究, 2018, 53 (1): 153 – 168.

[17] 丁颖颖, 惠锋, 马晶. 2003 最佳分析师——探寻真实价值 [J]. 新财富, 2003 (6): 45 – 48.

[18] 窦鹏娟. 证券信息披露的投资者中心原则及其构想——以证券衍生交易为例 [J]. 金融经济学研究, 2015 (6): 60 – 71.

[19] 杜征征, 李云峰, 闫彬. 金融教育有助于投资者权益保护吗? [J]. 证券市场导报, 2017 (6): 43 – 49.

[20] 杜莉, 戴倩倩. 年度报告的风险信息沟通及影响因素 [J]. 证券市场导报, 2010 (7): 32 – 36.

[21] 冯根福, 韩冰, 闫冰. 中国上市公司股权集中度变动的实证分析 [J]. 经济研究, 2002 (8): 12 – 18.

[22] 冯冠, 周孝华. 供给侧改革背景下 IPO 抑价率的度量与解读 [J]. 软科学, 2019, 33 (6): 140 – 144.

[23] 高西庆. 证券市场强制性信息披露制度的理论根据 [J]. 证券市场导报, 1996 (10): 14.

[24] 葛伟琪. 我国上市公司中英文年报可读性对比研究 [J]. 宁波大学学报, 2007 (20): 108 – 113.

[25] 郭思永, 李佳瑜, 李淑一. 信息披露、流动性约束与投资者保护——个监管制度的理论分析框架 [J]. 中南财经政法大学学报, 2015 (6): 34 – 40.

[26] 韩雪. 注册制改革、信息披露环境与会计信息质量 [J]. 经济体制改革, 2016 (3): 25 – 30.

[27] 郝旭光, 陈玮, 王旖欢. 证券市场监管者比其他参与者更理性吗?

[J]. 财经科学, 2017, (4): 28-38.

[28] 郝旭光, 贺小刚, 张嘉祺. 证券监管机构与上市公司的博弈分析 [J]. 中央财经大学学报, 2013 (8): 19-23.

[29] 郝旭光, 朱冰, 张士玉. 中国证券市场监管政策效果研究——基于问卷调查的分析 [J]. 管理世界, 2012 (7): 44-53.

[30] 郝项超, 苏之翔. 重大风险提示可以降低 IPO 抑价吗?——基于文本分析法的经验证据 [J]. 财经研究, 2014 (5): 42-53.

[31] 何智, 张飞, 周孝华. 招股说明书文本语气对新股市场表现的影响——以创业板为研究对象 [J]. 财会月刊, 2019 (8): 29-38.

[32] 贺炎林, 王一鸣, 吴卫星. 中国首发新股超高抑价现象研究——基于市场化程度的视角 [J]. 中国软科学, 2012 (10): 33-47.

[33] 胡志强, 詹承启, 陈潇潇. 关于 A 股市场 IPO 浪潮下的抑价问题 [J]. 商业研究, 2014 (8): 40-46.

[34] 胡莹, 仲伟周. 上市公司信息披露对个体投资者行为的影响——基于行为金融的实验研究 [J]. 南京师大学报 (社会科学版), 2010 (2): 83-88.

[35] 胡志强, 程丽媛, 胡渊. 询价制改革下机构报价行为的动态博弈研究 [J]. 武汉大学学报 (哲学社会科学版), 2017, 70 (5): 96-105.

[36] 胡志强, 万朝辉, 王一竹. 新股发行时机选择与随机微分博弈的 IPO 决策理论综述 [J]. 武汉大学学报 (哲学社会科学版), 2015, 68 (3): 59-65.

[37] 黄方亮. 对中国股票首发 (IPO) 定价机制的评价 [J]. 上海投资, 2004 (3): 45-47.

[38] 黄方亮. 全球失衡、国际分工与中国的产业升级 [J]. 宏观经济研究, 2011 (5): 75-79.

[39] 黄方亮. 价格发现与股票 IPO 机制研究 [M]. 上海: 上海三联书店, 2008.

[40] 黄方亮, 崔红燕, 任晓云, 等. 年报管理层讨论与分析的语调倾向——基于 A 股市场的检验 [J]. 投资研究, 2019 (5): 19-42.

[41] 黄方亮, 陈静, 韩旭, 等. 我国股灾与 IPO 市场供给研究 [J]. 公司金融研究, 2016 (12): 196-210.

[42] 黄方亮, 杜建, 王骁, 等. 新股发行风险因素信息披露的质量研

究——基于商业银行招股说明书的内容分析//公司金融研究 ［M］. 北京：中国金融出版社，2012（1）：77 - 91.

［43］黄方亮，冯栋，王倩，等. 股权结构与公司绩效：基于 A 与 H 股市场投资者保护环境的比较研究 ［J］. 投资研究，2018（7）：131 - 157.

［44］黄方亮，顾婧瑾，齐鲁，等. IPO 风险信息披露的内容分析与质量检验 ［J］. 山东财政学院学报，2013（2）：5 - 10.

［45］黄方亮，齐鲁，赵国庆. 新股发行风险信息披露的意向分析 ［J］. 山东大学学报（哲学社会科学版），2015（2）：38 - 48.

［46］黄方亮，宋晓蕾，种莉萍. IPO 风险信息披露的规范性——基于内容分析法的研究 ［J］. 制度经济学研究，2012（3）：89 - 101.

［47］黄方亮，孙莉，陈静，等. 投资者 IPO 信息获取与权益保护：基于成熟投资者问卷调查的研究 ［J］. 南开管理评论，2019（1）：181 - 193.

［48］黄方亮，王英姿，刘瑞波. 新兴国家银行积极参与全球银行并购 ［N］. 中国社会科学报，2011，7（5）：10.

［49］黄方亮，王英姿，刘瑞波. 全球银行并购浪潮的演化 ［J］. 中国社会科学报，2011，4（21）：12.

［50］黄方亮，武锐. 证券市场信息披露质量：基于内容分析法的研究框架 ［J］. 江苏社会科学，2011（12）：67 - 71.

［51］黄方亮，熊德浩，杨敏，等. IPO 信息披露与投资者保护研究进展//公司金融研究 ［M］. 北京：中国金融出版社，2015（3）：59 - 70.

［52］黄方亮，尹伯成. 股票 IPO 市场中的利益冲突问题研究 ［J］. 福建论坛（人文社会科学版），2011（1）：12 - 16.

［53］黄方亮等. 新股发行风险信息披露的多维分析 ［M］. 北京：经济科学出版社，2015.

［54］黄方亮等. IPO 与并购：实务解析与理论探讨 ［M］. 北京：经济科学出版社，2022.

［55］黄立新，陈宇，吴姬君，等. 构建基于投资者需求的信息披露制度探讨 ［J］. 证券市场导刊，2014（7）：4 - 9.

［56］黄清华，刘岚溪. 上市公司调研报告的负面语气能否降低股价崩盘风险——基于文本分析的视角 ［J］. 上海金融，2019（8）：31 - 47，58.

［57］黄顺武，俞凯，贾捷. 询价制下 IPO 定价的演化博弈分析 ［J］. 中国管理科学，2018，26（12）：78 - 89.

［58］黄晓磊. IPO 过程中的博弈分析［J］. 中国证券期货, 2009（6）: 22 - 24.

［59］黄瑜琴, 李莉, 陶利斌. 机构投资者报价行为、承销商定价策略与 IPO 市场表现研究［J］. 金融研究, 2013（7）: 180 - 193.

［60］吉利, 张丽, 田静. 我国上市公司社会责任信息披露可读性研究——基于管理层权力与约束机制的视角［J］. 会计与经济研究, 2016（1）: 21 - 33.

［61］贾琬娇, 洪剑峭, 徐媛媛. 我国证券分析师实地调研有价值吗?——基于盈余预测准确性的一项实证研究［J］. 投资研究, 2015（4）: 96 - 113.

［62］姜婷. 新股询价配给规则与 IPO 价格形成的进化博弈分析［J］. 中国管理科学, 2014, 22（6）: 10 - 16.

［63］姜婷, 周孝华. 询价对象报价行为与 IPO 价格形成的进化博弈［J］. 系统工程学报, 2015, 30（5）: 642 - 649.

［64］蒋艳辉, 冯楚建. MD&A 语言特征、管理层预期与未来财务业绩——来自中国创业板上市公司的经验证据［J］. 中国软科学, 2014（11）: 115 - 130.

［65］金幼芳, 李有星. 论证券发行注册制的理想与现实［J］. 证券法苑, 2014（11）: 248 - 261.

［66］劳可夫. 消费者创新性对绿色消费行为的影响机制研究［J］. 南开管理评论, 2013, 16（4）: 106 - 113, 132.

［67］雷震, 杨明高, 田森, 等. 股市谣言与股价波动: 来自行为实验的证据［J］. 经济研究, 2016（9）: 118 - 131.

［68］黎精明, 田笑丰, 高峻. 上市公司恶意再融资行为研究——基于对投资者的问卷调查分析［J］. 经济管理, 2010, 32（6）: 135 - 145.

［69］李常青, 王毅辉. "管理层讨论与分析"研究述评［J］. 厦门大学学报（哲学社会科学版）, 2007（5）: 20 - 26.

［70］李礼, 齐寅峰, 郭莉. 经济制度变迁对我国国有企业融资动机的影响——基于调查问卷的分析［J］. 南开管理评论, 2007, 10（1）: 54 - 61.

［71］李明, 赵梅. 投资者保护、寻租与 IPO 资源配置效率［J］. 经济科学, 2014, 36（5）: 47 - 61.

[72] 李玫, 芦杨. 注册制下新股发行定价优化研究——基于博弈论视角 [J]. 财经市场, 2014 (11): 86 – 88.

[73] 李强, 朱杨慧, 冯波. 投资者保护、高管政治关联与环境信息披露质量 [J]. 财会月刊, 2015 (15): 19 – 23.

[74] 李曙光. 新股发行注册制改革的若干重大问题探讨 [J]. 政法论坛, 2015, 33 (3): 3 – 13.

[75] 李树根. 投资者外部保护与会计信息质量的关系研究 [J]. 财经问题研究, 2016 (1): 100 – 107.

[76] 李文华. 中国式注册制: 市场基础与实施路径 [J]. 上海金融, 2014 (9): 68 – 74.

[77] 李文莉. 证券发行注册制改革: 法理基础与实现路径 [J]. 法商研究, 2014 (5): 115 – 123.

[78] 李燕, 杨淦. 美国法上的 IPO "注册制": 起源、构造与论争——兼论我国注册制改革的移植与创生 [J]. 比较法研究, 2014 (6): 31 – 42.

[79] 李志斌. 内部控制、股权集中度与投资者关系管理——来自 A 股上市公司投资者关系调查的证据 [J]. 会计研究, 2013 (12): 72 – 78, 97.

[80] 林乐, 谢德仁. 投资者会听话听音吗? ——基于管理层语调视角的实证研究 [J]. 财经研究, 2016, 42 (7): 28 – 39.

[81] 林乐, 谢德仁. 分析师荐股更新利用管理层语调吗? ——基于业绩说明会的文本分析 [J]. 管理世界, 2017 (11): 125 – 145, 188.

[82] 刘彬. 审计委员会特征对信息披露质量的影响研究——基于投资者保护视角 [J]. 审计与经济研究, 2014, (1): 39 – 47, 94.

[83] 刘斌, 吴娅玲. 股权集中、投资者保护与信息披露质量 [J]. 山西财经大学学报, 2007 (10): 67 – 71.

[84] 刘阳, 马永强. 上市公司信息披露制度、股票交易与投资者保护 [J]. 中国经济问题, 2012 (4): 94 – 102.

[85] 刘逸爽, 陈艺云. 管理层语调与上市公司信用风险预警——基于公司年报文本内容分析的研究 [J]. 金融经济学研究, 2018, 33 (4): 46 – 54.

[86] 刘玉珍, 张峥, 徐信忠, 等. 基金投资者的框架效应 [J]. 管理世界, 2010 (2): 25 – 37.

[87] 刘志远, 郑凯, 何亚南. 询价制度第一阶段改革有效吗? [J]. 金融研究, 2011 (4): 158 – 173.

［88］鲁桂华，韩慧云，陈运森．会计师事务所非处罚性监管与 IPO 审核问询——基于科创板注册制的证据［J］．审计研究，2020（6）：43－50.

［89］鲁桐，党印．投资者保护、行政环境与技术创新：跨国经验证据［J］．世界经济，2015（10）：99－124.

［90］陆正飞，刘桂进．中国公众投资者信息需求之探索性研究［J］．经济研究，2002（4）：36－43.

［91］罗炜，余琰，周晓松．处置效应与风险投资机构：来自 IPO 公司的证据［J］．经济研究，2017（4）：181－194.

［92］梁海林．博弈论视角下发行人财务舞弊机理研究［J］．会计之友，2010（12）：111－113.

［93］林珊．基于创业板 IPO 价格：发行人、承销商与机构投资者的博弈分析［J］．中国证券期货，2010（3）：34－36.

［94］逯东，万丽梅，杨丹．创业板公司上市后为何业绩变脸？［J］．经济研究，2015，5（2）：132－144.

［95］马莉莉，李泉．中国投资者的风险偏好［J］．统计研究，2011，28（8）：63－72.

［96］马连福，张琦，王丽丽．注册制度下投资者关系管理的新变化［J］．证券市场导报，2014（9）：68－71.

［97］梅洁，杜亚斌．机构投资者改善信息披露质量的异质性行为研究——来自 2004～2010 年深市 A 股的经验证据［J］．证券市场导报，2012（6）：31－37.

［98］孟庆斌，杨俊华，鲁冰．管理层讨论与分析披露的信息含量与股价崩盘风险——基于文本向量化方法的研究［J］．中国工业经济，2017（12）：132－150.

［99］宁文昕．基于现行保荐制度下创业板股票发行监管的博弈分析［J］．山东大学学报（哲学社会科学版），2012（2）：45－52.

［100］潘爱玲．证券市场会计信息披露与投资者权益保护［J］．理论学刊，2002（3）：64－65.

［101］潘越，林淑萍，张鹏东，等．语言将来时态标记特征与公司股利政策——基于投资者语言认知效应的跨国研究［J］．经济研究，2021，56（7）：127－143.

［102］潘越，吴超鹏，史晓康．社会资本、法律保护与 IPO 盈余管理

[J]. 会计研究, 2010 (5): 62-66.

[103] 裴平, 张谊浩. 中国股票投资者认知偏差的实证检验 [J]. 管理世界, 2004 (12): 12-22.

[104] 彭红枫, 赵海燕, 周洋. 借款陈述会影响借款成本和借款成功率吗?——基于网络借贷陈述的文本分析 [J]. 金融研究, 2016 (4): 158-173.

[105] 彭志胜, 宋福铁. IPO 定价制度市场化改革: 基于询价对象范围、配售比、锁定期的视角 [J]. 系统管理学报, 2017, 26 (1): 10-20.

[106] 乔飞鸽. 博弈模型分析: 处罚监管者优于对违规者的处罚 [J]. 经济问题, 2010 (7): 92-96.

[107] 钱康宁, 蒋健蓉. 股票发行制度的国际比较及对我国的借鉴 [J]. 上海金融, 2012 (2): 55-63.

[108] 沈朝晖. 流行的误解:"注册制"与"核准制"辨析 [J]. 证券市场导报, 2011 (9): 14-23.

[109] 沈艺峰, 肖珉, 林涛. 投资者保护与上市公司资本结构 [J]. 经济研究, 2009, 44 (7): 131-142.

[110] 宋顺林, 唐斯圆. IPO 定价管制、价值不确定性与投资者"炒新" [J]. 会计研究, 2017 (1): 61-67, 96.

[111] 宋玉, 陈岑. 基于上市公司信息环境的机构投资者实地调研行为研究——来自深市主板市场的经验证据 [J]. 江西财经大学学报, 2017 (7): 45-55.

[112] 史永东, 李竹薇, 陈炜. 中国证券投资者交易行为的实证研究 [J]. 金融研究, 2009 (11): 129-142.

[113] 孙莉. 我国证券市场投资者保护水平与证券市场效率的实证研究 [J]. 山东财政学院学报, 2009 (4): 5-11.

[114] 孙蔓莉. 上市公司年报的可理解性研究 [J]. 会计研究, 2004 (12): 38-43.

[115] 孙燕东, 苗永菁. 证券市场投资者保护与会计信息披露问题探讨 [J]. 经济问题, 2007 (5): 3-8.

[116] 谭美玲. 证券投资者权益保护法律制度研究——基于比较法的制度完善 [J]. 福建法学, 2018 (3): 8-12.

[117] 谭松涛, 崔小勇. 上市公司调研能否提高分析师预测精度 [J].

世界经济，2015，38（4）：126－145.

［118］唐松莲，李君如，卢婧. 实地调研类型、信息优势与基金超额收益［J］. 会计与经济研究，2017（1）：43－64.

［119］汤欣，魏俊. 股票公开发行注册审核模式：比较与借鉴［J］. 证券市场导报，2016（1）：4－16.

［120］王从容，李宁. 法学视角下的证券市场信息披露制度若干问题的分析［J］. 金融研究，2009（3）：178－190.

［121］王化成，曹丰，叶康涛. 监督还是掏空：大股东持股比例与股价崩盘风险［J］. 管理世界，2015（2）：45－57，187.

［122］王俊飚，池国华，张硕. 上市公司经营业绩评价指标体系构建——基于投资者视角和问卷调查结果［J］. 经济管理，2008（12）：30－35.

［123］王蕾. 可读性公式的内涵及研究范式——兼议对外汉语可读性公式的研究任务［J］. 语言教学与研究，2008（6）：46－53.

［124］王晟，蔡明超. 中国居民风险厌恶系数测定及影响因素分析——基于中国居民投资行为数据的实证研究［J］. 金融研究，2011（8）：192－206.

［125］王炜，蒋高峰. 信息披露透明度与资本成本［J］. 经济研究，2004（7）：107－114.

［126］王啸. 美国"注册制"的四大难题与中国资本市场改革的思考［J］. 证券市场导报，2015（1）：4－12.

［127］王晓亮，任耀红. IPO 注册制下投资者保护研究［J］. 财会通讯，2017（11）：3－7，129.

［128］王咏梅，王亚平. 机构投资者如何影响市场的信息效率——来自中国的经验证据［J］. 金融研究，2011（10）：112－126.

［129］汪昌云，武佳薇. 媒体语气、投资者情绪与 IPO 定价［J］. 金融研究，2015（9）：174－189.

［130］汪炜，蒋高峰. 信息披露、透明度与资本成本［J］. 经济研究，2004（7）：107－114.

［131］汪毅慧，廖理，邓小铁. 不对称信息、交易成本与投资者保护：内地和香港的比较研究［J］. 金融研究，2003（10）：27－36.

［132］王遥，高宇. 证券监管者与中介机构博弈下的腐败行为分析［J］. 中央财经大学学报，2008（4）：47－50.

［133］王泽霞，潘梦雪，郐鼎．MD&A 语言特征与公司未来财务业绩——基于中国创业板制造业上市公司的实证研究 ［J］．财会月刊，2019 (2)：78 - 87.

［134］汪宜霞．招股说明书信息含量与新股长期市场表现的实证研究 ［J］．中国会计评论，2004 (1)：43 - 60.

［135］魏志华，吴育辉，李常青．机构投资者持股与中国上市公司现金股利政策 ［J］．证券市场导报，2012 (10)：40 - 47.

［136］吴国舫，袁康．构建我国股票发行注册制的法理逻辑 ［J］．证券法苑，2014 (10)：58 - 73.

［137］吴明隆．结构方程模型——Amos 的操作与应用 (第 2 版) ［M］．重庆：重庆大学出版社，2010.

［138］吴世农，许年行．资产的理性定价模型和非理性定价模型的比较研究——基于中国股市的实证分析 ［J］．经济研究，2004 (6)：105 - 116.

［139］吴云端．IPO 财务造假为何屡禁不止? ——基于发行人与保荐人合谋的博弈模型与实证分析 ［J］．财会通讯，2015 (21)：118 - 123.

［140］向凯，陈胜蓝．财务会计信息、公司治理、与投资者保护 ［M］．北京：经济科学出版社，2008.

［141］谢德仁，林乐．管理层语调能预示公司未来业绩吗? ——基于我国上市公司年度业绩说明会的文本分析 ［J］．会计研究，2015 (2)：20 - 27，93.

［142］辛清泉，孔东民，郝颖．公司透明度与股价波动性 ［J］．金融研究，2014 (10)：193 - 206.

［143］邢会强．证券市场投资者保护立法评价体系研究 ［J］．证券法苑，2010 (2)：27.

［144］徐述国．财务报告可读性与股票价格的相关性研究 ［J］．湖北工业大学学报，2010 (3)：82 - 84.

［145］薛爽，肖泽忠，潘妙丽．管理层讨论与分析是否提供了有用信息? ——基于亏损上市公司的实证探索 ［J］．管理世界，2010 (5)：130 - 140.

［146］闫华红，包楠．会计信息披露与投资者利益保护 ［J］．财政研究，2015，(1)：79 - 82.

［147］杨七中，马蓓丽．管理层的"弦外之音"，投资者能听得懂

吗？——基于管理层语意的 LSTM 深度学习研究 [J]. 财经论丛, 2019 (6)：63 - 72.

[148] 杨晓兰, 朱建芳, 金雪军. 股票市场投资与主观幸福感——基于个体投资者的调查问卷分析 [J]. 浙江大学学报 (人文社会科学版), 2011, 41 (2)：42 - 51.

[149] 杨晔, 杨大楷, 王佳妮. 信息中介与投资者满意度——基于证券分析师的实证研究 [J]. 当代财经, 2013, (3)：52 - 63.

[150] 阎达五, 孙蔓莉. 深市 B 股发行公司年度报告可读性特征研究 [J]. 会计研究, 2002 (5)：10 - 17.

[151] 姚颐, 赵梅. 中国式风险披露、披露水平与市场反应 [J]. 经济研究, 2016 (7)：158 - 172.

[152] 尹志超, 宋全云, 吴雨. 金融知识、投资经验与家庭资产选择 [J]. 经济研究, 2014 (4)：62 - 75.

[153] 伊志宏, 姜付秀, 秦义虎. 产品市场竞争、公司治理与信息披露质量 [J]. 管理世界, 2010 (1)：133 - 141.

[154] 伊志宏, 杨圣之, 陈钦源. 分析师能降低股价同步性吗——基于研究报告文本分析的实证研究 [J]. 中国工业经济, 2019 (1)：156 - 173.

[155] 尹伯成, 黄方亮. 新股发行效率、价格异象及相关理论阐释 [J]. 河南社会科学, 2008 (4)：56 - 61.

[156] 尹自永, 王新宇. IPO 公司业绩变脸、承销商甄别和投资者认知 [J]. 山西财经大学学报, 2014, 36 (4)：38 - 47.

[157] 俞红海, 刘烨, 李心丹. 询价制度改革与中国股市 IPO "三高"问题——基于网下机构投资者报价视角的研究 [J]. 金融研究, 2013 (10)：167 - 180.

[158] 俞红海, 范思妤, 吴良钰, 等. 科创板注册制下的审核问询与 IPO 信息披露——基于 LDA 主题模型的文本分析 [J]. 管理科学学报, 2022, 25 (8)：8.

[159] 曾颖, 陆正飞. 信息披露质量与股权融资成本 [J]. 经济研究, 2006 (2)：69 - 79.

[160] 张程睿. 内部人动机、公司治理与信息披露质量——基于对深圳上市公司的实证分析 [J]. 经济与管理研究, 2010 (5)：10 - 18.

[161] 张程睿, 蓝锦莹. 信息披露与投资者保护——基于对违规披露公

司及其配对样本的比较分析 [J]. 华南师范大学学报（社会科学版），2011 (6)：79 - 85.

[162] 张春霞，刘淳，廖理. 使用 Logistic 回归模型确定投资者的风险资产配置——基于个人投资者问卷调查数据的实证分析 [J]. 清华大学学报（自然科学版），2012 (8)：1142 - 1149.

[163] 张丹，王宏，戴昌钧. 我国上市公司智力资本信息披露的市场效应研究——基于上市公司 IPO 招股说明书的经验证据 [J]. 软科学，2008 (11)：13 - 18.

[164] 张剑. 中国询价制度下询价对象的报价行为——基于 IPO 网下申购报价特征的实证分析 [J]. 技术经济，2014，33 (2)：104 - 111.

[165] 张辉华，凌文辁. 管理者情绪智力行为模型及其有效性的实证研究 [J]. 南开管理评论，2008 (2)：50 - 60.

[166] 张腾文，王威，于翠婷. 金融知识、风险认知与投资收益——基于中小投资者权益保护调查问卷 [J]. 会计研究，2016 (7)：66 - 73，97.

[167] 张星星. 金融危机下上市公司年度报告可读性特征研究 [J]. 湖北工业大学学报，2010，25 (3)：77 - 79.

[168] 张星星，葛察忠，海热提. 我国上市公司环境信息披露现状初步研究 [J]. 环境保护，2008 (6)：27 - 30.

[169] 赵立新. 构建投资者需求导向的信息披露体系 [J]. 中国金融，2013 (6)：78 - 80.

[170] 赵振华，刘淳，廖理. 是谁获得了更高的基金投资收益？——对个人投资者问卷调查的实证分析 [J]. 金融研究，2010 (5)：166 - 178.

[171] 张强，张宝. IPO 发行成本与中介机构声誉——来自中国创业板市场的证据 [J]. 证券市场报，2011 (12)：4 - 10.

[172] 张学勇，廖理，罗远航. 券商背景风险投资与公司 IPO 抑价——基于信息不对称的视角 [J]. 中国工业经济，2014 (11)：90 - 101.

[173] 张学勇，张秋月. 券商声誉损失与公司 IPO 市场表现——来自中国上市公司 IPO 造假的新证据 [J]. 金融研究，2018 (10)：141 - 157.

[174] 张宗新. 上市公司信息披露质量与投资者保护研究 [M]. 北京：中国金融出版社，2009.

[175] 赵丽锦. 内部控制信息披露与投资者保护：基于熵模型计量的实证研究 [J]. 南京财经大学学报，2015 (2)：56 - 63.

［176］周勤业，卢宗辉，金瑛. 上市公司信息披露与投资者信息获取的成本效益问卷调查分析［J］. 会计研究，2003（5）：3–10.

［177］朱宝宪，何治国. β值和账面/市值比与股票收益关系的实证研究［J］. 金融研究，2002（4）：71–79.

［178］朱红军，钱友文. 中国 IPO 高抑价之谜："定价效率观"还是"租金分配观"？［J］. 管理世界，2010（6）：28–40.

［179］朱朝晖，包燕娜，许文瀚. 管理层语调离差策略及其对分析师预测乐观度影响——基于 A 股制造业上市公司 MD&A 文本分析［J］. 财经论丛，2018（2）：39–46.

［180］朱朝晖，许文瀚. 管理层语调是否配合了盈余管理行为？［J］. 广东财经大学学报，2018a（1）：86–98.

［181］朱朝晖，许文瀚. 上市公司年报语调操纵、非效率投资与盈余管理［J］. 审计与经济研究，2018b（3）：63–72.

［182］曾庆生，周波，张程，等. 年报语调与内部人交易："表里如一"还是"口是心非"？［J］. 管理世界，2018，34（9）：143–160.

［183］Aerts, Walter, and Peng Cheng. Causal Disclosures on Earnings and Earnings Management in an IPO Setting［J］. Journal of Accounting and Public Policy, 2011, 30（5）: 431–459.

［184］Ajina, Aymen, Mhamed Laouiti, and Badreddine Msolli. Guiding Through the Fog: Does Annual Report Readability Reveal Earnings Management?［J］. Research in International Business and Finance, 2016, 7（38）: 509–516.

［185］Allen, Franklin, Xian Gu, and Oskar Kowalewski. Financial Crisis, Structure and Reform［J］. Journal of Banking and Finance, 2012, 36（11）: 2960–2973.

［186］Ang James. 100 Research Ideas: Extending the Frontiers of Research in Corporate Finance［J］. Global Finance Journal, 2021（48）: 1–45.

［187］Ang, James, and S. McKay Price. Pitching IPOs: Exaggeration and the Marketing of Financial Securities［R］. Florida State University Working Paper, 2008.

［188］Ang, James, Zhiqian Jiang, and Chaopeng Wu. Good Apples, Bad Apples: Sorting among Chinese Companies Traded in the U. S.［J］. Journal of Business Ethics, 2016, 134（4）: 611–629.

[189] Anthony, Bellofatto, D'Hondt Catherine, and De Winne Rudy. Subjective Financial Literacy and Retail Investors' Behavior [J]. Journal of Banking and Finance, 2018, 92 (7): 168 – 181.

[190] Antweiler, Werner, and Murray Z. Frank. Is All That Talk Just Noise? The Information Content of Internet Stock Message Boards [J]. Journal of Finance, 2004, 59 (3): 1259 – 1294.

[191] Armstrong, Christopher S, Wayne R. Guay, and Joseph P. Weber. The Role of Information and Financial Reporting in Corporate Governance and Debt Contracting [J]. Journal of Accounting and Economics, 2010, 50 (2): 179 – 234.

[192] Arnold, Tom, Raymond P. H. Fishe, and David North. The Effects of Ambiguous Information on Initial and Subsequent IPO Returns [J]. Financial Management, 2010, 39 (4): 1497 – 1519.

[193] Baker H. Eugene, and Dilip D. Kare. Relationship between Annual Report Readability and Corporate Financial Performance [J]. Management Research News, 1992, 15 (15): 1 – 4.

[194] Balakrishnan, Karthik, and Eli Bartov. Analysts' Use of Qualitative Earnings Information: Evidence from the IPO Prospectus's Risk Factors Section [R]. University of Pennsylvania Working Paper, 2011.

[195] Bamett, Andrew, and Keith Leoffler. Readability of Accounting and Auditing Messages [J]. Journal of Business Communication, 1979 (3): 49 – 59.

[196] Bannier, Christina, Thomas Pauls, and Andreas Walter. Content Analysis of Business Communication: Introducing a German Dictionary [J]. Journal of Business Economics, 2019 (89): 79 – 123.

[197] Barton, Jan, and Gregory Waymire. Investor Protection under Unregulated Financial Reporting [J]. Journal of Accounting and Economics, 2004, 38 (1): 65 – 116.

[198] Baxamusa, Mufaddal, Abu Jalal, and Anand Jha. It Pays to Partner with a Firm that Writes Annual Reports Well [J]. Journal of Banking & Finance, 2018, 92 (C): 13 – 34.

[199] Bellora, Lucia, Thomas W. Guenther. Drivers of Innovation Capital Disclosure in Intellectual Capital Statements: Evidence from Europe [J]. The

British Accounting Review, 2013, 45 (4): 255 – 270.

[200] Berry, Robert H, Fannie Yeung. Are Investors Willing to Sacrifice Cash for Morality [J]. Journal of Business Ethics, 2013 (117): 477 – 492.

[201] Berry, Thomas C, Joan C. Junkus. Socially Responsible Investing: An Investor Perspective [J]. Journal of Business Ethics, 2013 (112): 707 – 720.

[202] Bhardwaj, Arti, and Shahed Imam. The Tone and Readability of the Media during the Financial Crisis: Evidence from Pre – IPO Media Coverage [J]. International Review of Financial Analysis, 2019: 40 – 48.

[203] Bissell, George S. A Professional Investor Looks at Earning Forecast [J]. Financial Analysts Journal, 1972, 28 (3): 73 – 78.

[204] Black, Bernard S. The Legal and Institutional Preconditions for Strong Securities Markets [J]. UCLA Law Review, 2001, 48 (4): 781 – 856.

[205] Bloomfield, Robert. Discussion of "Annual Report Readability, Current Earnings, and Earnings Persistence" [J]. Journal of Accounting and Economics, 2008, 45 (2 – 3): 248 – 252.

[206] Boone, Audra L, Ioannis V. Floros, and Shane A. Johnson. Redacting Proprietary Information at the Intial Public Offering Boone [J]. Journal of Financial Economics, 2016, 120: 102 – 123.

[207] Samuel B. Bonsall IV, Andrew J. Leone, Brian P. Miller, et. al.. A Plain English Measure of Financial Reporting Readability [J]. Journal of Accounting and Economics, 2017, 1 (63): 329 – 357.

[208] Brockman, Paul, and Dennis Y. Chung. Investor Protection, Adverse Selection and the Probability of Informed Trading [J]. Review of Quantitative Finance and Accounting, 2008 (30): 111 – 131.

[209] Cardi, Cristiana, Camilla Mazzoli, and Sabrina Severini. People Have the Power: Post IPO Effects of Intellectual Capital Disclosure [J]. Journal of Economics and Finance, 2019, 43 (2): 228 – 255.

[210] Castro, Rui, and Gian L. Clementi. The Economic Effect of Improving Investor Right in Portugal [J]. Port Economy Journal, 2009 (8): 59 – 97.

[211] Chan, Samuel W K, and Mickey W C. Chong. Sentiment Analysis in Financial Texts [J]. Decision Support Systems, 2017, 94 (2): 53 – 64.

[212] Cheffins, Brian R. Does Law Matter? The Separation of Ownership and Control in the United Kingdom [J]. Journal of Legal Studies, 2000, 30 (2): 459 - 484.

[213] Cho, Jaeho, and Kyoosung Jo. Overconfidence and Information: The Differences between Individuals and Institutions [R]. Seoul National University Working Paper, 2006.

[214] Choi, Stephen. Regulating Investors not Issuers: A Market - Based Proposal [J]. California Law Review, 2000, 88 (2): 279 - 334.

[215] Chung, Chune Young, Jonghyeon Lee, and Jinwoo Park. Are Individual Investors Uninformed? Evidence from Trading Behaviors by Heterogeneous Investors around Unfaithful Corporate Disclosure [J]. Asia - Pacific Journal of Financial Studies, 2014, 43 (2): 157 - 182.

[216] Cohen, Randolph B. Asset Allocation Decisions of Individuals and Institutions [R]. University of Chicago Working Paper, 2003.

[217] Courtis, John. An Investigation into Annual Report Readability and Corporate Risk-return Relationships [J]. Accounting and Business Research, 1986, 16 (64): 285 - 291.

[218] Courtis, John. Readability of Annual Reports: Western Versus Asian Evidence [J]. Accounting Auditing and Accountability Journal, 1995, 32 (8): 121 - 137.

[219] Courtis, John, and Salleh Hassan. Reading Ease of Bilingual Annual Reports [J]. The Journal of Business Communication, 2002, 39 (4): 394 - 398.

[220] Courtis, John K. Corporate Report Obfuscation: Artefact or Phenomenon? [J]. The British Accounting Review, 2004, 36 (3): 291 - 312.

[221] Dart, Eleanor. UK Investors' Perceptions of Auditor Independence [J]. The British Accounting Review, 2011, (43) 173 - 185.

[222] Daske, Holger, Luzi Hail, and Christian Leuz, et al.. Mandatory IFRS Reporting around the World: Early Evidence of the Economic Consequences [J]. Journal of Accounting Research, 2008, 46 (5): 1085 - 1142.

[223] Davis, Angela, Jeremy M. Piger, and Lisa M. Sedor. Beyond the Numbers: An Analysis of Optimistic and Pessimistic Language in Earnings Press Releases [R]. Federal Reserve Bank of St. Louis Working Paper, 2006.

［224］Davis, Angela, Jeremy M. Piger and Lisa M. Sedor. Beyond the Numbers: Measuring the Information Content of Earnings Press Release Language ［R］. University of Oregon Working Paper, 2011.

［225］Deb, Saikat S, and Vijaya B. Marisetty. Information Content of IPO Grading ［J］. Journal of Banking & Finance, 2010 (34): 2294 - 2305.

［226］De Fond, Mark, Mingyi Hung, and Robert Trezevant. Investor Protection and the Information Content of Annual Earnings Announcements: International Evidence ［J］. Journal of Accounting and Economics, 2007, 43 (1): 37 - 67.

［227］Doran, James, David Peterson, and S. Mckay Price. Earnings Conference Call Content and Stock Price: The Case of REITs ［J］. Journal of Real Estate Finance and Economics, 2012 (2): 402 - 434.

［228］Drake, Michael S, Darren T. Roulstone, and Jacob R. Thornock. The Determinants and Consequences of Information Acquisition via EDGAR ［J］. Contemporary Accounting Research, 2015, 32 (3): 1128 - 1161.

［229］Dreu, Jan De, and Jacob A. Bikker. Investor Sophistication and Risk Taking ［J］. Journal of Banking & Finance, 2012, 36 (7): 2145 - 2156.

［230］Ekholm, Anders. How Do Different Types of Investors React to New Earnings Information? ［J］. Journal of Business Finance & Accounting, 2006, 33 (1 - 2): 127 - 144.

［231］El - Gazzar, Samir M. Predisclosure Information and Institutional Ownership: A Cross-sectional Examination of Market Revaluations during Earnings Announcement Periods ［J］. The Accounting Review, 1998, 73 (1): 119 - 129.

［232］Fama, Eugene F, and Kenneth R. French. The Cross Section of Expected Stock Returns ［J］. Journal of Finance, 1992, 47 (2): 427 - 465.

［233］Fasan, Marco, Carlo Marcon, and Chiara Mio. Institutional Determinants of IR Disclosure Quality ［A］. In: Mio, Chiara. Integrated Reporting: A New Accounting Disclosure ［C］. Palgrave Macmillan UK, 2016: 181 - 203.

［234］Feldman, Ronen, Suresh Govindaraj, Joshua Livnat, and Benjamin Segal. Management's Tone Change, Post Earnings Announcement Drift and Accruals ［J］. Accounting Studies, 2010 (12): 915 - 953.

［235］Ferris, Stephen, Qing Hao, and Min - Yu Liao. The Effects of Issuer Conservatism on IPO Pricing and Performance ［J］. Review of Finance, 2013, 7

(3): 993 –1027.

[236] Frost, Carol A, Elizabeth A. Gordon, and Andrew F. Hayes. Stock Exchange Disclosure and Market Development: An Analysis of 50 International Exchanges [J]. Journal of Accounting Research, 2006, 44 (3): 437 –483.

[237] Fung, Simon Yu Kit, Lixin (Nancy), Su, and Reza Jashen Gul. Investor Legal Protection and Earnings Management: A Study of Chinese H-shares and Hong Kong Shares [J]. Journal of Accounting and Public Policy, 2013, (32): 392 –409.

[238] Ghosh, Chinmoy, and Fan He. Investor Protection, Investment Efficiency and Value: The Case of Cross – Listed Firms [J]. Financial Management, 2015, 44 (3): 499 –546.

[239] Giofré, Maela. Financial Education, Investor Protection and International Portfolio Diversification [J]. Journal of International Money & Finance, 2017, 71 (5 –6): 111 –139.

[240] Glaeser, Edward L, and Andrei Shleifer. The Rise of the Regulatory State [J]. Journal of Economic Literature, 2003 (2): 401 –425.

[241] Gong, Guojin, Bin Ke, and Yong Yu. Home Country Investor Protection, Ownership Structure and Cross – Listed Firms' Compliance with SOX – Mandated Internal Control Deficiency Disclosures [J]. Contemporary Accounting Research, 2013, 30 (4): 1490 –1523.

[242] Gong, Rong, and Alastair Marsden. The Impact of the 2007 Reforms on the Level of Information Disclosure by the Chinese A-share Market [J]. China Economic Review, 2014, 30 (C): 221 –234.

[243] Gotti, Giorgio, and Stacy Mastrolia. Cost of Capital for Exempt Foreign Private Issuers: Information Risk Effect or Earnings Quality Effect? It Depends [J]. The International Journal of Accounting, 2014, 49 (2): 190 –220.

[244] Grønborg, Niels, Asger Lunde, and Allan Timmermann, et al.. Picking Funds with Confidence [J]. Journal of Financial Economics, 2021 (139): 1 –28.

[245] Gu, Xian, and Oskar Kowalewski. Creditor Rights and the Corporate Bond Market [J]. Journal of International Money and Finance, 2016 (67): 215 –238.

[246] Guldken, Orhun, Christina Tupper, and Anil Nair, et al.. The Impact of Media Average on IPO Stock Performance [J]. Journal of Business Research, 2017 (72): 24 –32.

[247] Gunny, Katherine, and Judith Hermis. How Busyness Influences SEC Compliance Activities: Evidence from the Filing Review Process and Comment Letters [J]. Contemporary Accounting Research, 2020, 37 (1): 7 –32.

[248] Haidar J. Ibrahim. Investor Protections and Economic Growth [J]. Economics Letters, 2009, 103 (1): 1 –4.

[249] Han, Jianlei, Jing He, and Zheyao Pan, et al.. Twenty Years of Accounting and Finance: Research on the Chinese Capital Market [J]. Abacus, 2018 (12): 1 –24.

[250] Hanley, Kathleen W, and Gerard Hoberg. Litigation Risk, Strategic Disclosure and the Underpricing of Initial Public Offerings [J]. Journal of Financial Economics, 2012, 103 (2): 235 –254.

[251] Hanley, Kathleen W, and Gerard Hoberg. Strategic Disclosure and the Pricing of Initial Public Offerings [J]. University of Maryland Working Paper, 2007.

[252] Habib, Ahsan. Legal Environment, Accounting Information, Auditing and Information Intermediaries: Survey of the Empirical Literature [J]. Journal of Accounting Literature, 2007 (26): 1 –75.

[253] Haeberle, Kevin S, and M. Todd Henderson. A New Market – Based Approach to Securities Law [J]. The University of Chicago Law Review, 2018, 85 (6): 1313 –1394.

[254] Haw, In – Mu, Bingbing Hu, and Jay Junghun Lee, et al. Investor Protection and Price Informativeness about Future Earnings: International Evidence [J]. Review of Accounting Studies, 2012 (17): 389 –419.

[255] Herda, David N, Martin E. Taylor, and Glyn Winterbotham. The Effect of Country – Level Investor Protection on the Voluntary Assurance of Sustainability Reports [J]. Journal of International Financial Management & Accounting, 2014, 25 (2): 209 –236.

[256] Hoberg, Gerard, and Craig Lewis. Do Fraudulent Firms Produce Abnormal Disclosure? [J]. Journal of Corporate Finance, 2017 (43): 58 –85.

[257] Hooghiemstra, Reggy, Niels Hermes, and Jim Emanuels. National Culture and Internal Control Disclosures: A Cross-country Analysis [J]. Corporate Governance an International Review, 2015, 23 (4): 357 –377.

[258] Horton, Joanne, George Serafeim, and Ioanna Serafeim. Does Mandatory IFRS Adoption Improve the Information Environment? [J]. Comparative Accounting Research, 2013, 30 (1): 388 –423.

[259] Houqe, Muhammad, Samuel Easton, and Tony van Zijl. Does Mandatory IFRS Adoption Improve Information Quality in Low Investor Protection Countries? [J]. Journal of International Accounting, Auditing and Taxation, 2014 (23): 87 –97.

[260] Huang, Fangliang, Jing Chen, Hui Ma, and Qiaoping Hou. Analysis of the Information Disclosure of Commercial Banks' Internal Control [J]. International Journal of Economics and Finance, 2017, 9 (5): 77 –86.

[261] Huang, Fangliang, Lijin Xiang, Rongbing Liu, Shuling Su, and Hao Qiu. The IPO Corporate Social Responsibility Information Disclosure: Does the Market Care? [J]. Accounting and Finance, 2019, 59 (S2): 2157 –2198.

[262] Huang, Hong, Xiangting Kong, and Albert Tsang. Professional Accountancy Organizations and Stock Market Development [J]. Journal of Business Ethics, 2019, 157 (1): 231 –260.

[263] Hwang, Byoung – Hyoun, Hugh Hoikwang Kim. It Pays to Write Well [J]. Journal of Financial Economics, 2017, 2 (124): 373 –394.

[264] Hussein, Monica, Zhong-guo Zhou, and Qi Deng. Does Risk Disclosure in Prospectus Matter in ChiNext IPOs' Initial Underpricing? [J]. Review of Quantitative Finance and Accounting, 2019 (10): 1 –23.

[265] Jegadeesh, Narasimhan, and Di Wu. Word Power: A New Approach for Content Analysis [J]. Journal of Financial Economics, 2013, 110 (3): 712 –729.

[266] Jirasakuldech, Benjamas, Donna M. Dudney, and Thomas S. Zorn, et al. . Financial Disclosure, Investor Protection and Stock Market Behavior: An International Comparison [J]. Review of Quantitative Finance and Accounting, 2011 (37): 181 –205.

[267] Jiao, Tao, Miriam Koning, and Gerard Mertens et al. . Madatory IFRS

Adoption and Its Impact on Analysis Forcasts [J]. International Review of Financial Analysis, 2012, 21 (1): 56 - 63.

[268] Kalay, Alon. Investor Sophistication and Disclosure Clienteles [J]. Review of Accounting Study, 2015, 20 (2): 976 - 1011.

[269] Kearney, Colm, and Sha Liu. Textual Sentiment in Finance: A Survey of Methods and Models [J]. International Review of Financial Analysis, 2014, 33 (3): 171 - 185.

[270] Krippendorff, Klaus. Content Analysis: An Introduction to Its Methodology (3rd ed.) [M]. Thousand Oaks: Sage Publications Inc. , 2012.

[271] Kurlat, Pablo, and Laura Veldkamp. Should We Regulate Financial Information? [J]. Journal of Economic Theory, 158 (B): 697 - 720.

[272] La Porta, Rafael, Florencio Lopez-de - Silanes, and Andrei Shleifer. What Works in Securities Laws? [J]. Journal of Finance, 2006, 61 (1): 132.

[273] La Porta, Rafael, Florencio Lopez-de - Silanes, Andrei Shleifer, and Robert W. Vishny. Legal Determinants of External Finance [J]. Journal of Finance, 1997, 52 (3): 1131 - 1150.

[274] La Porta, Rafael, Florencio Lopez-de - Silanes, Andrei Shleifer, and Robert W. Vishny. Investor Protection and Corporate Valuation [J]. Journal of Finance, 2002, 57 (3): 1147 - 1170.

[275] Lang, Mark H, Jana S, Raedy, and Wendy M. Wilson. Earnings Management and Cross Listing: Are Reconciled Earnings Comparable to US Earnings? [J]. Journal of Accounting & Economics, 2006, 42 (1 - 2): 255 - 283.

[276] Lang, Mark H, Karl V. Lins, and Darius P. Miller. Concentrated Control, Analyst Following, and Valuation: Do Analysts Matter Most When Investors Are Protected Least? [J]. Journal of Accounting Research, 2004, 42 (3): 589 - 623.

[277] Lease, Rondla C, Wilbur G. Lewellen, Gary G. Schlarbaum. The Individual Investor: Attributes and Attitudes [J]. Journal of Finance, 1974, 29 (2): 413 - 433.

[278] Lease, Ronald, Wilbur G. Lewellen, and Gary G. Schlarbaum. Market Segmentation: Evidence on the Individual Investor [J]. Financial Analysts

Journal, 1976, 32 (5): 53 - 60.

[279] Lehavy, Reuven, Feng Li and Kenneth Merkley. The Effect of Annual Report Readability on Analyst Following and the Properties of Their Earnings Forecasts [J]. The Accounting Review, 2011, 86 (3): 1087 - 1115.

[280] Leuz, Christian, Dhananjay Nanda, and Peter D. Wysocki. Earnings Management and Investor Protection: An International Comparison [J]. Journal of Financial Economics, 2003, 69 (3): 505 - 527.

[281] Lewellyn, Krista, and Shuji Bao. A Cross-national Investigation of IPO Activity: The Role of Formal Institutions and National Culture [J]. International Business Review, 2014, 23 (6): 1167 - 1178.

[282] Li, Feng. Annual Report Readability, Current Earnings, and Earnings Persistence [J]. Journal of Accounting and Economics, 2008, 45 (2 - 3): 221 - 247.

[283] Li, Feng. Seeing the Future Through the Eyes of Managers: The Information Content of Forward-looking Statements in Corporate Filings: A Naive Bayesian Machine Learning Approach [J]. Journal of Accounting Research, 2010, 48 (5): 1049 - 1102.

[284] Luo, Jin-hui, Xue Li, and Huayang Chen. Annual Report Readability and Corporate Agency Costs [J]. China Journal of Accounting Research, 2018, 11 (3): 187 - 212.

[285] Lo, Kin, Felipe Ramos, and Rafael Rogo. Earnings Management and Annual Report Readability [J]. Journal of Accounting and Economics, 2017, 1 (63): 1 - 25.

[286] Loughran, Tim, and Bill McDonald. When is a Liability Not a Liability? Textual Analysis, Dictionaries, And 10 - Ks [J]. Journal of Finance, 2011, 66: 35 - 65.

[287] Loughran, Tim, and Bill McDonald. IPO First-day Returns, Offer Price Revisions, Volatility, and Form S - 1 Language [J]. Journal of Financial Economics, 2013 (109): 307 - 326.

[288] Lowry, Michelle, Roni Michaely, and Ekaterina Volkova, et al. . Information Revealed through the Regulatory Process: Interactions between the SEC and Companies ahead of Their IPO [J]. The Review of Financial Studies, 2020,

33 （12）： 5510 – 5554.

［289］ Mclean R. David, Tianyu Zhang, and Mengxin Zhao. Why Does the Law Matter? Investor Protection and Its Effects on Investment, Finance, and Growth ［J］. The Journal of Finance, 2012, 67 （1）： 313 – 350.

［290］ Means, Thomas. Readability： An Evaluative Criterion of Stockholder Reaction to Annual Reports ［J］. The Journal of Business Communication, 1981, 18 （1）： 25 – 33.

［291］ Miller, Brian P. The Effects of Reporting Complexity on Small and Large Investor Trading ［J］. Accounting Review, 2010, 85 （6）： 2107 – 2143.

［292］ Nefedova, Tamara, and Giuseppe Pratobever. Do Institutional Investors Play Hide-and-Sell in the IPO Aftermarket? —Science Direct ［J］. Journal of Corporate Finance, 2020 （64）： 1 – 26.

［293］ Peress, Joel. Product Market Competition, Insider Trading, and Stock Market Efficiency ［J］. The Journal of Finance, 2010, 65 （1）： 1 – 43.

［294］ Philpot, James, and Don T. Johnson. Mutual Fund Performance and Fund Prospectus Clarity ［J］. Journal of Financial Services Marketing, 2007, 11 （3）： 211 – 216.

［295］ Piotroski, Joseph D. Financial Reporting Practices of China's Listed Firms ［J］. Journal of Applied Corporate Finance, 2014, 26 （3）： 53 – 60.

［296］ Pistor, Katharina. Patterns of Legal Change： Shareholder and Creditor Rights in Transition Economies ［J］. European Business Organization Law Review, 2000 （1）： 59 – 108.

［297］ Price S. McKay, James S. Doran, David R. Peterson, and Barbara A. Bliss, Earnings Conference Calls and Stock Returns： The Incremental Informativeness of Textual Tone ［J］. Journal of Banking and Finance, 2012 （4）： 992 – 1011.

［298］ Rock, Kevin. Why New Issues are Underpriced? ［J］. Journal of Financial Economics, 1986, 15 （2）： 187 – 212.

［299］ Rogers, Jonathon L, Andrew Van Buskirk, and Sarah Zechman. Disclosure Tone and Shareholder Litigation ［J］. The Accounting Review, 2011, 86 （6）： 2155 – 2183.

［300］ Sahi, Shalini Kalra, Arora Ashok Pratap. Individual Investor Biases：

A Segmentation Analysis [J]. Qualitative Research in Financial Markets, 2012, 4 (1): 6 – 25.

[301] Ševčík, Pavel. Financial Contracts and the Political Economy of Investor Protection [J]. American Economic Journal Macroeconomics, 2012, 4 (4): 163 – 197.

[302] Schleicher, Thomas, Khaled Hussainey and Martin Walker. Loss Firms' Annual Report Narratives and Share Price Anticipation of Earnings [J]. British Accounting Review, 2007 (39): 153 – 171.

[303] Schleicher, Thomas, and Martin Walker. Bias in the Tone of Forward-looking Narratives [J]. Accounting and Business Research, 2010, 40 (4): 371 – 390.

[304] Schroeder, Nicholas, and Charles Gibson. Readability of Management's Discussion and Analysis [J]. Accounting Horizons, 1990, 63 (12): 79 – 87.

[305] Smith, Malcolm, and Richard Taffler. Readability and Understandability: Different Measure of the Textual Complexity of Accounting Narrative [J]. Accounting Auditing & Accountability Journal, 1992, 5 (4): 183 – 208.

[306] Soper, Fred J, and Robert Dolphin. Readability and Corporate Annual Reports [J]. The Accounting Review, 1964, 39 (4): 356 – 362.

[307] Spence, Michael. Job Market Signaling [J]. Quarterly Journal of Economics, 1973, 87 (3): 355 – 374.

[308] Su, Chen, and Kenbata Bangassa. The Impact of Underwriter Reputation on Initial Returns and Long-run Performance of Chinese IPOs Original Research Article [J]. Journal of International Financial Markets, Institutions and Money, 2011, 21 (5): 760 – 791.

[309] Subramanian, Ram, Robert G. Insley, and Rodney D. Blackwell. Performance and Readability: A Comparison of Annual Reports of Profitable and Unprofitable Corporations [J]. Journal of Business Communication, 1993, 30 (1): 50 – 61.

[310] Tetlock, Paul C. Giving Content to Investor Sentiment: The Role of Media in the Stock Market [J]. The Journal of Finance, 2007, 62 (3): 1139 – 1144.

[311] Tetlock, Paul C, Maytal Saar – Tschansky, and Sofus Macskassy.

More Than Words: Quantifying Language to Measure Firms' Fundamentals [J]. Journal of Finance, 2008, 63 (3): 1437 – 1467.

[312] Thng, Tiffany. Do VC-backed IPOs Manage Tone? [J]. European Journal of Finance, 2019, 25 (17): 1655 – 1682.

[313] Tong, Suk – Chong. Media Reputation in Initial Public Offerings: A Study of Financial News Coverage in Hong Kong [J]. Public Relations Review, 2013, 39 (5): 470 – 483.

[314] Tsukioka, Yasutomo, Junya Yanagi, and Teruko Takada. Investor Sentiment Extracted from Internet Stock Message Boards and IPO Puzzles [J]. International Review of Economics and Finance, 2018 (56): 205 – 217.

[315] Van Rooij, Maarten, Annamaria Lusardi, Rob Alessie. Financial Literacy and Stock Market Participation [J]. Journal of Financial Economics, 2011, 101 (2): 449 – 472.

[316] Walther, Torsten. Key Investor Documents and Their Consequences on Investor Behavior [J]. Journal of Business Economics, 2015 (85): 129 – 156.

[317] Xu, Nianhang, Xiaorong Li, Qingbo Yuan, and Kam C. Chan. Excess Perks and Stock Price Crash Risk: Evidence from China [J]. Journal of Corporate Finance, 2014, 25 (2): 419 – 434.

[318] Yan, Yumeng, Xiong Xiong, J. Ginger Meng, and Gaofeng Zou. Uncertainty and IPO Initial Returns: Evidence from the Tone Analysis of China's IPO Prospectuses [J]. Pacific – Basin Finance Journal, 2019 (57): 1 – 22.

[319] Zhang, Xuehui, Kaijuan Gao, and Kam Chan, et al.. Does Childhood Famine Experience Matter in IPO Discount? Evidence from the Great Chinese Famine [J]. Finance Research Letters, 2020: 101582.